PRÉPAS
COMMERCIALES
ECS - ECE – ECT

MAJOREZ VOS ENTRETIENS

Les clés pour réussir l'oral des grandes Écoles de commerce

- Personnalisez votre préparation
- Crédibilisez votre projet professionnel
- Défendez-vous face aux questions
- Préparez les entretiens spécifiques

Olivier Jaoui
Ancien élève HEC, fondateur de Mission-Admission

Nathan

À mes élèves pour leur confiance.
À Sandra pour ce qu'elle est.
À Nathan et Avi pour ce qu'ils promettent de devenir.
À toute ma famille pour son grain de folie.
À celles et ceux qui sont « toujours prêts ».

Aux élèves de Prépa qui viennent de passer vingt secondes à lire ces dédicaces et à qui je promets que le reste du livre leur sera bien plus utile !

Découvrez sur le site www.nathan.fr/majorez

- Des vidéos en lancement de certains chapitres (1, 2, 3, 4, 5 , 7, 8, 9, 10 et 11) pour écouter directement l'auteur de façon vivante et attractive. Repérez ces vidéos grâce au logo suivant
- Des documents et outils de travail à télécharger pour optimiser votre préparation.

Coordination éditoriale : Séverine Martineau
Édition : Catherine Lainé
Conception graphique et mise en page : Dany Mourain
Fabrication : Maria Pauliat
Couverture : Isabelle Jalfre

ISBN : 978-2-09-165190-3

SOMMAIRE

QUELQUES EXPLICATIONS QUI NE VOUS DEMANDERONT QUE QUELQUES MINUTES...

J'ai décidé d'écrire « *Majorez vos entretiens* » afin d'y dévoiler ma méthode et mes conseils. Cet ouvrage est spécialement conçu pour les Prépas HEC et les Khâgnes qui passent les mêmes entretiens.

Quels que soient votre parcours, vos réalisations, vos projets, quelles que soient les Écoles que vous visez, les principes de préparation sont identiques et mes conseils sont toujours valables.

L'entretien n'étant pas une science exacte, ce sont aussi mes convictions issues de ma double expérience de la préparation et de jury que j'exprime ici.

Ma principale conviction est que tous les candidats et candidates peuvent obtenir un 16 aux entretiens, à condition de se préparer efficacement.

Je précise dès à présent que par commodité d'écriture et de lecture, j'ai regroupé les candidats et les candidates sous le terme « candidat ».

Pour vous aider efficacement, j'ai mis en avant de manière très visuelle **des recommandations et conseils importants** et des erreurs courantes faciles à éviter.

Afin de rendre mes conseils plus concrets, je propose de **très nombreuses questions (en gras, le plus souvent)** et des *exemples de réponses (en italique, le plus souvent)* qui ne sont pas des modèles à suivre mais des pistes.

Ces exemples sont adaptés d'entretiens authentiques, de séances de simulation ou d'entraînement ou de mon imagination. Je les ai « pédagogisés » avec des exemples de *storytelling*. Certaines phrases ne sont pas toujours complètes car je préfère que vous réfléchissiez à votre propre manière de les compléter.

Les élèves que je prépare individuellement me disent parfois que je radote...

Je pense que la répétition des fondamentaux ne peut pas nuire. Si, à un moment, en lisant « *Majorez vos entretiens* », vous vous dites : « *c'est bon, j'ai compris !* »... c'est gagné !

Je vous recommande aussi de partager mes conseils avec vos camarades de Prépa, qui, selon moi, sont vos alliés, et je vous propose quelques « exercices » collectifs.

Et bien entendu, appuyez-vous sur vos professeurs de Prépa, qui sont obsédés par votre réussite.

Je tiens à rendre ici hommage aux membres des jurys, pour leur engagement, leur sérieux et pour leur bienveillance.

Ma mission est d'accroître votre confiance en vous grâce à votre préparation, ce sera la clé de votre réussite.

N'oubliez pas le plus important : soyez sincère, soyez vous-même et vous resterez spontané tout en étant préparé.

1

Introduction générale

I L'ENTRETIEN EST UNE ÉPREUVE MYTHIQUE…

… mais les mythes et légendes ne sont pas la réalité.

L'« épreuve d'entretien » est l'épreuve emblématique de vos années de classes préparatoires, et tout particulièrement de vos épreuves orales. Tout d'abord, parce qu'elle est souvent l'épreuve finale de votre parcours, avec un très fort coefficient, et qu'elle déterminera souvent vos admissions.

Les simulations organisées le week-end dans la plupart des Prépas – avec anciens élèves, parents, professeurs et candidats en tenues de gala – contribuent involontairement à accentuer le poids de l'entretien dans l'univers des Prépas, tout en vous y sensibilisant.

« L'entretien » fait l'objet de récits émus, effrayants ou nostalgiques, le plus souvent héroïques des « Anciens » (qui n'ont parfois qu'un an de plus que vous !) qui en garderont à jamais le souvenir.

Les « Anciens », avec la meilleure bonne volonté du monde, ont parfois tendance à enjoliver leurs exploits : « *je lui ai dit que… alors elle m'a demandé pourquoi… et là je lui ai répondu…* ».

Ou ils ont tendance à penser que leur exemple est le meilleur, voire l'unique exemple : « *à cette question, j'ai répondu… Ça marche à tous les coups, fais comme moi* » ou « *le bon projet pro, c'est… Si tu veux, je te passe mes fiches de l'an dernier* ».

J'avoue que, jeune intégré, j'ai aussi souvent asséné mes souvenirs d'entretien à d'innocents préparationnaires. Je sais qu'heureux de vos résultats, vous le ferez aussi… C'est notre nature !

Appliquez mon conseil : **ne prenez pas pour argent comptant tous les récits et conseils souvent contradictoires des jeunes « Anciens ».**

Ils manquent de recul et ne peuvent pas toujours être appliqués à votre cas personnel.

L'entretien est aussi une épreuve mythique parce que de nombreuses rumeurs, légendes et certitudes circulent depuis des décennies : « *il vaut mieux passer la première semaine des Oraux* » (on entend évidemment aussi l'inverse), « *en fin de journée, les jurys sont fatigués, ils mettent des notes plus basses* » (et inversement).

Certaines rumeurs sont bien plus étonnantes mais je les ai entendues : « *à l'ESCP, ils n'aiment pas les filles en tailleur-pantalon* », « *à Audencia, ils vous enlèvent deux points si vous avez les cheveux détachés* », « *à SKEMA, les barbus sont sous-notés* »,

« dans cette École, les jurys ont la consigne de saquer un candidat sur deux (ou trois, ou quatre) ».

Au-delà de leur totale absurdité, vous imaginez l'effet que feraient des consignes de ce genre adressées aux centaines de membres de jury de ces Écoles...

Nous ferons mieux connaissance des membres de jury dans ce livre et vous comprendrez d'autant plus l'invraisemblance de ces assertions.

J'ai entendu plusieurs fois l'an dernier que les professeurs membres de jury se vexaient si un candidat ne les reconnaissait pas en entrant dans la salle ! J'ai dû dissuader des candidats d'apprendre par cœur le trombinoscope des 180 professeurs permanents de l'ESSEC ou de l'ESCP !

Ces légendes prêteraient à sourire si elles ne perturbaient pas candidats et candidates entre l'écrit et l'oral, une période pour le moins délicate.

Aussi, n'écoutez pas les rumeurs et les légendes sur les entretiens !

II L'ENTRETIEN EST UNE ÉPREUVE TOTALEMENT INÉDITE

C'est évidemment ce qui contribue à en faire une épreuve mythique, mais c'est surtout ce qui vous inquiète et justifie de devoir la préparer.

L'entretien, quelle que soit sa forme, est une épreuve inédite car on ne vous demande pas de réciter, de rassembler et d'organiser des connaissances, de définir et de développer une problématique, d'appliquer un théorème ou une formule, ni même de faire preuve d'originalité pour résoudre un problème.

L'entretien n'est ni une khôlle, ni un interrogatoire, ni une interview, ni une scène de théâtre, ni un match d'improvisation.

C'est de vous et de vous seul dont il s'agit.

Le jury s'intéresse à votre personnalité, à vos centres d'intérêt et réalisations, à votre parcours non académique, à vos jobs, à vos voyages... Il s'intéresse à votre motivation, à votre intérêt ou projet professionnels, à votre projection professionnelle et personnelle, tout particulièrement dans son École.

C'est à propos de vous et en vous que vous allez devoir chercher le contenu de vos entretiens et de vos réponses.

! Sans apprendre par cœur (surtout pas !) des tirades à servir au jury.

Retenez dès à présent un des points fondamentaux de votre préparation : **vos entretiens ne seront jamais identiques et ne se dérouleront jamais « comme prévu »**.

La présence de plusieurs membres de jury (bienveillants, nous le verrons) et leur réactivité sont aussi un facteur inédit : deux ou trois adultes concentrés et tournés vers vous, qui vous font parler de vous et s'intéressent tout autant à ce que vous dites qu'à la manière dont vous le dites.

Votre manière de parler, de sourire, de créer un lien avec tous les membres du jury influera significativement sur votre note. C'est aussi un enjeu nouveau pour vous, même si les Oraux disciplinaires comportent une exigence de communication.

L'entretien est une épreuve inédite car les membres du jury ont le droit de vous poser toutes les questions qui leur passent par la tête (sans excès ni au-delà de certaines limites, malgré, là aussi, les rumeurs à ce sujet). Il n'existe nulle part un guide des bonnes réponses aux questions « déstabilisantes » qui vous assureront les meilleures notes car les réponses dépendent à la fois de votre personnalité et de la façon dont s'est déroulé l'entretien.

Il existe heureusement des passages quasi obligés et des erreurs classiques à éviter. C'est pourquoi vous pouvez et vous devez vous préparer. Comme je le résume aux candidats que je prépare : ***« soyez préparés tout en étant spontanés. Soyez spontanés tout en restant préparés »***.

Enfin, rassurez-vous : la période des entretiens est souvent vécue par les candidats comme une « bonne période » car, en définitive, vous la passez entourés de gens qui se réunissent pour vous, qui s'intéressent à vous et vous font parler de vous !

Je parie que, comme beaucoup d'admis inquiets avant les entretiens, vous regretterez cette période.

III UN ENTRETIEN, DES ENTRETIENS, PAS D'ENTRETIEN…

… de quoi parlons-nous ?

Les Écoles font régulièrement évoluer leurs « entretiens ». Les Prépas sont généralement bien informées mais je vous recommande de toujours rester à l'écoute des modalités et de leurs évolutions. Ainsi, l'EM Lyon annonce mettre en place en classes Prépas, pour les entretiens de juin 2018, les modalités mises en place en 2017 pour le concours Admis Sur Titre, qui sont très spécifiques (j'y reviendrai). L'EDHEC a considérablement fait évoluer son entretien pour les Oraux 2017, l'ESSEC dans une moindre mesure.

Les Écoles rivalisent d'originalité et les entretiens diffèrent par leurs modalités, leurs durées, le nombre de membres de jury, les coefficients, voire le nom de l'épreuve. Je vous en présenterai certains en détail avec mes conseils plus loin dans l'ouvrage.

Je vous propose un premier zoom général sur les principales Écoles dans les pages suivantes mais retenez déjà l'**équation minimum de tout entretien** :

UN ENTRETIEN

=

UN CANDIDAT OU UNE CANDIDATE

+

UN JURY

	Intitulé	Modalités	Poids de l'oral (entretien + LV)
HEC	**Entretien triptyque d'aptitude au management**	Chaque candidat est tour à tour « Convaincant », « Répondant », « Observateur » (40 min). Coeff. 6	Total oral sur total concours : coeff. 36 sur 66
ESSEC	**Entretien de motivation**	Avec questionnaire et mise en situation (45 min). Coeff. 10	Total oral sur total concours : coeff. 18 sur 48
ESCP Europe	**Entretien de personnalité**	Avec questionnaire 30 min. Coeff. 12	Total oral sur total concours : coeff. 30 sur 60
EM Lyon	**Nouvelle épreuve 2018** **Épreuve d'entretien oral**	1. Réponses à 4 questions (15 min). Thématiques : expérience, personnalité, créativité, projet 2. Entretien avec le jury (10 min). Coeff. 9	Total oral sur total concours : coeff. 15 sur 45
EDHEC	**Entretien**	1. Prise de parole en public – individuel : savoir communiquer et convaincre (5 min) 2. Prise de décision – collectif (50 min) 3. Prise de recul – individuel (15 min) Coeff. 15	Total oral sur total concours : coeff. 25 sur 55
Audencia	**Entretien**	1. Préparation (30 min) 2. Entretien (30 min, dont 5 ou 6 min sur le sujet) Coeff. 8	Total oral sur total concours : coeff. 15 sur 45
GEM	**Entretien spécifique**	1. Exposé sur un sujet (30 min de préparation et 5 min d'exposé) : une carte de géopolitique, des tableaux de chiffres ou des graphiques économiques ainsi que deux sujets sur l'innovation 2. Interview d'un membre du jury (10 min) 3. Dialogue avec les membres du jury (15 min) Coeff. 10	Total oral sur total concours : coeff. 20 sur 50
TBS	**Entretien de personnalité**	Avec fiche de parcours individuel 1. Préparation d'un titre de quotidien choisi parmi 3 (30 min) 2. Passage devant le jury (25 min, dont une pause de 5 min) Coeff. 11	Total oral sur total concours : coeff. 20 sur 50
NEOMA	**Entretien de personnalité**	Avec questionnaire 30 à 45 min. Coeff. 7	Total concours : coeff. 44
SKEMA	**Entretien de personnalité**	20 à 30 min Coeff. 20	Total oral sur total concours : coeff. 30 sur 60
KEDGE	**Entretien de personnalité**	Avec questionnaire 30 à 45 min. Coeff. 12	Total concours : coeff. 44
Rennes School of Business	**Entretien individuel**	1. Préparation d'un sujet d'intérêt général tiré au sort – 2 sujets au choix (20 min) 2. Exposé (5 min) 3. Échange avec le jury (15 min) Coeff. 20	

Montpellier BS	Entretien individuel et interactif	25 min Coeff. 20	Total oral sur total concours : coeff. 30 sur 50
Telecom EM	Entretien	Avec questionnaire 20 min. Coeff. 12	
Strasbourg EM	Entretien individuel	Avec CV + objet personnel à apporter qui évoque un centre d'intérêt 1. Présentation autour de l'objet (10 min) 2. Échange avec le jury (15 min) Coeff. 20	Entretien sur total concours : coeff. 30 sur 44

IV DES CERTITUDES SIMPLES ET POSITIVES…

… à garder constamment en tête pour majorer vos entretiens.

LE SUJET QUE VOUS CONNAISSEZ LE MIEUX, C'EST VOUS.
ÇA TOMBE BIEN : LE SUJET DE L'ENTRETIEN, C'EST VOUS !

VOUS DEVEZ VOUS METTRE EN AVANT ET VOUS « VENDRE ».
ÇA TOMBE BIEN : LE JURY A POUR MISSION « D'ACHETER ».

L'ENTRETIEN EST DÉTERMINANT ET STRESSANT.
ÇA TOMBE BIEN : LES MEMBRES DU JURY SONT BIENVEILLANTS.

« *Une des clés du succès est la confiance en soi.*
Une des clés de la confiance en soi est la préparation. »
(Arthur Ashe, légende du tennis)

« *Soyez vous-même, les autres sont déjà pris.* »
(Oscar Wilde)

« *Tous les candidats et candidates sont en mesure d'obtenir au moins 16 aux entretiens d'entrée en École de commerce. À condition de se préparer efficacement.* »
(Olivier Jaoui, HEC, fondateur de Mission Admission)

V POURQUOI LES ÉCOLES ORGANISENT-ELLES DES ENTRETIENS ?

A. Organiser des Oraux et des entretiens est très complexe et coûteux pour les Écoles

Les services Concours des Écoles doivent convoquer, accueillir et souvent organiser le logement des milliers d'admissibles. Il leur faut planifier leurs épreuves en une demi-journée ou une journée et mobiliser de nombreux enseignants et les fameux « admisseurs ».

Organiser les entretiens est le plus compliqué pour les Écoles car, si les professeurs et les admisseurs sont sur place et aisément mobilisables, les professionnels ont d'autres contraintes.

Ils ne sont pas obligés de participer à des jurys, ont des empêchements de dernière minute, n'habitent plus Lille ou Nantes et doivent prévoir un déplacement, voire une nuit d'hôtel. Ils « oublient » parfois de venir le jour des entretiens...

Il faut aussi tenir compte de l'expérience des membres de jury, de leur genre et de leurs métiers ou secteurs afin de constituer des jurys à la fois homogènes et variés.

Des épreuves écrites seraient tellement plus simples, voire pas d'épreuves d'admission !

B. Et pourtant, les Écoles maintiennent leurs entretiens...

... en leur donnant une très grande importance dans le résultat final.

Pourquoi ?

Les Écoles veulent faire votre connaissance « en chair et en os ».

Elles veulent évaluer la manière dont vous créez des liens avec les membres des jurys.

Un QCM, un questionnaire détaillé ou même une vidéo ne pourraient pas satisfaire le besoin des Écoles d'évaluer votre fameux « savoir-être », votre capacité à communiquer et à convaincre, et votre réactivité.

Seul un entretien « en direct » vous permettra de prouver votre sincérité et votre spontanéité.

La spontanéité est tout à fait compatible avec une bonne préparation. Je vous rappelle que les Écoles vous invitent à vous préparer.

Vous seriez étonnés, en écoutant les délibérations des jurys, d'entendre tout ce que deux ou trois personnes expérimentées sont capables de détecter. Vous en ferez l'expérience quand, plus tard, vous recruterez, comparerez des fournisseurs ou partenaires, ou serez membres de jury.

C. Retenez que les Écoles veulent approcher votre énergie

Cette énergie ne veut pas dire parler vite et fort. Elle est la somme unique de votre parcours personnel, de vos centres d'intérêt, de vos réalisations, de vos goûts, de vos envies, de vos projets, de votre savoir-être...

Cette énergie, l'École va la transformer dans votre intérêt en potentiel de réussite professionnelle et personnelle.

Cette énergie, c'est l'entretien qui permet à l'École de s'en approcher par l'intermédiaire des jurys.

D. Les Écoles veulent donner leur chance à tous les candidats et candidates

L'entretien est évidemment fondamental car il conditionne votre admission. Les Écoles font en sorte qu'un très bon entretien (au-delà de 16) ou un mauvais entretien décident votre intégration.

C'est la conviction des Écoles : tous les candidats et candidates peuvent obtenir au moins 16 à leur entretien.

C'est aussi ma conviction, et je vais faire en sorte qu'elle devienne la vôtre.

VI TOUS LES CANDIDATS ET CANDIDATES ONT UNE CHANCE D'INTÉGRER L'ÉCOLE GRÂCE À L'ENTRETIEN

Je le répète, et soyez-en tous et toutes persuadés : **tous les candidats et candidates ont leur chance**.

J'insiste sur ce point, car j'ai souvent rencontré des candidats inquiets car ils pensaient « *ne pas avoir le profil* » ou, pire encore, « *ne pas avoir assez de choses intéressantes à dire* ». Et souvent aussi (la plupart du temps conséquence d'une ou des deux assertions précédentes) : « *mais je ne suis pas bon* (ou *pas bonne*) *à l'oral* ».

Examinons ces trois craintes, pour les éliminer une fois pour toutes.

A. « Je n'ai pas le profil. »

Combien de fois ai-je entendu cette phrase !

Il n'existe pas de profil pour entrer en École de commerce, ni de profil particulier à une École.

Les facteurs qui permettent de caractériser une personne sont multiples et subjectifs, et même le mot « profil » peut faire l'objet de multiples interprétations. Il existe par exemple de nombreux tests en Ressources Humaines qui déterminent des catégories de comportements et/ou de personnalités, mais ces catégories sont souvent très nombreuses. Et surtout aucune catégorie n'est « éliminatoire ».

Les « profils » sont si variés parmi les millions de personnes qui travaillent en grandes, moyennes ou petites entreprises, en start-up ou sociétés bien établies, en groupes ou en indépendants, dans des associations, une administration ou pour une collectivité. Sans même évoquer la diversité des secteurs et des métiers.

Je vous donne un exemple personnel : mon lieu de travail est un immeuble de « coworking », le Remix, où je côtoie environ 300 personnes à différents moments de la semaine, beaucoup en journée, certains plutôt les soirs ou les week-ends. Notre point commun est le fait que nous exerçons nos activités soit en indépendants, soit pour des petites sociétés de moins de 5 ans d'existence. La plupart d'entre nous sont pourvus de « bons diplômes ». On discute, on déjeune, on débat, on partage des moments collectifs qui sont le propre de cet espace de coworking. Pourtant, il m'est impossible de déterminer qui a fait une École de commerce (et encore moins quelle École) ou d'ingénieurs, qui est passé par Sciences Po, Dauphine, une université ou une autre formation…

Bien évidemment, il n'y a pas un profil unique par École, même quand l'École a une image forte – comme l'ESSEC avec son entretien réputé « punchy » ou l'EM Lyon avec ses « Makers ».

Une fois dans votre École, vous serez surpris et ravis par la diversité des étudiants et étudiantes car **chacun et chacune a une personnalité et un potentiel uniques, et c'est ce qui intéresse les Écoles.**

Les preuves de la diversité des élèves se trouvent aussi dans la diversité des associations dans les Écoles, dans le choix des enseignements, majeures ou spécialisations, le choix des pays pour les échanges ou stages à l'étranger…

Faites l'exercice autour de vous dans votre Prépa : tout le monde a-t-il le même « profil » ? En tirez-vous des conclusions sérieuses sur ceux et celles qui « ont le profil », sur ceux et celles qui vont intégrer les meilleures Écoles ?

B. « Je n'ai pas assez de choses intéressantes à dire. »

Vous avez TOUS ET TOUTES des choses intéressantes à dire !

Vous avez souvent des histoires personnelles assez proches : bons élèves depuis toujours, plus ou moins bosseurs au lycée, ayant pour la plupart vécu en France.

Quel qu'en soit le niveau, vous avez probablement pratiqué un ou plusieurs sports, peut-être aussi pratiqué un instrument de musique, fait de la danse, joué à des jeux vidéo. Certains lisent, vont au cinéma, au théâtre, au musée, s'engagent dans des associations diverses ou se passionnent pour un sujet, pour l'histoire ou l'actualité. Vous avez voyagé, souvent hors de France, parfois travaillé en entreprise ou donné des cours et fait du baby-sitting. Et le plus souvent, vous avez interrompu ou fortement limité vos activités pendant votre Prépa.

À l'inverse, rares sont les élèves de Prépa qui ont des particularités exceptionnelles ; aucun n'a sauvé le monde ou trouvé le vaccin contre le cancer... Ne vous laissez pas impressionner par tel élève qui a vécu à l'étranger ou multiplié les stages. Vous avez tous et toutes vos atouts personnels.

Il n'y a pas de hiérarchie entre les centres d'intérêt, contrairement à certaines légendes : le sport ne vaut pas mieux que la musique (ou l'inverse), la danse n'est pas supérieure à l'équitation, ni le rugby au tennis. C'est ce que vous avez vécu et la manière d'en parler qui feront la différence.

Notez aussi que ne pas avoir travaillé en entreprise n'est pas un obstacle pour intégrer une École.

Une partie de votre travail de préparation va consister à relever tout ce que vous avez « réalisé » et à en tirer profit pour les entretiens. C'est ce que j'appelle vos thèmes personnels – nous y reviendrons en détail dans ce livre. Vous avez tendance à les oublier ou à les minorer, ou à ne pas savoir les exploiter alors qu'ils intéressent les jurys.

Trois points importants pour conclure :

1) Ne croyez pas que vous êtes tous et toutes « identiques » : il y a tant de variables qui déterminent une personnalité et un projet que deux candidats ne se ressemblent pas.

2) C'est la manière dont vous saurez dire les choses pour marquer les membres du jury qui vous permettra de vous distinguer.

3) Que vous soyez en Prépa ECE ou ECS, carrés ou khûbes, cela n'a pas d'importance pour les membres du jury. Ça n'est pas une information utile mais ce n'est pas non plus un souci si vous l'évoquez. **Si vous êtes en ECT ou en Khâgne, je vous conseille par contre de le préciser** car cette caractéristique est plus rare et peut vous servir de point d'appui.

C. « Je ne suis pas bon *(ou* pas bonne*)* à l'oral. »

C'est une phrase que j'entends souvent alors que vous savez tous et toutes parler et vous exprimer.

La confiance en vous est la clé de la réussite ; ceci n'est pas une banalité, ni une phrase creuse. C'est bien la qualité de votre préparation, notamment sur vos thèmes personnels et votre projet professionnel, qui vous permettra d'être à l'aise à l'oral.

Nous le verrons dans la partie consacrée aux jurys, ils sont bienveillants et à votre écoute. S'ils sentent un excès de stress ou de timidité, ils vous faciliteront les choses.

C'est aussi la manière de dire les choses qui vous permettra de marquer le jury et de vous distinguer. C'est ce qui s'appelle le *storytelling* qui vous aidera à réussir, que je vous présenterai dans « *Majorez vos entretiens* ».

En vous préparant, en vous entraînant, vous prendrez confiance en vous, et vous ne penserez plus que vous n'êtes pas bons ou pas bonnes à l'oral.

VII PRÉPAREZ VOTRE PRÉSENTATION À LA FIN DE VOTRE PRÉPARATION

La présentation est l'introduction de votre entretien.

Elle dépend bien entendu de ce que vous comptez dire au jury pour le convaincre de vous faire intégrer. Elle doit aussi le pousser à vous interroger sur les sujets que vous annoncez et à engager la conversation.

Vous vous êtes pourtant souvent mis en tête de préparer au plus tôt votre « fameuse » présentation, au point que, parfois, elle vous obsède. Elle vous obsède aussi parce que vous en surestimez l'importance.

C'est parfois par le travail sur la présentation qu'on vous demande de commencer votre préparation. C'est en effet un bon exercice pour vous pousser à réfléchir sur vous-mêmes, mais tant que votre réflexion sur ce que vous voulez faire savoir au jury n'est pas complète, votre présentation sera imparfaite.

Vos entraînements et les simulations que vous effectuerez vous permettront de la peaufiner, tout comme le reste des sujets que vous allez aborder.

Vous trouverez à la fin du livre le chapitre spécialement consacré à votre présentation.

Je l'ai placé volontairement après les chapitres sur la connaissance des attentes des Écoles et des jurys, sur la manière de valoriser vos thèmes personnels, de consolider votre projet professionnel et de personnaliser votre connaissance de chaque École.

Vous l'avez compris, je vous conseille de travailler auparavant vos thèmes personnels, votre projet professionnel et comment montrer votre motivation pour une École.

VIII LES INGRÉDIENTS D'UNE PRÉPARATION RÉUSSIE

Se préparer est nécessaire. Il serait « criminel » de ne pas vous préparer pour l'étape finale et décisive de vos deux ou trois années de préparation. Les Écoles elles-mêmes vous incitent à vous préparer.

Cela semble une évidence, et pourtant, on rencontre très souvent des candidats peu ou mal préparés, ou parfois trop préparés. C'est une chance pour vous de lire ce livre... **si vous suivez mes conseils et consacrez du temps à préparer vos entretiens, chacun de vos entretiens.**

Préparer les entretiens demande du temps, mais bien peu en comparaison du temps passé à préparer les Écrits et encore moins proportionnellement aux coefficients et au poids de l'épreuve.

Quels sont les ingrédients d'une bonne préparation ?

– C'est tout d'abord savoir ce qu'attendent les Écoles et quelles sont les modalités de chaque entretien ; il vous suffit de faire l'effort d'aller sur leurs sites et de vous renseigner. Il faut aussi comprendre comment fonctionnent les jurys.

– C'est surtout bien vous connaître, faire l'effort de lister tous vos « thèmes personnels », de les valoriser et d'apprendre à les exploiter.

– C'est préparer les « thèmes obligés » : votre connaissance personnalisée de chaque École (un effort sans comparaison avec tous vos efforts pour l'écrit et ô combien rentable) et votre intérêt ou projet professionnels.

– C'est (et pas au début de votre préparation) préparer votre fameuse préparation, nécessairement flexible...

– Établir clairement vos « thèmes » vous permettra de maîtriser les techniques de l'entretien afin d'être capables de rebondir, de « piloter », de débuter avec une présentation efficace et de conclure l'entretien avec panache.

– C'est aussi suivre l'actualité, notamment les sujets « chauds », et tout particulièrement l'actualité qui vous concerne et celle de votre projet professionnel (une innovation dans le secteur qui vous intéresse, une fusion-acquisition récente, une nomination, une campagne de pub...).

– C'est être prêt à réagir avec naturel à toute question saugrenue ou prétendument « déstabilisante ».

– C'est enfin vous entraîner à créer du lien avec les membres du jury par vos propos (c'est le *storytelling*), votre attitude (le fameux « non-verbal »), par l'écoute et l'intérêt que vous leur montrerez, car l'intérêt doit être réciproque.

Si vous travaillez tous ces points, vous aborderez vos entretiens avec confiance et naturel, et vous obtiendrez nécessairement une excellente note.

Notez bien qu'il y a deux sortes de sujets dans les entretiens :

– ceux que vous apportez : vos thèmes personnels, votre projet professionnel, notamment sur lesquels vous devez être informés et « imparables ». Le jury sera intraitable ;

– ceux que le jury apporte : difficiles à prévoir mais que vous pouvez anticiper. Le jury sera plus indulgent.

IX IL N'Y A QUE DEUX TYPES DE SUJETS DANS UN ENTRETIEN…

… dont la plupart peuvent être anticipés.

Cela peut vous paraître étonnant mais pourtant, c'est bien le cas, on peut classer en deux catégories les sujets qui apparaissent lors d'un entretien : **les sujets que VOUS apportez et les sujets que le JURY apporte**.

Réfléchissez un moment… et vous verrez que c'est bien ainsi qu'on peut distinguer les sujets. Cela doit guider votre préparation.

J'utilise volontairement le verbe « apporter » – qui n'est pas très élégant – car il exprime bien ce que je veux dire. En voici une définition : « *porter quelque chose jusqu'à un lieu pour le remettre à quelqu'un qui s'y trouve* ».

Cela correspond parfaitement à la situation du candidat ou de la candidate face à un jury. Je vous le rappelle, vous êtes là pour vous présenter (c'est-à-dire donner des informations) à un jury qui est demandeur et présent dans le but de vous connaître.

Je vous recommande d'**imaginer vos sujets dans une grande malle de voyage à l'ancienne, où chacun serait rangé dans des tiroirs prêts à être ouverts quand vous en aurez besoin**.

Je vous suggère aussi ce que m'a proposé un de mes élèves (en plaisantant sur ma « *malle de voyage d'un autre âge* ») : imaginez vos sujets comme des fichiers rangés et hiérarchisés dans votre portable.

A. Les sujets que vous apportez sont évidemment prévisibles…

… et peuvent donc être préparés.

1. Trois grandes familles de sujets seront abordées, sans ordre préétabli, dans l'entretien…

- Vos thèmes personnels
- Votre projet professionnel (et vos projets personnels)
- Vous et chaque École, chaque École et vous

Vous remarquerez que vous êtes entièrement maîtres de ce que vous allez vouloir exprimer sur ces sujets et que vous pouvez et devez préparer ces sujets pour en tirer un maximum de profit.

2. … mais le jury, bien que bienveillant, sera très exigeant sur les sujets que vous apporterez.

! Voici quelques exemples malheureux parmi ceux que j'ai relevés en entretien.

Vous dites être « *passionné(e) par la gemmologie* » : sachez quelles sont les principales pierres et ce qui les caractérise. Vous voulez « *être consultant(e) en stratégie* » : connaissez au moins le nom des trois grands leaders de la profession. Vous voulez « *faire du marketing* » : connaissez-en une définition. Entrer à l'ESSEC « *est [votre] rêve* » : si la question vous est posée, vous devez savoir à quoi correspondent les cinq lettres E-S-S-E-C. À l'ESCP, il est impardonnable de se tromper sur les Campus proposés en première année. Vous souhaitez vous installer au Brésil : soyez informés sur l'économie et la situation politique (je me souviens d'un élève « *fasciné par le Brésil et désireux d'y vivre* » qui pensait que Lula en était le président alors qu'il ne l'était plus depuis trois ans…).

Le jury sait que vous vous serez préparés pour vos entretiens et il vous pardonnera difficilement de mal connaître ou, pire, de vous tromper sur « vos » thèmes.

! Enfin, ne sous-estimez pas les connaissances des membres du jury.

Ils en savent plus que vous sur beaucoup de sujets. C'est certain : ils sont deux ou trois et vous êtes seuls, ils sont (nettement) plus âgés que vous et ont eu le temps d'accroître leurs connaissances sur beaucoup de sujets.

Il y en a toujours un ou une qui « s'y connaît un peu ». C'est plutôt une bonne nouvelle si vous êtes préparés car cela augure d'une discussion de qualité et crée un lien avec le membre en question.

Pour conclure sur les sujets que vous apportez et qui sont tout à fait prévisibles : préparez-vous au maximum.

Entrez dans la salle d'entretien en prévoyant les thèmes pour lesquels vous vous « débrouillerez » pour les développer devant le jury.

! Mais attention, je le répète : pas de « par cœur » ni de « prêt à l'emploi ».

Je reviendrai dans l'ouvrage sur la façon de vous « débrouiller » pour développer vos sujets.

B. Les sujets que le jury apporte sont moins prévisibles…

… mais le jury sera plus indulgent.

Les jurys préparent aussi les entretiens. Même si les membres du jury vous posent des questions plutôt en réaction à vos propos, ils n'ont généralement pas de « plan d'entretien ».

En revanche, chaque membre a des questions ou des thèmes qu'il ou elle a l'habitude d'aborder pendant les entretiens. Les Écoles donnent aussi des consignes sur les sujets à aborder autant que possible lors des entretiens. Ces sujets sont le plus souvent liés à ceux que vous apportez (thèmes personnels, projets, École), que le jury suppose que vous avez préparés. Par exemple, à l'ESCP, on vous interrogera sur votre intérêt pour les autres cultures ; à SKEMA, sur votre projection dans l'avenir.

Parfois, les Écoles insistent sur d'autres points (comme la connaissance de l'actualité à l'ESSEC).

On en vient ici aux sujets plus généraux (comprendre « moins spécifiques à vous ») que les membres du jury vont évoquer selon leur « bon vouloir de jury souverain ».

1. Par exemple, le jury rebondit par une question sur des termes forts que vous employez au détour d'une phrase

Vous dites :

– « *mes valeurs* », le jury enchaîne : « **Quelles sont les valeurs qui vous sont chères ?** »

– « *ce serait une vraie réussite* » : « **Qu'est-ce que réussir sa vie pour vous ?** »

– « *argent* » : « **C'est important l'argent pour vous ?** » ou, plus « punchy » : « **Vous trouvez normal de gagner plus de deux fois le SMIC en sortant de notre École ?** »

– « *mais ça n'est pas ce qui me plairait* » : « **Et qu'est-ce qui vous plairait alors ?** »

– « *j'ai été le chef d'un groupe scout* » : « **Qu'est-ce qu'un bon leader, selon vous ?** », « **Citez-moi un ou une chef d'entreprise que vous admirez.** »

– « *je trouverais ça injuste* » : « **Qu'est-ce qui vous révolte ?** »

Ne cherchez pas pour autant à éviter ce genre d'expressions car cela vous empêcherait d'être naturels, et ça n'empêchera pas le jury de vous poser des questions délicates.

2. Les membres du jury vont parfois vous interroger sur votre connaissance de l'actualité

Ça peut être le « dada » d'un des membres du jury, une recommandation de l'École, mais le plus souvent, c'est une évidence pour tous. Les candidats doivent faire preuve de curiosité pour le monde qui les entoure. La géopolitique ou l'économie et la lecture de la presse devraient vous y avoir préparés mais **après les Écrits, l'actualité doit devenir une de vos obsessions**.

Il vous faut aussi vous tenir informés des sujets qui font polémique et satisfont le plaisir des Français pour le débat, car vous serez certainement amenés à exprimer et défendre une opinion pendant un entretien.

3. Les fameuses questions « déstabilisantes » ou que vous jugerez « saugrenues »

Les jurys ne cherchent en aucun cas à vous déstabiliser.

Ces questions contribuent à mythifier les entretiens et il est vrai que, dans ce domaine, l'imagination des membres du jury est sans limite. Il est impossible d'anticiper toutes les questions (et je ne recommande surtout pas d'essayer de le faire). Il existe en revanche des manières d'y réfléchir et d'y répondre. J'y reviendrai.

X LES PASSAGES OBLIGÉS ET LES PASSAGES IMPRÉVUS DES ENTRETIENS

Dans ce livre, je vais étudier pour vous les différents « passages » d'un entretien et vous donner de nombreux conseils de préparation.

Chaque passage doit s'accompagner de la volonté de créer un lien avec les membres du jury.

Retenez tout d'abord ceci :

Les entretiens ne se déroulent jamais de la même façon.

Vous ne pouvez pas tout prévoir, mais vous devez préparer les sujets que vous souhaitez évoquer en sachant les adapter à chaque entretien.

! Ne prévoyez surtout pas un ordre, ni un plan d'entretien.

Une seule certitude, évidente : il y aura un début et une fin à chaque entretien.

Vous aborderez, lors de vos entretiens, vos principaux thèmes personnels, votre motivation pour chaque École et votre projection dans l'avenir, notamment professionnelle.

L'ordre importe peu et ne cherchez pas à le maîtriser ; il convient de ne pas perdre de vue vos objectifs et de savoir rebondir aux questions du jury. Cela fait partie des techniques de l'entretien.

Vous devez considérer chaque question du jury comme une perche ou une main tendue.

Passages obligés et passages imprévus d'un entretien

Attention, il n'y a pas d'ordre prévisible dans un entretien. Ne prévoyez pas un déroulé d'entretien.

Votre seule certitude est que les premiers mots sont au début et la conclusion à la fin !

Premiers mots : votre entrée, la réponse à la première question qui sera probablement votre « Présentation ». Et que le jury peut interrompre car un sujet l'intéresse. L'entretien commence.

Passions : vos centres d'intérêt, votre personnalité, votre parcours.

Projet pro : il vaut mieux en avoir un et s'y intéresser réellement. C'est aussi votre projection dans l'avenir, y compris personnelle.

École : ce que vous recevez de l'École, votre engagement à participer à la vie de l'École.

Pas prévisibles : les questions inattendues demandent encore plus de spontanéité.

Panache final, partir en beauté.

2

Comprendre les attentes des Écoles et le fonctionnement des jurys

I LISEZ ET ÉCOUTEZ CE QUE DISENT LES ÉCOLES À PROPOS DES ENTRETIENS...

... et de leur nécessaire préparation.

Les Écoles vous expliquent leurs entretiens

Votre préparation vous permettra d'être prêts pour la quasi-totalité des entretiens, donc pas d'inquiétude.

Après les Écrits, vous devrez très rapidement vous consacrer majoritairement à la préparation de vos entretiens.

Le mieux est bien entendu de ne pas attendre le mois de mai...

Je vous détaillerai à la fin de l'ouvrage les modalités des entretiens des principales Écoles avec des conseils spécifiques.

Sans attendre vos résultats d'admissibilité, rendez-vous sur les sites des Écoles que vous visez. Vous obtiendrez des informations sur les modalités de leurs entretiens et sur la raison pour laquelle elles ont choisi ces modalités.

Les Écoles vous donneront des conseils qui sont souvent le fruit des retours des entretiens des années passées et qui peuvent servir à la formation ou à la sensibilisation des jurys. Ils sont d'utiles points de vigilance pour vous et des guides pour votre préparation.

Vous y trouverez aussi des informations sur ce que les Écoles attendent des candidats, les qualités et valeurs qu'elles recherchent plus particulièrement ou les points sur lesquelles elles insistent ; par exemple, l'ESSEC insiste sur l'ouverture et la curiosité, l'ESCP Europe sur la culture et l'ouverture internationales. Les jurys y sont aussi sensibilisés et vous poseront probablement des questions sur les thèmes de prédilection de l'École.

Enfin, n'hésitez pas à vous rendre sur l'excellente chaîne vidéo Campus Channel (http://www.campus-channel.com/fr/ecoles-de-commerce-entree-post-prepa.html), où la plupart des Écoles se présentent et parlent aussi de leurs entretiens lors d'une interview souvent tonique de moins d'une heure.

Ce travail fondamental ne vous prendra pas longtemps par École et vous disposerez de temps entre la fin des Écrits et le début des Oraux. Ce qui n'empêche pas de l'anticiper pour une École avant une simulation en Prépa.

❗ Ne commettez pas l'erreur d'attendre vos résultats d'admissibilité car, déçus, soulagés ou heureusement surpris, vous serez débordés, fébriles et pas en état de faire un travail de fond.

Afin de vous inciter à y être attentifs, vous trouverez ci-dessous des extraits de ce que vous pouvez trouver sur les sites des Écoles. Vous comprendrez surtout combien **les Écoles sont bienveillantes envers les candidats et candidates, et attentives à leur sincérité**.

• L'**EM Lyon**, à propos de sa nouvelle épreuve 2018 (extraits d'une interview sur Campus Channel) : « *nous en avions marre des candidats ultra-préparés qui avaient répété...* », « *nous souhaitons plus rapidement venir à leurs expériences, souhaits, rêves, sources d'inspiration...* », « *non, un projet entrepreneurial n'est pas obligatoire...* », « *la sincérité avant tout* ».

• L'**ESCP** (extraits d'une double interview sur Campus Channel) : « *nous NE DE-MAN-DONS PAS DE PRO-JET PRO-FES-SION-NEL ! Je ne le dirai jamais assez. Ce que nous ne voulons pas, c'est pousser les étudiants à proposer quelque chose de factice* », « *il faut quand même que vous montriez que vous vous intéressez à un certain nombre de choses mais aussi, par exemple, s'intéresser à l'actualité économique, c'est une bonne façon de prouver, de donner le lien qui vous mène jusque dans cette salle où vous avez un entretien.* »

La journaliste : « *C'est-à-dire l'actualité économique ? Par exemple, on peut dire : "Je lis* Les Échos, *j'ai lu ça qui m'a intéressé, je me dis que j'aimerais bien travailler dans telle ou telle boîte", ça peut marcher ?* »

« *Ça peut être ça, oui, par exemple.* »

Une élève admise à l'ESCP Europe : « *je pense que ce qui est important dans l'oral d'admission, c'est surtout de montrer qu'on sait rebondir sur les questions. Je pense que c'est ça qu'essaye de voir le jury* (la responsable ESCP acquiesce), *quelle attitude on a, quelle posture on a, comment on réagit, comment on se bat pour répondre aux questions* ».

• L'**ESSEC** : « *durant la partie "libre" de l'entretien, le jury fait connaissance avec le candidat et lui donne la possibilité de se présenter, d'expliquer ses motivations, de donner à voir ses principales qualités et de partager ses réflexions sur ses actions passées et ses projets futurs. Elle peut s'appuyer sur le questionnaire rempli par les candidats au moment de la journée des tests* », « *l'évaluation de la tolérance au stress (qui peut entraver l'évaluation d'autres compétences) comme les capacités d'analyse (largement évaluées par ailleurs à l'admissibilité comme à l'admission) ne sont pas spécifiquement évaluées lors de l'entretien.* »

Toujours à l'ESSEC (rapport de jury) : « *Lors de l'entretien, tâchez d'être le plus possible vous-même. Ne vous inventez pas un personnage. Vous valez mieux que ce personnage stéréotypé, lassant pour les jurés et sans intérêt pour vous.*

Ne soyez pas conforme à un profil supposé attendu à l'ESSEC. Vous y perdrez ce que vous êtes ; personne ne sera dupe de votre discours ; les jurés comme vous-même seront déçus. L'école n'attend pas des clones mais des caractères, des personnalités prêtes à s'affirmer.

Vous ne pouvez tout savoir à 20 ans, ni sur votre avenir, ni sur vous-même, ni sur l'entreprise, ni même sur ce que vous allez faire après l'école. »

• **HEC** : il ne s'agit pas d'un entretien. Je vous parlerai plus spécifiquement du Triptyque à la fin de l'ouvrage.

• L'**EDHEC** a écrit un excellent et court document appelé « Ton oral », dont voici des extraits (vous en trouverez l'intégralité sur le site www.nathan.fr/majorez).

« Se préparer .. pour arriver dans les meilleures conditions à l'oral

• ***La préparation est indispensable.*** *Bien réfléchir aux grandes étapes de son parcours et ses choix d'orientation afin de partager ce qui nous a conduits à prendre telle ou telle décision.*

Pour l'EDHEC : ce n'est pas la réponse qui est importante, c'est la façon de défendre son idée, l'argumentaire choisi.

L'attitude à adopter durant les oraux

• ***Le sourire est important.*** *Un visage qui sourit est plus agréable qu'un visage crispé. Mais l'important est de ne pas aller contre sa nature. Ainsi, il ne faut pas forcer le sourire.*

• ***Contact.*** *L'important est d'établir le contact avec le jury, c'est-à-dire regarder chaque membre du jury dans les yeux et pas seulement le président. L'humour comme le sourire sera une carte à jouer seulement si cela est dans votre nature.*

Lutter contre le stress

• ***Émotion.*** *Les oraux sont le premier grand stress des candidats, d'autant qu'ils jouent gros lors de cet entretien. Le jury en a pleine conscience et les candidats seront jugés sur le fond... et pas uniquement sur la forme.*

À l'EDHEC : ***le jury est avant tout bienveillant... mais ne veut pas de discours trop stéréotypé, appris par cœur.*** *Les membres du jury veulent avant tout révéler l'authenticité des candidats.* »

• **Audencia**

« *Qu'évalue le jury ?*

N'hésitez pas à mettre en valeur votre authenticité et votre personnalité : soyez vous-mêmes !

Cette épreuve doit permettre au jury de mesurer les aptitudes que vous pourrez développer et les compétences nécessaires à l'exercice d'une fonction managériale : votre ouverture, votre potentiel, vos qualités relationnelles.

Vous disposez de 30 minutes pour préparer un court exposé (de 5 à 6 minutes) sur un sujet tiré au sort. Gardez en tête que cet entretien n'est pas un test de connaissances mais plutôt un moment pour découvrir votre personnalité et votre motivation. »

• **GEM** : « *c'est plutôt le stress de l'étudiant qui me bouscule. Il y a tellement d'enjeux à leurs yeux, ils pensent jouer leur avenir ou peut-être leur vie.*

Alors ils arrivent tous rangés en rang d'oignons, habillés en tailleur ou en costume souvent trop grand. Souvent, ils tentent de s'approprier un langage qui n'est pas le leur. Ils pensent qu'un cadre doit ressembler à cela, doit parler comme cela ». (Yassine Benhafed, diplômé Programme Grande École, 1999, chef de projet informatique – Hewlett Packard.)

• **NEOMA**

« ***Objectifs de l'entretien***

Il vise principalement à découvrir votre personnalité. Nous n'attendons non pas des savants au savoir encyclopédique ou des leaders charismatiques ou encore des globe-trotters ou des CV remplis de stages.

Ce qui va importer au jury, c'est :

– votre capacité à donner du sens à votre vie et aux événements qui vous ont marqués ;

– votre capacité à interpréter vos expériences et à les relier éventuellement entre elles, pour donner une certaine cohérence à l'ensemble.

Nous cherchons à recruter des étudiants démontrant leurs capacités à être des acteurs actifs dans le monde économique. »

- **KEDGE**

« ***Objectifs de l'entretien***

Il vise principalement à découvrir votre personnalité. Vous devez amener le jury sur votre propre terrain. »

« *En tant que candidat, il est utile d'avoir réfléchi sur toi-même (tes points forts, tes points faibles, tes projets divers, tes aspirations professionnelles ou personnelles). Cet entretien a pour objectif d'apprécier tes qualités personnelles ainsi que tes motivations. Montre également au jury que tu as des connaissances sur l'École pour laquelle tu postules (programme, associations...), sur la région (attractivité économique, culturelle...). Si tu as une passion, un hobby particulier ou des voyages à partager, prépare un minimum ton sujet. Le questionnaire que tu dois remplir* ***(à imprimer en deux fois avant l'entretien)*** *est à remettre au jury. Il te permettra de réfléchir aux infos et messages que tu souhaites faire passer.* »

II CONNAÎTRE ET COMPRENDRE LES JURYS D'ENTRETIEN

Quelle que soit la forme de vos entretiens, vous serez toujours face à un jury que vous devrez convaincre de vous donner une bonne note afin d'intégrer l'École.

Pour bien vous préparer, il est nécessaire que vous connaissiez mieux les membres des jurys et la façon dont ils fonctionnent en général.

A. Les jurys sont bienveillants

Retenez une chose fondamentale à propos des jurys :

Les jurys sont bienveillants !

En voici la preuve : dans une École du Top 6, lors de la réunion d'information des membres de jury, une grande diapositive apparaît au début et à la fin de la séance :

SOYEZ
GENTILS
AVEC LES CANDIDATS

Les jurys ont pour mission de détecter les bons candidats et les bonnes candidates, certainement pas de piéger ou d'enfoncer les étudiants et les étudiantes.

Mieux encore, à l'issue des demi-journées ou journées d'entretien, quand les membres des différents jurys discutent entre eux, le plus souvent, ils se réjouissent : « *ce matin, on a rencontré d'excellents candidats, on a mis plusieurs 17 et 18 !* » ou se lamentent : « *aujourd'hui, je suis un peu déçu ; à part une exception, ils étaient moins bons que l'an dernier* ».

Les jurys prennent plaisir à donner des bonnes notes et, d'une certaine manière, ont le sentiment que la qualité des candidats et des candidates rejaillit sur eux.

Quand un jury vous paraît distant, voire désagréable, vous coupe la parole et change soudainement de sujet ou vous contredit sur une de vos opinions, sachez qu'il force le trait pour étudier vos réactions et vraisemblablement pour monter votre note. Le fameux élève de troisième année, notamment à l'ESSEC, même s'il vous « chatouille » pendant l'entretien, se souvient qu'il était à votre place il y a quelques années. Et il a été soigneusement sélectionné et briefé par les responsables du concours.

Un point important : **les professionnels ne sont pas rémunérés, ils participent par plaisir aux entretiens**. Ils espèrent faire entrer les meilleurs candidats et candidates dans leur École, et ne demandent qu'à être pris en main et séduits. Mais ils doivent noter tous les candidats et noteront mal ceux qui sont mal préparés ou pas sincères.

1. N'écoutez pas les fausses informations à propos des jurys

! Aussi, ici aussi, n'écoutez pas les légendes négatives sur les jurys agressifs ou sur des Écoles qui sous-notent systématiquement les candidats.

N'écoutez pas les candidats et candidates qui viennent de passer les entretiens et ne sont pas toujours lucides sur leur prestation ; n'écoutez pas non plus certains admisseurs qui, consciemment ou non, et sans aucune volonté de vous nuire, ont tendance à héroïser leurs entretiens passés.

Je vous l'ai déjà dit : n'écoutez pas non plus les légendes absurdes qu'on entend chaque année à propos des jupes, des barbes, des jours pairs ou impairs, du temps qu'il fait...

Le plus souvent, un candidat mal noté était mal préparé ou n'a pas su marquer le jury ni le convaincre.

2. Les jurys n'ont pas d'opinion et ne jugent pas les vôtres

Les membres de jury sont soigneusement briefés sur le fait de laisser leurs opinions et convictions en dehors de la salle d'entretien et c'est une évidence pour chacun d'eux.

Au contraire, **évoquez vos opinions** si vous êtes capables de les défendre avec le sourire et de manière équilibrée. Elles montrent de la curiosité et de l'énergie. Vos convictions politiques ou vos croyances, si elles sont importantes pour vous et que vous pensez qu'elles permettront aux jurys de mieux vous connaître, ne doivent pas être écartées.

Par exemple, l'appartenance à un parti politique et une participation à une campagne électorale montrent votre intérêt pour les autres, votre capacité à travailler en équipe ou votre implication.

Évidemment, si, au contraire, vous prenez des positions extrêmes...

Certes, vous pourriez me dire ici : « *qu'est-ce qu'une position extrême ? Où est le curseur ?* » Le débat dépasserait le cadre de ce livre, mais je vous rappelle qu'il s'agit de convaincre un jury de vous faire entrer dans SON École et que **l'excès est rarement une bonne carte**. On se laisse parfois emporter et si, par exemple, je n'ai jamais entendu un candidat se montrer ouvertement raciste, j'en ai entendu expliquer que « *le faible nombre de femmes à la tête d'entreprises du CAC 40 est justifié par un problème de disponibilité à cause des enfants* », se demander « *pourquoi ne* *pas imposer une limitation du nombre d'enfants dans les familles qui ne gagnent pas assez d'argent* » ou encore dire qu'« *on avait beaucoup exagéré les défauts de Staline, qui était au fond un démocrate* ».

Ceci ne fait pas un effet fantastique sur le jury... même si vous êtes libres de vos opinions.

Pour répondre à une question que l'on me pose parfois, **je ne pense évidemment pas que vous deviez cacher vos convictions religieuses** si elles disent des choses de vous, vous permettent d'exprimer des valeurs qui vous sont chères ou de raconter des actions que vous avez menées. Je me souviens d'un responsable d'un mouvement scout juif qui « *ne [savait] pas comment le dire* » et s'embrouillait inutilement alors qu'il avait des choses marquantes à raconter au jury grâce à ses lourdes responsabilités ; et d'une candidate musulmane qui craignait sans raison « *que ce soit un problème* ».

En réalité, ce sont plutôt les jurys qui, sans se concerter, vont se montrer spontanément prudents sur des questions jugées « sensibles » afin de ne pas gêner un candidat ou une candidate, et surtout de ne pas être soupçonnés d'une quelconque orientation qui aurait influé sur la note.

Enfin – nous y reviendrons à la fin du livre –, quand un jury va vous contredire ou s'opposer à une opinion ou un avis que vous exprimez, c'est, par principe, pour nourrir le débat et étudier votre capacité à argumenter. Combien de « positions » opposées j'ai prises lors de différents entretiens : pro-Trump/anti-Trump, pronucléaire/antinucléaire, pro-adblocks/anti-adblocks... J'ai même défendu le plaisir de conduire de grosses voitures à grande vitesse alors que je n'ai jamais passé le permis !

Vous ne pouvez pas savoir ce que pensent vraiment les membres de jury et cela n'a pas d'importance.

B. Qui sont les membres des jurys d'entretien ?

Selon les Écoles, la composition des jurys varie mais vous retrouverez systématiquement :

- un professeur ou un membre de l'administration de l'École ;
- un professionnel, diplômé de l'École le plus souvent ;
- parfois, des spécialistes des RH ou d'autres domaines non diplômés de l'École ;
- plus rarement, des élèves de dernière année.

Le principe « un professeur / un professionnel » est la base d'un jury, souvent complété par un autre professionnel. Il est très rare que les jurys soient « unisexes ».

Généralement, lors d'une réunion, les jurys reçoivent une information de l'École. On ne peut pas assimiler cette réunion à une vraie formation car elle est courte et ne peut aborder tous les cas de figure. Tous les membres des jurys n'y participent pas pour des raisons de disponibilité ou de motivation, et parce qu'elles ne sont pas obligatoires (l'EDHEC a rendu la réunion obligatoire lors de la mise en place de ses nouveaux entretiens en 2017).

Les jurys sont donc très libres, notamment dans le choix des questions qu'ils vont vous poser.

Notez bien que les membres de jury se préparent avant les entretiens, qu'ils prennent très au sérieux.

Souvent, ils lisent avec beaucoup d'intérêt les journaux dans la semaine ou quinze jours avant les Oraux, pour être bien au courant de l'actualité récente et préparer des questions !

Ils privilégient *Le Monde*, *Les Échos*, les pages éco du *Figaro*…

Alors, faites comme les membres de jury : lisez les journaux à fond après les Écrits !

1. Les membres de jury ne se connaissent pas ou peu…

… ce qui rend les entretiens d'autant plus aléatoires.

Les membres de jury sont associés autant que possible sur des critères objectifs de disponibilité, de secteurs/métiers, d'expérience des jurys, de genres, mais rarement par affinités. Généralement, ils sont « brassés » à la fin de chaque demi-journée et ne restent pas toute une journée ensemble.

Tout ceci assure une meilleure neutralité et **un caractère totalement aléatoire sur la façon dont votre entretien va se dérouler**.

Un point fondamental : **les membres de jury n'ont pas le temps de se concerter sur les questions qu'ils vont poser ou sur la manière dont ils vont aborder un candidat ou une candidate**.

Parfois, le professeur va systématiquement démarrer l'entretien ou, au contraire, donner la parole à un des membres du jury, mais cela peut se faire de manière aléatoire. La fameuse question initiale (« **présentez-vous** » ou « **pourquoi vous ?** », ou mille autres démarrages possibles, j'y reviendrai) n'est pas nécessairement identique pour tous les candidats, même avec un jury commun.

Écoutez-la bien avant d'y répondre et de vous lancer.

Quand un membre du jury pose une question (notamment « inhabituelle »), c'est aussi une découverte pour les autres membres. Il est évident que les deux ou trois membres d'un jury n'ont pas la même vision d'une « bonne réponse » à la question « **êtes-vous plutôt vanille ou chocolat ?** » ou « **quel fait d'actualité internationale récent vous a particulièrement intéressé(e) ?** » ou encore « **si vous étiez une pièce de la maison… ?** ».

Sur tous les sujets pour lesquels on vous demande un avis, **les jurys n'ont pas d'opinion et encore moins d'opinion commune.**

! Il est en conséquence inutile que vous vous encombriez par avance de réflexions du type « *les bonnes réponses qu'ils attendent…* » ou « *je suppose que les membres du jury pensent ceci ou cela* ».

Pour conclure, les jurys sont souverains et quasiment toute liberté leur est laissée dans le respect des candidats et du règlement du concours.

2. Les membres du jury doivent se présenter…

… demandez-leur s'ils ne le font pas.

Ceci n'est pas une règle officielle mais c'est la pratique la plus courante et la plus polie.

Alors que vous allez tout faire pour vous présenter pendant l'entretien, il est normal que les membres du jury le fassent aussi au début. Vous pouvez noter ce qu'ils vous disent sur un petit carnet vierge de toutes notes, ce sera une marque d'intérêt. Le carnet pourra vous resservir à noter une information précise, un nom, une réponse à une question que vous leur poserez.

N'oubliez pas que l'entretien n'est pas une interview mais plutôt un dialogue entre vous et le jury. Ce dialogue sera évidemment facilité (pour vous) si vous savez à qui vous avez affaire : qui est le professeur de l'École ? De quelle discipline ? Qui sont les professionnels ? Quels sont leurs métiers, leurs secteurs d'activité ? Sont-ils bien des anciens de l'École ? (Cela peut arriver : je suis jury dans deux Écoles du Top 6, dont je ne suis pas diplômé, ou c'est parfois le cas de jury choisi car il travaille dans les RH.) Vous avez besoin de visibilité pour avoir l'esprit libre.

Imaginez que vous vouliez travailler dans la finance et qu'une professionnelle vous dise travailler dans une banque d'affaires… Quand vous évoquerez votre projet professionnel, un sourire, une main tendue vers elle à ce moment créera un lien entre vous et montrera que vous avez été attentifs à la présentation des membres du jury.

Quand l'un des membres du jury vous posera une question, votre réponse pourra être influencée par votre connaissance de celui ou de celle qui la pose.

Imaginons une question classique qui ouvre souvent plusieurs possibilités de réponse : « **avez-vous l'expérience du travail en équipe ?** » Si vous êtes en début d'entretien, que vous n'avez pas encore évoqué vos principaux thèmes personnels, et que vous vous êtes bien préparés selon mes conseils, **la réponse ne sera pas la même selon la personne qui vous pose la question**.

Si c'est le professeur, vous évoquerez, si possible, plutôt une expérience associative, musicale ou sportive que vous pourrez facilement présenter sous l'angle du travail en équipe et qui vous permettra de faire le lien avec votre intérêt pour une association de l'École. La question du professeur était probablement une perche relative à l'École. Bingo !

Si c'est une directrice du marketing digital qui vous pose la question, vous évoquerez si possible plutôt votre expérience du monde du travail, et votre capacité à travailler en équipe dans ce cadre. C'était probablement le sens caché de la question. Bingo !

Nous touchons ici à la fois l'importance d'avoir bien préparé vos thèmes personnels ainsi que votre nécessaire écoute du jury et la prise en compte de ce jury.

C'est pourquoi, **si le jury ne se présente pas, je vous recommande de lui demander de le faire**. Par une phrase comme : « *je vous remercie de m'accueillir à l'ESCP Europe, et avant de me présenter, j'aimerais savoir qui vous êtes et ce que vous faites* ».

Ceci est un exemple de phrase à reformuler avec vos mots, comme toutes celles dans ce livre.

Ce sera apprécié, vous ferez preuve de maturité et ce sera un atout pour vous. Je crois d'ailleurs que si le jury ne se présente pas – ce qui est rarissime –, c'est vraisemblablement un oubli dû à un manque de concentration ou à la fatigue. Eh oui… les membres de jury sont des êtres humains !

C. Que se passe-t-il dans la tête des membres de jury et comment notent-ils ?

Il est évidemment difficile de savoir et de généraliser ce « qui se passe dans la tête des membres de jury » et la manière dont ils notent. Mais la composition de base des jurys est toujours la même : « un prof / un pro », car on attend d'eux des préoccupations spécifiques. Mon expérience me permet aussi d'en faire un bref résumé, volontairement caricatural de ce qu'ils pensent et de la façon dont ils notent.

1. À quoi pensent les membres de jury ?

Le professeur : « *Cette candidate sera-t-elle une élève moteur dans l'École ?* », « *A-t-il envie d'apprendre ?* », « *Partage-t-elle nos valeurs ?* », « *Sera-t-il un bon ambassadeur de l'École en stage ? en entreprise ?* », « *Elle n'a que 19 ans… Quel est son potentiel ?* »

Les professionnels : « *Irait-il dans ma "boîte" ?* », « *Va-t-elle s'intégrer au personnel ?* », « *Va-t-il travailler en équipe ?* », « *Est-elle honnête, fiable, impliquée, travailleuse, créative, agile ?* », « *Il n'a que 19 ans… Quel est son potentiel ?* »

L'élève de 3e année : « *BDE, BDA ou BDS ?* », « *Animateur, organisatrice, suiveur* (il en faut aussi !) *?* », « *Ambianceur, bosseuse* (il en faut aussi), *sportive, artiste, fiable, bon pote, bon représentant de mon École… sympa quoi !* »

2. Comment notent les membres du jury ?

Je vous précise quelques points clés de manière schématique.

Bienveillance ne veut pas dire « bonnes notes à tous les candidats ».
Le jury qui vous a reçu(e) est souverain et il est le seul décideur de votre note.

Votre classement à l'écrit n'est pas communiqué aux professionnels et rarement au professeur, et ne sera en aucun cas influencé par vos chances d'intégrer l'École.

Il n'existe pas de consignes statistiques par groupes de candidats ou par demi-journées, ni de moyenne de notes. Les Écoles poussent les jurys à discriminer les mauvais/pas bons mais aussi les bons/très bons, mais ils vous notent « intrinsèquement ».

Le plus souvent, ils notent d'abord isolément chaque candidat ou candidate puis en discutent collectivement. Il n'y a pas toujours de règle mais, le plus souvent, ils vont faire une pause au bout de trois ou quatre candidats et les noter définitivement, ce qui peut revenir à les classer entre eux. Le pire pour un candidat : être oublié ! « *C'était lequel, Olivier Jaoui ?* » (Ça ne m'est pas arrivé, ça ne vous arrivera pas !)

Il peut y avoir quatre très bonnes notes à la suite ou quatre très mauvaises, et toutes les autres combinaisons possibles. « Le jury est souverain » mais doit justifier précisément ses notes, surtout les moins bonnes, ce qui protège les candidats. Et tout ça en quelques minutes…

3. Les grilles et critères de notation sont complexes…

… et laissent beaucoup de place au ressenti général du jury.

L'expérience montre que la note accordée par le jury à un candidat ou une candidate est plus le fruit d'un ressenti global que le suivi pointilleux des grilles de notation.

Vous trouverez les grilles de notation remises au jury facilement en ligne (ou *via* vos professeurs de Prépa).

Elles donnent de très bonnes indications mais sont souvent trop complexes et longues à remplir par un jury en même temps qu'il écoute un candidat ou une candidate et se projette dans la prochaine question. Les membres du jury y portent ce que j'appelle des « petites croix » positives à chaque fois que le candidat ou la candidate répond positivement ou apporte un thème personnel efficace.

Elles sont souvent en réalité remplies en détail après avoir déterminé la note commune du jury à l'élève.

Aussi, ne soyez pas obnubilés par ces grilles et oubliez-les !

Pour conclure cette partie, **comprenez bien l'importance de l'affect, de la relation que vous créez avec le jury, de votre prise en compte de chaque membre du jury, de votre attitude, de la confiance que vous lui inspirez.**

Rappelez-vous que les membres du jury sont des êtres humains : ils enchaînent les entretiens, ils fatiguent ; ne parlez pas trop vite, faites des pauses, montrez de l'intérêt pour eux. Démarquez-vous par ce que vous dites, aidez-les à conclure positivement à votre sujet en évoquant sans détours vos qualités et vos points forts.

Cela pourrait vous étonner mais, de manière quasi systématique, bien que les membres du jury ne se connaissent pas, **ils s'accordent facilement sur les notes car ils sont le plus souvent d'accord. L'entretien est une épreuve rationnelle !**

Faites une bonne entrée, concluez avec panache et marquez les membres du jury pour obtenir la meilleure note.

3

Le non-verbal est un atout, la confiance élimine le stress

Ce qu'on appelle le « non-verbal » est indissociable de l'ensemble de votre prestation.

De manière évidente, car le jury va vous « voir » et vous « entendre » durant l'entretien (j'écris « entendre » car, pour moi, le non-verbal inclut votre voix et vos silences indépendamment du contenu).

Je pense que votre comportement non verbal ne changera pas fondamentalement pendant votre période de préparation, mais vous pouvez vous entraîner à l'améliorer, pour votre confort et celui de vos interlocuteurs.

Mettez à contribution votre famille, vos amis, vos camarades de Prépa et, bien entendu, vos khôlleurs.

Ces conseils vous seront évidemment très utiles pour les autres épreuves orales qui comportent toujours une dimension de communication, le Triptyque d'HEC, bien entendu, mais toutes les épreuves disciplinaires.

Vous êtes responsables de la qualité d'écoute du jury, comme vous le seriez d'une vieille dame qui traverse la rue. Ne l'oubliez pas.

Le lien que vous allez créer avec le jury ne passe pas que par la parole.

I COMMENT DÉMARRER ET QUITTER L'ENTRETIEN ?

Nous l'avons vu dans la partie sur la présentation, la première impression que vous allez faire au jury sera durable.

Soit un admisseur va vous faire entrer dans la salle, soit un membre du jury va venir vous chercher dans le couloir où vous attendez.

A. Première chose

« *Bonjour* », regard dans les yeux et sourire au membre du jury qui vient vous chercher, puis « *bonjour* », regard dans les yeux et sourire aux autres membres. Ou directement à tous si c'est un admisseur qui vous fait entrer.

Ce « *bonjour* » est important, il doit être sonore et assumé. Il doit être bien placé aussi : pas entre la porte et la salle, pas quand vous êtes en train de vous asseoir, ni (comme je l'ai vu parfois) assis et penché vers votre sac en train de chercher un carnet ou de quoi écrire : un « bonjour » aux pieds de votre chaise ne marquera pas le jury !

B. Faut-il serrer la main du jury ?

Deux écoles à ce sujet. Je n'y suis pas très favorable, d'autres personnes le sont. Vous pouvez le faire, si vous y êtes habitués et que cela vous semble naturel (c'est un usage qui disparaît un peu dans votre génération). Dans ce cas : poignée ferme, regard profond et souriant à chaque membre du jury.

Si le membre du jury qui vous fait entrer vous serre la main (je ne le fais jamais, et je l'ai rarement vu faire), serrez la main des autres membres. Une bonne poignée de main aura de l'effet.

Pensez à vous débarrasser de votre sac, de votre convocation et de vos papiers d'identité. Rien de pire qu'un « serrage de mains » encombré.

C. Espace, temps, attention… puis parole

Apprenez à prendre en compte ces facteurs clés pour démarrer un entretien en captant l'attention ou pour le relancer.

Avant tout (après le premier « *bonjour* »), gérez votre espace : installez-vous bien sur votre chaise, posez vos affaires le cas échéant, soyez bien droit(e), légèrement penché(e) vers le jury, et posez vos pieds au sol. Les professionnels de la communication conseillent de vous « ancrer » en posant vos pieds au sol, légèrement écartés, que vous soyez debout (comme ce sera le cas lors de votre présentation à l'EDHEC) ou, le plus souvent, assis(e) (comme pendant la plupart de vos entretiens). Évitez de croiser les jambes ou de vous tenir sur la pointe des pieds. Vous vous sentirez déséquilibré(e). Posez vos avant-bras sur la table ou vos mains à plat l'une sur l'autre pour répartir votre équilibre.

Gérer le temps : vous n'êtes pas pressé(e) de démarrer tant que vous n'êtes pas installé(e). Prenez le temps de saluer et de créer le contact, gestuelle, sourire, regard.

Enfin, captez l'attention : à la première question (par exemple, « ***présentez-vous*** »), ne vous précipitez pas pour répondre. Assurez-vous que le jury est bien entièrement tourné vers vous, imposez-vous d'attendre une ou deux secondes et, seulement à ce moment, commencez à parler.

Refaites-le parfois pendant l'entretien pour capter l'attention et redémarrer.

D. Quitter la salle d'entretien

Nous le verrons dans « Conclure avec panache » : la conclusion de l'entretien est fondamentale.

La plupart du temps, le jury vous proposera de sortir sans vous raccompagner. Ne prévoyez pas de serrage de main.

« *Merci* », « *au revoir* » souriant et sonore face au jury, pas à moitié tourné(e) ou en ouvrant / fermant la porte !

Tournez le dos au jury le plus tard possible près de la porte. J'ai même lu un article qui conseille « *l'auto-retournement en partant […], je vous conseille de vous exercer à fermer une porte sans vous retourner, en passant le bras derrière le dos. Vous verrez, ce n'est pas si compliqué* ». J'avoue que j'en suis incapable…

II NE SURESTIMEZ PAS LE CÔTÉ NÉGATIF DU NON-VERBAL

Souvent, la gestion du non-verbal vous inquiète inutilement. Il existe de nombreuses théories essayant de mesurer le « pourcentage de conviction et de mémorisation » dû aux paroles ou au non-verbal, allant jusqu'à dire que la parole compte parfois pour moins de 10 % !

Je ne crois pas que cette statistique s'applique aux entretiens d'entrée en École de commerce.

D'abord, parce que le jury ne demande qu'à être convaincu. Il sera concentré positivement sur ce que vous dites, pas sur la recherche de failles ou d'objections. Il cherchera à vous connaître et s'intéressera particulièrement à ce que vous dites. La question de sa mémorisation n'a qu'une faible importance. Le jury doit évidemment se souvenir de vous et vous allez le marquer dans ce but, mais que le jury vous oublie après vous avoir noté (ce qui est très souvent le cas) n'a aucune importance.

Par ailleurs, les membres de jury sont bienveillants et savent que la situation a un très fort enjeu pour vous ; ils seront indulgents à propos du non-verbal.

Pour autant, vous pouvez transformer le non-verbal en arme maîtresse.

III UTILISEZ LE NON-VERBAL POUR MARQUER LE JURY

A. Votre regard et votre sourire

Vous l'entendrez dans vos Prépas et je vous le répéterai souvent : votre regard et votre sourire sont vos meilleurs atouts.

Regardez le membre du jury qui vous interroge, regardez le membre du jury auquel vous répondez et regardez régulièrement tous les membres du jury, même silencieux.

! Regardez ne veut pas dire balayer du regard de gauche à droite ou de droite à gauche, mécaniquement, comme un phare.

Utilisez un regard profond qui a du sens, qui montre de la considération : un regard qui s'arrête, un regard profond et sincère qui ne fuit pas. C'est assez facile à réaliser, entraînez-vous régulièrement avant les oraux avec vos différents interlocuteurs (il vous servira aussi pour les langues vivantes et les autres disciplines).

Souriez quand vous entrez et quand vous sortez. Souriez régulièrement quand vous parlez (quand le sujet s'y prête) et quand vous écoutez. N'en faites pas trop.

N'hésitez pas à sourire largement, voire à rire car les entretiens sont souvent détendus.

On dit que le sourire s'entend. Avec raison, les entreprises demandent à leurs commerciaux de sourire au téléphone à leurs prospects et clients. Je le pratique aussi, la différence pour l'interlocuteur est éloquente !

B. Votre voix, vos pauses et votre respiration

Votre voix se caractérise par son volume, son débit et son rythme.

Il est important que votre première prise de parole soit ferme et sonore, montrant de l'énergie et de l'assurance, et soit accompagnée d'un sourire et d'un regard adaptés.

Votre voix peut varier « comme dans la vraie vie » selon ce que vous dites au jury. Faites évoluer son rythme, ce qui vous évitera d'être monocorde. Vous pouvez vous entraîner en lisant un court texte d'une voix sérieuse, puis autoritaire, triste, amusée, affectueuse...

Autant que possible, essayez de parler lentement, mais je suis bien placé pour savoir qu'il est difficile de changer ses habitudes ! Faites quand même l'effort de réduire votre débit pour faciliter la compréhension du jury. Entraînez-vous en vous minutant.

Un débit plus rapide peut montrer de la passion, un débit plus lent du sérieux...

Vous pouvez plus facilement vous entraîner à utiliser des phrases courtes ou pas trop longues.

Et surtout, faites des pauses : cela permettra au jury de vous poser des questions, et surtout cela vous permettra de respirer.

Le cerveau a besoin d'oxygène et, comme on dit, « quand l'oxygène ne monte plus au cerveau... rien ne va plus ».

Habituez-vous à compter mentalement « 1 » ou « 1, 2 » après certaines de vos phrases, vous verrez que cela sera plus confortable pour vous et vos interlocuteurs.

Enfin, n'oubliez pas les pauses avant de répondre aux questions : cela vous permettra de réfléchir, le jury ne vous le reprochera pas, et c'est un excellent moyen de capter l'attention.

C. Vos gestes

Quand j'évoquerai le *storytelling*, nous verrons que dans le VAKOG, le V de « visuel » apparaît en premier car la vue est le sens qui a le plus d'importance.

Nous venons de voir l'importance de la manière de vous asseoir. Vos gestes vont contribuer à la cohérence de vos propos quand ils les accompagnent. Ils vont montrer de l'énergie et vous devez éviter de rester dans la position du début d'entretien. Un candidat ou une candidate raide comme un piquet, attentif ou attentive à ne pas bouger, perdra en spontanéité et son attitude gênera le jury.

Vos gestes vous servent à dialoguer avec le jury : hochez la tête pour montrer que vous êtes d'accord (« *j'entends parfaitement cet argument...* »), tendez la main ouverte (et le regard) vers un membre du jury : « *comme vous le disiez à l'instant...* », « *pouvez-vous m'expliquer comment se passe la Go Pro de l'ESSEC... ?* ».

Le jury vous pose une question importante ou émet une objection : silence, réflexion et vous vous avancez pour répondre, les mains en avant. Vous montrerez l'importance que vous apportez à la question et vous attirerez l'attention sur votre réponse qui suit immédiatement.

❗ Évitez de croiser les bras (toujours mal perçu : attitude défensive et fermée) ou, très fréquent, de parler avec la main devant la bouche ou de vous gratter l'arrière de la tête.

IV TICS DE LANGAGE, GESTES PARASITES, DÉBIT ÉLEVÉ…

… pas d'inquiétude !

Certains et certaines d'entre vous ont des tics de langage usuels ou générés par la nervosité : « *du coup* », « *euh…* », « *voilà !* », « *à ce sujet…* ». Vous passez vos mains dans vos cheveux, vous enlevez et remettez vos lunettes, vous vous frottez les mains, vous manipulez votre stylo, vous touchez votre nœud de cravate…

À moins de demander l'aide de professionnels sur une longue durée, il vous sera difficile de vous empêcher de le faire.

❗ Vous ne devez pas vous encombrer le cerveau pendant l'entretien en vous disant « *ne dis pas "du coup"* » ou « *fais attention à tes mains* ».

Votre attention doit être tout entière tournée vers le jury et ces consignes inutiles vont vous stresser encore plus.

Je ne connais pas d'élèves qui aient raté leur entretien en raison de tics ou de signes de nervosité.

V LE STRESS, LE TRAC…

Ce sont des émotions tout à fait normales au vu de l'enjeu de l'entretien et de son caractère inédit. Les membres de jury y sont sensibilisés et attentifs. Il n'est pas rare qu'ils « rassurent » un candidat, le conseille de « *faire une petite pause / respiration* » ou lui propose un verre d'eau.

Il existe diverses techniques (respiratoires ou autres, qu'il serait peu efficace de décrire dans un livre) et vous pouvez faire appel à un spécialiste en cas de réel besoin.

Mais combien d'élèves m'ont dit « *être stressés par les entretiens et inquiets d'être submergés* », et s'en sont parfaitement sortis !

Le secret pour combattre le stress, c'est votre préparation.

« *Une des clés du succès est la confiance en soi. Une des clés de la confiance en soi est la préparation.* » Je crois fondamentalement en cette phrase d'Arthur Ashe (légende du tennis) qui convient parfaitement aux candidats et candidates aux meilleures Écoles de commerce. C'est pourquoi je l'ai mise en exergue sur mon site.

Une spécialiste de la communication me disait que « *la peur et le manque d'oxygène sont les deux problèmes du cerveau, sinon il sait réfléchir tout seul* ».

En clair, pensez à reprendre votre souffle et ne vous inquiétez pas de vos paroles car vous êtes préparés. Et concentrez-vous sur le jury.

Une fois que l'entretien a commencé – et je vous rappelle que « **vous en êtes le sujet, celui que vous connaissez le mieux** » –, le stress s'efface si vous êtes bien préparés et entraînés.

Attention à ne pas vous laisser influencer par une remarque ou un conseil plein de bonnes intentions d'un autre candidat ou d'un admisseur juste avant l'entretien. Je me souviens d'une élève « de nature stressée » que j'avais préparée et qui m'avait appelé une heure avant son entretien en me disant, des sanglots dans la voix, « *qu'il fallait qu'elle change de Projet pro* ». Je l'ai rassurée, lui ai conseillé de signaler sa présence aux admisseurs, de mettre ses écouteurs en lisant un livre et de ne plus écouter personne. Son 19 l'a bien aidée à entrer à l'EDHEC !

Pour ce qui est du trac, il est normal et souhaitable. Tous les orateurs vous le diront. Depuis plus de 30 ans dans le cadre de mes activités professionnelles et bénévoles, j'ai très souvent pris la parole en public, parfois devant plus de mille personnes. Je pense être un bon orateur et je prépare mes interventions (l'un ne va pas sans l'autre).

J'ai pourtant toujours une pointe de trac, qui est une forme de respect pour les gens auxquels je vais m'adresser.

Pour conclure, retenez cette anecdote :
Une jeune comédienne dit un jour à la grande actrice Sarah Bernhardt :
« *Moi, je n'ai jamais le trac en entrant en scène.* »
À quoi Sarah Bernhardt répondit :
« *Ne vous inquiétez pas, ma petite, ça vous viendra avec le talent.* »

Soyez prêts, talentueux et acceptez ce trac qui disparaîtra dès votre premier mot.

4

Comment valoriser vos thèmes personnels

Vos thèmes personnels vont vous permettre d'exprimer au jury :
- qui vous êtes ;
- ce qui a contribué à forger votre personnalité ;
- ce qui vous motive et ce que vous projetez.

Dans un souci de simplification, je les classe en deux catégories : **les thèmes personnels d'action et les thèmes personnels d'identité.**

Pour parler de vous de manière marquante, le mieux est de vous appuyer sur ce que vous avez vécu, entrepris, réalisé... ou tenté de réaliser.

Ce sont, par exemple, toutes vos expériences et activités, vos voyages, vos engagements mais aussi vos centres d'intérêt, voire une rencontre ou une œuvre qui vous ont marqué(e).

Peut-être parlez-vous quatre langues ou avez-vous plusieurs nationalités, ou êtes un formidable bricoleur ou codeur informatique ?

Mon expérience de la préparation des candidats prouve que vous avez souvent tendance à oublier ou minorer des aspects de votre vie qui pourraient pourtant intéresser les jurys.

I UN EXEMPLE DE THÈME PERSONNEL D'ACTION MAL EXPLOITÉ

! Vous pensez souvent que ce que vous avez réalisé, vécu ou ressenti n'est pas utile ou intéressant pour les jurys et vous laissez de côté des thèmes pourtant exploitables.

Par exemple, une étudiante que j'ai préparée m'a dit, lors d'un deuxième rendez-vous : « *je ne vous avais pas parlé du baby-sitting parce que ça n'a pas grand intérêt* ». Comme je lui demandais de développer, elle m'a exposé ceci : « *pendant un an, deux fois par semaine, je suis allée chercher deux enfants de 4 et 7 ans à la sortie de leurs écoles. Je leur ai donné le goûter, j'ai joué avec eux, aidé l'aînée à faire ses devoirs puis leur ai donné le bain et souvent préparé le dîner quand les parents finissaient tard* ».

Quelle richesse dans ce baby-sitting !

Tout d'abord, elle avait pris une responsabilité majeure : quoi de plus important pour des parents que la sécurité et le bien-être de leurs enfants !

Ensuite, elle a fait preuve d'un engagement constant : il n'est pas envisageable de ne pas aller chercher des jeunes enfants à la sortie de l'école sans prévenir. Même si vous les prévenez, c'est une gêne considérable pour les parents qui doivent quitter précipitamment leur travail. Elle a assuré ce service deux fois par semaine et justifié la confiance que les parents avaient placée en elle.

Enfin, elle a gagné de l'argent et fait preuve d'énergie. Si, par ailleurs, elle n'avait ni effectué de stage ni travaillé en entreprise (ce qui est souvent le cas en Prépa), elle aurait pu jouer la carte du baby-sitting si elle avait été interrogée au sujet du projet professionnel.

Il est probable (et cela s'est vérifié) qu'elle disposait de quelques anecdotes marquantes pour le jury.

Du point de vue du jury, il est quasi certain qu'un ou deux de ses membres ont des enfants et seront très sensibles à cette question. Ils se diront aussi : « *on peut faire confiance à cette candidate, comme les parents lui ont fait confiance* ».

Responsabilité, engagement, énergie, confiance : voilà ce que montre une activité régulière de baby-sitting que notre candidate avait totalement sous-estimée.

Aucun élève de Prépa n'a sauvé le monde ou écrit un opéra qui ferait pâlir d'envie Mozart ou Verdi.

Vous avez tous et toutes des choses intéressantes à dire, mais vous n'avez pas encore une vie trépidante, singulière ou chargée de nombreuses expériences.
Tirez parti de toutes vos expériences.

Retenez ceci : dans votre préparation, ne sous-estimez pas vos activités et réalisations, n'en éliminez aucune *a priori*.

II TRAVAILLEZ VOS THÈMES PERSONNELS D'ACTION

Je vais vous aider, dans cette partie, à renforcer votre confiance en vous en vous montrant comment rechercher tous les thèmes que vous pourriez aborder et comment les exploiter. Les entretiens vous paraissent très longs mais, en réalité, ils se déroulent très rapidement.

Pas question de perdre du temps en entretien en cherchant vos idées et vos mots à propos d'un thème personnel que vous devriez maîtriser !

Je vais procéder en cinq temps.

– Je vais lister les différents types d'expérience dans lesquels vous pourrez « piocher » vos thèmes personnels, qui sont le cœur des entretiens.

– Je vais vous présenter ensuite ma méthode personnelle (la Méthode CAREL) pour présenter efficacement un thème car elle vous aidera à réfléchir à tous vos thèmes personnels et à réussir vos entretiens.

– Je vais vous aider à lister tous vos thèmes personnels d'action et éventuels sous-thèmes, à en tirer le maximum et à bâtir ainsi votre stratégie personnelle.

– Je vais traiter ensuite, de la même façon, d'autres aspects de votre personnalité : ce que vous êtes, ce que vous pensez, ce que vous projetez d'être ou de vivre (vos thèmes personnels d'identité).

– Je vais vous présenter les techniques du *storytelling* qui vous permettront de marquer les jurys.

III QUELS SONT VOS THÈMES PERSONNELS D'ACTION ?

Je vous liste les domaines que j'ai rencontrés ou que je pense être adaptés aux thèmes personnels d'action qui vont intéresser les jurys. Il en existe certainement d'autres plus singuliers que vous pourrez exploiter de la même manière.

- Sports collectifs, sports individuels…
- Danse, musique, théâtre, arts, écriture…
- Passions, hobbies, centres d'intérêt, motifs de curiosité…
- Voyages, vacances, séjours, rencontres, relations à distance…
- Activités associative, humanitaire, politique…
- Engagements, vie lycéenne, bénévolat, coups de main…
- Jobs, baby-sitting, stages, CDD, aide dans la société familiale, tous contacts avec le monde économique…
- Animation, scoutisme, encadrement, cours particuliers, cours collectifs, soutien scolaire…
- Réussites, échecs, expériences diverses et marquantes, séparations, déménagements fréquents…
- …

IV EXPLOITER UN THÈME PERSONNEL D'ACTION : LA MÉTHODE CAREL

Cette méthode, très simple à utiliser, a fait ses preuves auprès de nombreux candidats et candidates.

Je l'ai résumée dans un acronyme facile à mémoriser et très explicite, que je vais vous expliquer.

CAREL

Contexte
Actions
Résultats / Évolution
Liens

En un coup d'œil :

Contexte : poser le Contexte du thème que vous allez exploiter une ou plusieurs fois.

Actions : raconter des Anecdotes, présenter des Actions, des Réalisations abouties ou non.

Résultats : énoncer ce que chaque Action dit de vous, quelles qualités elle montre.

Évolution : en quoi vous avez évolué ou appris des choses sans forcer le trait.

Liens : autant que possible (et sans abuser), faire le Lien avec l'École visée ou votre projet professionnel.

Quand vous vous serez approprié la méthode, il vous sera plus facile de recenser vos thèmes personnels et d'en tirer le maximum.

Je vous explique concrètement ci-dessous le sens de ces mots et comment les utiliser.

Il existe d'autres méthodes qui circulent dans les Prépas et qui, rassurez-vous, reposent généralement sur les mêmes principes. Ceci vous permettra de vous préparer avec « *Majorez vos entretiens* » tout en restant en phase avec votre Prépa, le cas échéant.

Rappel important : comme dans tout le livre, les phrases en italique, exemples de phrases réelles ou possibles de candidats, vous sont données à titre d'exemple pour vous imprégner de mes conseils car c'est une manière efficace de vous former (surtout à distance *via* un livre et des vidéos).

! Elles ne doivent évidemment pas être apprises par cœur, ni adaptées sans recul.

C'est aussi une forme de *storytelling*, dont vous serez bientôt experts.

Vous devez présenter votre personnalité et vous valoriser avec vos propres mots.

A. Contexte

Il s'agit de poser le Contexte du thème que vous allez présenter. On imagine mal une pièce de théâtre sans décor ou une carte de visite professionnelle sans nom, prénom, fonction, société.

1. Poser le Contexte vous permet d'annoncer précisément un thème personnel

Cela vous permettra, si vous réutilisez le même Contexte différemment plus tard dans l'entretien, d'y faire facilement référence.

Une ou deux phrases suffisent :

– « *depuis l'âge de 8 ans, je pratique la danse classique au Conservatoire de Tours. J'ai notamment participé à de nombreux galas devant des centaines de personnes* » ;

– « *ma famille est dispersée dans le monde : ainsi, j'ai eu l'opportunité de séjourner plusieurs fois avec des cousins de mon âge au Brésil et en Slovaquie* » ;

– « *j'appartiens à l'association* Help Kids. *Avec mon groupe, l'an dernier, nous avons financé et organisé un voyage à vocation humanitaire de trois semaines en Grèce* » ;

– « *j'ai travaillé pendant un mois en été comme vendeuse dans une boulangerie d'une station balnéaire, six jours par semaine de 7 h à 21 h* ».

Ces exemples sont simples, directs et parfaitement clairs pour le jury.

Je vous suggère d'arrêter la lecture du livre et de faire un essai de Contexte sur un ou plusieurs de vos thèmes personnels.

Reprenons…

2. Poser le Contexte permet d'embarquer tous les membres du jury

Il arrive très fréquemment qu'un candidat commence à raconter une anecdote ou une réalisation sans avoir posé le Contexte. Le plus souvent parce qu'il est tellement imprégné de ses thèmes qu'il finit par penser que c'est le cas de tout le monde ; ou parce qu'il a évoqué le sujet dans sa présentation et qu'il suppose que tout le monde s'en souvient ; ou encore « *comme c'est dans le questionnaire, pas besoin de me répéter* ».

Or, quasiment à coup sûr, un des membres du jury va lâcher prise en se posant mentalement des questions : « *c'était quand ? Dans quel cadre ? Je n'ai pas bien compris...* » Un membre de jury perdu en route, c'est un thème mal exploité, et des points perdus...

Par exemple, « *pendant notre pièce de théâtre, à un moment, nous avons eu un problème car les décors n'étaient pas les bons au début d'un acte* » : le jury comprend bien le contexte général (une pièce de théâtre et un imprévu) mais ne sait pas vraiment quel était le rôle (dans tous les sens du terme) du candidat. Était-il un acteur, le metteur en scène, un machiniste ou rien de tout ça ?

Soit l'élève va continuer son développement dans un léger brouillard, soit le jury va l'interroger au risque de partir dans tous les sens et de perturber l'élève : « **quelle a été votre participation dans cette pièce ?** », « *ah oui... bien sûr... je jouais le rôle du Docteur dans* La Dame de chez Maxim » (le jury est donc supposé savoir qu'il s'agit d'une pièce de Georges Feydeau, que c'est un des rôles principaux, que la pièce est particulièrement longue. Ou posera la question, éloignant sans mauvaise intention le candidat de son propos initial).

Il aurait pu poser le Contexte ainsi : « *en Terminale, j'ai joué un des rôles majeurs dans* La Dame de chez Maxim *de Georges Feydeau, pendant les trois représentations* ». Le Contexte posé, il pouvait soit répondre à des questions, soit enchaîner sur son anecdote.

Ou, il risque une autre question naturelle : « **quelle était la pièce dans laquelle vous jouiez ?** », « *en fait..., non... je ne jouais pas dans la pièce, enfin, si... un petit rôle, mais j'étais le régisseur principal responsable des décors et des accessoires* ». Et voilà notre candidat, qui avait une responsabilité très importante (régisseur principal), contraint de se justifier car il n'était pas un acteur...

Il devra encore « ramer » pour revenir à l'anecdote qu'il avait préparée, perdre du temps et de la confiance.

Je vous laisse réfléchir à une phrase qui lui aurait permis de poser le Contexte dans le cas « régisseur » ci-dessus...

Quel dommage de ne pas exploiter parfaitement un thème très prometteur.

Le Contexte va attirer l'attention du jury en « l'appâtant ».

Il n'est pas nécessaire de trop en dire, ni d'anticiper sur l'Action.

C'est d'ailleurs souvent le fait de vouloir arriver trop vite à l'Action et aux anecdotes qui élimine l'étape « Contexte ».

Il est possible que le jury vous pose une question une fois le Contexte posé (je vous le rappelle : rien ne se passe « comme prévu »). Ce n'est pas un souci mais une bonne nouvelle. Le jury s'est emparé de votre thème et s'y intéresse. Comme vous l'avez préparé sous tous les angles... Bingo !

3. Poser le Contexte vous met en confiance

Sans les apprendre par cœur (vous l'avez déjà compris, le « par cœur » n'est pas trop mon « truc », ni celui des jurys), peaufinez vos Contextes afin qu'ils « sortent » comme par réflexe pendant un entretien. Ce qui vous permettra de rester concentrés sur le jury.

Si vous vous entraînez pour chacun de vos thèmes, vous serez assurés de les introduire parfaitement, et de déjà marquer des points auprès des jurys.

En étant « assurés », vous serez rassurés et donc mis en confiance.

B. Actions et Anecdotes

Je vais accompagner le terme « Actions » par « Anecdotes », qui a le mérite de montrer qu'il faut imager vos Actions et pour en garder le sérieux ; j'ajouterais aussi celui de « Réalisations ».

« Actions », « Anecdotes », « Réalisations » sont les mots-clés pour exploiter un thème une fois le contexte posé.

Les Actions, c'est tout ce que vous avez réalisé, construit, vécu, partagé, appris, ressenti individuellement ou collectivement, et qui a construit votre personnalité et votre parcours.

Votre préparation va consister à lister toutes vos Actions au sein de chaque thème sous forme d'une Anecdote, d'un moment à raconter au jury pour le marquer (avec le *storytelling*) pour pouvoir ensuite en tirer des Résultats ou des Évolutions et, le cas échéant, des Liens.

Les exemples d'Actions sont très nombreux. En voici quelques-uns « bruts », tels que je les ai entendus :

– « *j'ai été capitaine d'une équipe de volley et je me suis blessé au poignet la veille de la finale du tournoi régional inter-lycées* » ;

– « *j'ai créé une base de données clients pour une société pendant mon stage. Je sais qu'elle l'utilise encore* » ;

– « *j'ai été chargé d'encadrer et de former trois moniteurs de voile l'été dernier, c'était une responsabilité inattendue* » ;

– « *je me suis retrouvée à devoir chanter toute seule devant 400 personnes alors que je n'étais pas préparée* » ;

– « *j'ai animé une soirée de bienfaisance en jouant au piano les chansons et musiques que me demandaient les donateurs. Nous avons récolté près de 5000 euros !* » ;

– « *je m'intéresse beaucoup à la géologie et j'ai effectué plusieurs séjours géologiques en Afrique du Sud* » ;

– « *j'ai réussi à faire participer le coscénariste et réalisateur d'*Intouchables, *Éric Toledano, à un débat du Club Cinéma* » ;

– « *j'ai développé le site Internet de mon Association de protection de la nature* » ;

– « *un des élèves de Sixième que j'ai aidé en mathématiques vivait dans une famille en très grande difficulté sociale. Cela a été pour moi un grand choc d'y être confronté* » (le thème ici est « le grand choc ». Je suppose ici que le candidat a déjà évoqué le soutien scolaire. Évitez de mélanger deux thèmes, l'un passera à la trappe) ;

– « *j'ai préparé et assisté à une réunion de présentation d'une société à des investisseurs qui a atteint ses objectifs* » ;

– « *pendant un camp d'été scout, j'ai organisé ce qu'on appelle "un concours de bouffe"* (sourire) *pour les enfants. Ils ont préparé toute la journée des recettes des différents pays qu'ils représentaient* » ;

– « *j'ai déménagé de nombreuses fois car mon père est militaire ; ça a été très difficile pour moi dans mon enfance* » ;

– « *lors d'une excursion au Sahara avec des amis, nous avions mal étudié la météo et nous nous sommes retrouvés pris dans une tempête* » ;

– « *j'ai dû annoncer à mon meilleur ami que nous avions décidé de ne pas publier l'article sur lequel il avait travaillé des semaines entières* » ;

– « *un incendie s'est déclaré ; j'ai rassuré mes trois jeunes frères et sœur et les ai fait sortir calmement de l'appartement alors que j'étais terrifiée* » ;

– « *je me suis cassé la jambe pendant la compétition de ski* » ;

– « *je me souviens tout particulièrement du courage d'une jeune femme handicapée des deux jambes que j'ai accompagnée plusieurs fois pour faire ses courses* ».

Sous réserve d'un bon *storytelling*, la présentation de vos Actions est généralement simple pour vous. Cela commence à se corser lorsqu'il faut en tirer des conclusions à votre sujet et les partager avec le jury.

C. Résultats et Évolutions

C'est la partie la plus difficile pour vous dans la Méthode CAREL car il va falloir que vous laissiez de côté votre modestie.

Vous allez devoir tirer des Résultats de chacune de vos Actions ou Réalisations, abouties ou non.

Et vous allez devoir les exprimer clairement face au jury.

Vous devez vous demander ce que chacune de vos Actions dit de vous en termes de qualités ou de capacité d'évolution ou d'apprentissage.

Vous n'avez pas toujours réussi ce que vous avez entrepris, mais chaque difficulté, chaque échec, chaque obstacle évité montrent aussi votre capacité à évoluer et à vous améliorer.

Je vous rappelle que vous cherchez à entrer dans une École et que **vous devez aussi montrer votre capacité et votre volonté d'apprendre.**

Cette partie de l'exercice ne devrait pourtant pas être très difficile pour vous...

Demandez-vous aussi si une action est un fait marquant, une fierté...

Vous arrivez généralement assez bien à associer des qualités ou des capacités de progression à une Action. Ce qui sera plus difficile pour vous va être d'accepter l'idée de les énoncer au jury.

En effet, je vous recommande d'aider les membres du jury à vous évaluer. Comme on dit, « *ça va mieux en le disant* ».

Le jury dispose de peu de temps pour prendre sa décision et vous évaluer. Si vous dites clairement que vous êtes dynamique, solidaire, travailleur, artiste, opérationnel, créatif, curieux, rigoureux ou que vous avez l'esprit d'équipe…, vous l'aiderez beaucoup à conclure. Croyez-moi, vous pouvez influencer le jury de manière tout à fait honnête en lui disant les choses clairement.

Cela vous obligera aussi à vous demander pourquoi vous souhaitez raconter telle ou telle Anecdote et en quoi elle vous sera utile ou favorable.

Cette phase est fondamentale ; sinon, pourquoi raconter telle ou telle Action ? Simplement pour « meubler » ou espérer que le jury fasse l'effort de conclure à votre place ? Bien entendu, le jury essaiera de le faire, mais vos Résultats seront meilleurs si vous êtes plus directs.

Je vous rappelle que le jury est là pour vous évaluer, qu'il sait très bien pourquoi vous vous présentez devant lui, donc pas de fausse ou inutile pudeur. De nombreux autres candidats n'auront pas ces doutes.

Pour vous aider à réfléchir sur vos qualités, je vous recommande d'en rechercher des listes sur Internet, notamment celles adaptées aux situations de préparation aux entretiens d'embauche.

Vous trouverez des centaines de qualités, dont certaines que vous n'imaginez pas ou n'utilisez que rarement. **Passez-les en revue et pointez celles qui vous semblent vous correspondre le plus**.

En vrac, quelques exemples : *Communicatif, Altruiste, Apaisant, Combatif, Joueur, Jovial, Flexible, Digne de confiance, Hardi, Inspiré, Polyvalent, Ponctuel, Planificateur, Serein, Stratège, Tempéré, Vif.*

Voici une référence, le blog « Questions d'emploi », qui présente environ 200 qualités :
http://www.questionsdemploi.typepad.fr/questionsdemploi/72-qualit%C3%A9s-%C3%A0-mettre-en-avant-.html (www.nathan.fr/majorez).

Ou plus de 500 qualités et défauts (même recherche pour les défauts que j'évoque plus précisément dans la partie finale de l'ouvrage) : http://www.lemotdejay.fr/etudes/liste-de-qualites-et-de-defauts/ (www.nathan.fr/majorez).

D. Liens

Pour conclure la présentation de vos Actions, vous devrez faire le Lien avec l'École ou avec votre projet professionnel, quand cela est possible.

Quelques exemples pour vous montrer que c'est facile à faire :

– vous avez adoré l'Asie ou vous avez appris le mandarin : « *c'est pourquoi j'aimerais beaucoup pouvoir étudier sur votre Campus de Shanghai* » ;

– vous êtes un excellent joueur de football : « *je souhaite rejoindre votre équipe de football* (donner son nom si possible) *et remporter la coupe inter-écoles, que vous n'avez pas gagnée depuis 5 ans* ». Ceci est valable pour la voile, le rugby ou tout autre sport… ;

– vous êtes passionné(e) de musique : « *je souhaite m'investir dans le Bureau des Arts* (donner son nom si possible), *notamment organiser le prochain* Music pour tous *avec l'Orchestre de la ville de…* » ;

– vous avez animé le blog de votre lycée : « *j'aimerais rejoindre* EcoleNews, *le journal de...* ».

C'est un peu plus délicat avec le projet professionnel. Voici quelques exemples :

– vous adorez les jeux vidéo et vous en connaissez les technologies : « *je souhaite rejoindre une société de production de jeux vidéo, du côté business et développement* » (applicable, par exemple, à la production audiovisuelle) ;

– vous êtes passionné(e) de sport et grand(e) pratiquant(e) : « *j'aimerais pouvoir mettre en relation ma passion pour le sport avec mon projet professionnel et rejoindre une entreprise de marketing sportif* » ;

– vous avez fait un stage dans un cabinet d'avocats : « *je suis désireux* (ou *désireuse*) *de travailler comme avocat(e) d'affaires, en bénéficiant du double diplôme...* » ;

– vous êtes un « gros lecteur » ou une « grosse lectrice » et êtes passionné(e) d'arts graphiques : « *j'aimerais rejoindre un groupe d'édition à un poste de développement* ».

Je traiterai plus tard de votre projet professionnel et j'approfondirai le sujet.

Les Liens sont plus délicats que pour les Écoles car ils sont plus factices et lointains. Tout le monde sait d'ailleurs que peu d'élèves s'engagent dans la carrière évoquée pendant leur entretien.

! Enfin, évitez les phrases courantes du genre « *j'aime les gens, je voudrais faire des RH* » ou « *je suis plutôt timide, les métiers de la gestion et de la comptabilité m'attirent* »

J'ai précisé : « faites le Lien si possible », donc ne forcez pas le trait et, à mon avis, en général, deux références à une association de l'École suffisent.

V CINQ ALERTES SUR VOS THÈMES PERSONNELS D'ACTION

À ce stade, je voudrais insister sur cinq points auxquels vous devez faire attention dans l'usage de vos thèmes.

• Le premier peut irriter ou plutôt faire sourire les membres du jury à vos dépens. Je vous en donne un exemple pour vous « marquer » (une forme de *storytelling*).

Une candidate que je préparais m'a dit un jour un type de phrase qu'on entend souvent : « *depuis l'âge de 4 ans, je pratique la flûte traversière au Conservatoire. J'y ai appris la rigueur, la discipline, le respect des horaires. Avec cinq heures d'entraînement intensif par semaine, j'y consacre tous mes loisirs* ».

Ma réaction : quelle souffrance et quels efforts on lui a imposés !

Je force le trait mais, vous l'avez compris, n'exagérez pas vos efforts, n'en faites pas trop et surtout : **n'omettez pas la dimension « plaisir » de vos thèmes et activités !**

• Deuxième point qui concerne toute activité collective : **n'oubliez pas de dire ce que VOUS avez réalisé personnellement dans un cadre collectif**.

Cela peut vous paraître individualiste, voire injuste pour vos « camarades », mais c'est de vous qu'il s'agit durant l'entretien. Le jury ne fera pas entrer tout l'orchestre, ni toute l'équipe, ni tous les participants au soutien scolaire. Il veut savoir quelle a été votre part. C'est un exercice délicat.

• Troisième point d'alerte : **n'en faites pas trop et n'exagérez pas l'impact de vos thèmes personnels**.

Vous ne vous valoriserez pas en exagérant ; vous risquez même, ici aussi, de faire sourire le jury à vos dépens.

Deux exemples vont suffire à vous le faire comprendre :

– un candidat m'a annoncé un événement qui avait bouleversé positivement sa vie. Il s'agissait en fait d'« *un périple à vélo jusqu'à Londres avec deux amis* » ;

– un autre nous a parlé avec brio de son expérience dans un entrepôt du Secours Populaire. Il nous a raconté des anecdotes, nous a montré avec émotion comment, lui qui vient d'un milieu très aisé, avait été touché par la rencontre avec des gens parfois en grande difficulté. Ceci semblait donner un sens à sa vie. Au détour d'une question, nous comprenons qu'il a passé une unique soirée dans cet entrepôt, il y a deux ans…

• Quatrième point d'alerte : **n'exagérez ni vos échecs ni le « bon côté » de vos souffrances ou de vos échecs**.

La plupart d'entre vous n'ont pas fait face à de « vrais » échecs, et c'est tant mieux. Avoir galéré et souffert n'est pas une obligation pour entrer en École de commerce.

Il est aussi de bon ton de dire que les échecs enrichissent, permettent de rebondir, poussent à la remise en question. C'est sans doute vrai. Les jurys vous interrogeront souvent à ce sujet (« **avez-vous déjà connu l'échec ?** »).

Attention quand même : un échec est toujours déplaisant et certains candidats en font trop, donnant l'impression de se souhaiter beaucoup d'échecs, voire de souffrances, pour réussir dans la vie.

Les jurys, qui savent que la vie n'est pas un long fleuve tranquille, apprécient moyennement ce genre de déclaration.

• Cinquième et dernier point préalable à la suite de la lecture de ce livre : **ne sortez pas de la salle d'entretien sans avoir exploité vos meilleurs thèmes personnels d'action**.

Prenez à nouveau l'engagement d'exploiter vos meilleurs thèmes à chaque entretien et de ne pas sortir de la salle d'entretien sans en avoir parlé.

Je répète cette « demande d'engagement » car je sais, pour l'avoir expérimenté en simulation ou « subodoré » pendant des entretiens de concours, que des candidats mal préparés ou trop stressés ne parlent pas de leurs principaux thèmes. C'est un vrai crève-cœur pour eux et ça réduit bêtement leur note.

Comme je ne serai pas derrière vous pour vous le répéter comme à mes élèves, j'insiste : **ne sortez pas de la salle sans avoir parlé de vos principaux thèmes**.

Les jurys sont bienveillants et savent pourquoi vous êtes là. Plutôt que ne pas oser interrompre le cours de l'entretien, vous pouvez tout à fait dire quelque chose comme : « *il me semble que la fin de l'entretien approche et, si vous me le permettez, afin que vous me connaissiez mieux, j'aimerais vous parler d'un sujet très important* ».

Vous ferez preuve de maturité, de lucidité et de motivation.

Et surtout, vous vous épargnerez des regrets pesants si vous manquez l'admission pour quelques points.

VI COMMENT EXPLOITER UN THÈME ET SES SOUS-THÈMES PERSONNELS D'ACTION AVEC LA MÉTHODE CAREL ?

Vous vous apercevrez qu'au sein de chaque thème peuvent parfois se détacher plusieurs sous-thèmes qui vous fourniront des preuves de qualités ou de capacités d'évolution différentes.
Ceci vous permettra d'exploiter plusieurs fois le même thème à des moments différents d'un entretien (sans exagérer – voir « Les erreurs fréquentes »).

Prenons un exemple dans le domaine d'un sport collectif, un thème courant qui peut être fortement valorisé selon la manière dont vous en parlerez.
Imaginions que vous pratiquiez le rugby…
Je vous précise que ce qui suit est valable pour n'importe quel autre sport à dimension collective. N'oubliez pas que le tennis, la natation et l'équitation ont aussi des dimensions collectives en compétition par équipes et dans la vie des clubs.
Bien entendu, à vous d'adapter cet exemple à la réalité de vos activités sportives ou non.

- **Contexte**

Le contexte du thème « Rugby »
« Je joue depuis 8 ans au rugby dans un club à Balma près de Toulouse au poste d'arrière. »
À partir de ce contexte, on peut supposer deux voire trois sous-thèmes qui doivent être énoncés comme des actions.

- **Actions**

Action 1, sous-thème 1
« Nous nous sommes entraînés trois fois par semaine toute l'année et nous avons décidé de rester tous à Balma à Pâques pour renforcer notre entraînement. »
Action 1, sous-thème 2 (proche du 1 mais différent)
« Nous sommes arrivés pour la première fois en finale de la Coupe de France des 17-18 ans. Nous avons perdu la finale de quelques points. Arrière et buteur, j'ai manqué une pénalité décisive lointaine en fin de match, que j'avais pourtant déjà réussie à l'entraînement. »
Action 1, sous-thème 3 (type de sous-thème souvent oublié, quel que soit le sport ou l'association)
« Afin de financer notre participation à un tournoi à Madrid, je me suis occupé, avec le demi de mêlée, de trouver des sponsors pour le calendrier. Nous avons ainsi récolté plus de 3 000 euros. »

Sans être rugbyman ni même sportif ou sportive, vous voyez certainement ce qu'un candidat ou une candidate peut tirer de ces Actions… Imaginez un éventuel projet professionnel de votre choix.

Quels Résultats / Évolutions ?
Quels Liens avec l'École ?
Quel Lien avec un Projet pro ?

Prenez le temps d'y réfléchir quelques minutes avant de poursuivre votre lecture…

Voici ce qu'on pourrait tirer avec un seul thème, si cela convient à la personnalité de l'étudiant.

- **Que nous dit, par exemple, le sous-thème 1 ?**

Résultats / Qualités : endurance, solidarité, détermination, esprit d'équipe.
Évolution : capacité et volonté de progression dans son sport.
Liens avec l'École : rejoindre l'équipe de rugby pour la faire progresser, travail en groupe caractéristique de l'enseignement de l'École.
Liens avec le Projet pro : capacité de travail, esprit d'équipe.

- **Que nous dit, par exemple, le sous-thème 2 ?**

Résultats / Qualités : esprit de compétition, fiabilité (titulaire toujours présent), responsabilité et prise de décision (arrière et buteur).
Évolution : l'échec va amener à se poser des questions (trop présomptueux en finale ? possibilité non envisagée d'un autre buteur), nécessité de progresser.
Liens avec l'École : rejoindre l'équipe de rugby pour la faire gagner (mais ne pas se répéter si cela a déjà été dit pendant l'entretien). Leadership associatif.
Liens avec le Projet pro : compétitivité, esprit de compétition.

- **Que nous dit, par exemple, le sous-thème 3 ?**

Résultats / Qualités : créativité, persuasion, implication.
Évolution : découverte de capacités « commerciales ».
Liens avec l'École : rejoindre le pôle partenariat du Bureau des sports.
Liens avec le Projet pro : fonction commerciale ou marketing.

Vous touchez du doigt, avec un simple exemple, la richesse de vos thèmes et la manière dont la Méthode CAREL va vous aider à en tirer le meilleur parti.

Le tableau suivant, que vous pourrez dupliquer et que vous retrouverez sur le site www.nathan.fr/majorez, vous permettra de vous entraîner et d'appliquer la méthode.

Je vous suggère de l'appliquer dès maintenant à un de vos thèmes personnels pour bien vous approprier la Méthode CAREL.

Bien entendu, tirez profit des séances d'entretien organisées par vos Prépas pour vous entraîner à appliquer la méthode et prendre possession de vos thèmes.

Fiche vierge à utiliser pour vos thèmes personnels d'action

Nom du thème :
Contexte général du thème :
Sous-thème 1 Contexte du sous-thème 1 :
Résultats / Qualités :
Évolution :
Liens avec l'École :
Liens avec le Projet pro :
Sous-thème 2 Contexte du sous-thème 2 :
Résultats / Qualités :
Évolution :
Liens avec l'École :
Liens avec le Projet pro :
Sous-thème 3 Contexte du sous-thème 3 :
Résultats / Qualités :
Évolution :
Liens avec l'École :
Liens avec le Projet pro :

VII COMMENT RECENSER VOS THÈMES PERSONNELS D'ACTION ?

Vous y avez certainement déjà travaillé à la demande de vos Prépas, et c'est tant mieux.

Nous verrons, à la fin du livre, le ou les calendriers de la préparation aux entretiens.

Vous devez « penser tout le temps » à la recherche de vos thèmes personnels... sans que ça devienne une obsession... du moins jusqu'aux Écrits

Au minimum, « pensez-y quand ça vient » et notez les idées immédiatement sur votre smartphone, tablette... et, comme pour tous vos cours, faites des sauvegardes régulières.

Prévoyez quand même quelques courtes séances de 30 minutes spécifiques à ce travail.

Utilisez la liste des principaux domaines et vérifiez, pour chacun d'eux, que vous n'avez rien oublié.

Quelques conseils :

– ne vous limitez pas, ne vous censurez pas car vous risquez d'abandonner des thèmes intéressants. Vous ferez le tri et hiérarchiserez dans un second temps ;

– il est fréquent que des candidats oublient ou « évacuent » certaines de leurs Actions : un candidat oublie qu'il a été délégué de classe pendant cinq ans ou que, pendant ses vacances, il a gagné un concours de photographies, aidé à l'organisation d'un festival local ou travaillé quelques soirées en tant que serveur... ;

– telle autre pense que son job de distributeur de flyers ne mérite pas qu'on en parle ;

– ne réfléchissez pas seul(e) : interrogez un ami, un membre de votre famille, au moins une personne qui a pratiqué une activité avec vous (cherchez l'authenticité et la bienveillance). Il est probable que vos amis ou frère(s) et sœur(s) commenceront par vous « chambrer » : écoutez-les, ça peut être instructif... N'hésitez pas à leur présenter la liste de qualités ci-dessus (ou une autre, il y en a beaucoup sur le Web) afin de les inspirer. Ce n'est pas un travail de construction/destruction, ni une psychanalyse accélérée.

VIII PROUVEZ VOS CARACTÈRES DISTINCTIFS AVEC VOS THÈMES PERSONNELS D'ACTION

Une fois que vous avez établi votre liste de thèmes et de sous-thèmes, utilisez la Méthode CAREL pour chacun d'eux, comme dans l'exemple « Rugby » ci-dessus. Ceci vous permettra de préparer les Actions, Résultats/Évolutions et Liens que vous allez chercher à évoquer pendant l'entretien.

De manière naturelle et tout à fait personnelle, vous allez ensuite les hiérarchiser.

Vous allez les hiérarchiser en fonction de leur importance pour vous et de ce qu'ils disent à propos de vous.

Je vous rappelle que, pour les jurys, il n'existe pas de hiérarchie entre les thèmes. En revanche, un job d'un mois en entreprise pèsera évidemment plus que quelques cours irréguliers de soutien scolaire. Un baby-sitting régulier aura plus de poids qu'un stage d'une semaine.

Ce ne sont pas là des vérités universelles, cela dépend de votre nombre de thèmes et de leur qualité.

Étudiez bien, notamment, les qualités que vos thèmes prouvent et assurez-vous qu'elles sont suffisamment variées mais aussi qu'elles se répètent ou se confirment, d'autant que vous ne savez pas dans quel ordre vous aborderez tel ou tel thème pendant l'entretien.

Construisez avec sincérité une personnalité définie par plusieurs caractères personnels distinctifs.

Vous ferez en sorte que le jury les remarque et les retienne. La liste des qualités évoquée ci-dessus vous y aidera et vous en trouverez certainement d'autres qui n'y sont pas.

Par exemple, un candidat peut être engagé, dynamique et audacieux ; un autre solidaire, réfléchi et fiable ; un autre endurant, débrouillard, drôle et diplomate ; un autre artiste, curieux et entreprenant…

Et vous ?

Vous avez aussi des défauts : il n'est pas nécessaire de les faire apparaître à ce stade, mais ne mentez pas si un jury les perçoit.

Combien de thèmes ?

On me pose souvent la question et la réponse varie évidemment selon chaque étudiant et étudiante. Il vous en faut au moins trois, et je n'ai jamais rencontré d'élèves qui n'en aient pas suffisamment.

Mais ce nombre n'est évidemment pas une règle d'or, nous en verrons un exemple plus tard.

Votre projet professionnel, même s'il ne se traite pas selon la Méthode CAREL, peut aussi être un thème sur lequel vous insisterez plus ou moins selon le nombre et la qualité de vos thèmes personnels. Il pourra montrer, par exemple, votre détermination, votre curiosité et votre motivation.

Enfin, conservez aussi des thèmes qui permettent de raconter des anecdotes « parlantes » que le jury retiendra. Par exemple, une candidate toute menue qui m'a dit : « *j'ai cassé le nez de mon prof de boxe thaï car je n'ai pas retenu mon coup alors qu'il regardait ailleurs* ».

! Ne vous transformez pas en « machine à exploiter des thèmes ». Les jurys ont horreur des candidats trop « mécaniques ».

Classez la liste de vos thèmes personnels d'action :

– ceux dont vous parlerez impérativement durant l'entretien ;

– ceux que vous tenterez d'évoquer autant que possible ;

– ceux, plus mineurs, qui apparaîtront ou non selon la façon dont se déroule l'entretien.

Dans la partie « Techniques de l'entretien », nous verrons comment « placer » vos sujets. Le terme « placer » n'est pas formidable (pas plus que « vous vendre »), mais il a le mérite de la clarté.

IX VOS THÈMES PERSONNELS D'IDENTITÉ

Ce qui fait que vous êtes devenu(e) vous : une personne unique et riche.

Nous allons passer en revue tout ce qui concerne votre identité et la construction de votre personnalité.

Le jury cherchera à vous connaître et s'intéressera à ce qui vous a construit et ce que vous êtes.

Vous devrez évoquer spontanément certains de ces « thèmes personnels d'identité » s'ils sont importants et distinctifs, et que vous pensez utiles à votre candidature.

Un candidat m'a dit, en début de préparation : « *je sais que ce n'est pas très intéressant de dire que j'ai un frère de 12 ans mais je n'ai pas beaucoup de choses à dire, ça permet de meubler et d'éviter les questions délicates* »…

Si cette phrase ne vous fait pas sursauter, reprenez la lecture du livre depuis la première page !

Inutile de lancer des sujets sur lesquels vous n'avez rien de particulier à dire. Ce serait une perte de temps (et vous en manquerez toujours) et un moment « creux » de l'entretien.

Ne perdez pas de vue que votre objectif est d'intéresser, marquer et convaincre le jury.

Vous devez aussi vous préparer à répondre aux questions des membres du jury. Il est tout à fait possible que – comme souvent dans les processus de recrutement en entreprise –, le jury vous interroge sur ce type de sujets, d'autant qu'ils sont plus personnels, voire intimes (sans excès ni intrusion de la part du jury), et sont moins soumis à une préparation méthodique de type « CAREL ».

Ici plus qu'ailleurs, ce sont vos réponses personnelles qui comptent, il n'y a aucun modèle à suivre, ni « profil », ni construction factice.

La sincérité paye toujours dans les entretiens.

Je vais passer en revue pour vous ici un certain nombre de thèmes.

Vous les retrouverez « vierges » à la fin de ce chapitre et sur le site afin que vous puissiez les travailler personnellement. www.nathan.fr/majorez

Posez-vous à chaque fois les questions suivantes afin que vous décidiez si vous les évoquerez spontanément :

– Sont-ils suffisamment importants pour bien me connaître ?
– Sont-ils suffisamment distinctifs ?
– Me permettent-ils de montrer des choses utiles et positives à mon sujet ?

A. D'où vous venez

1. Votre famille, votre situation familiale

Ce sont parfois des éléments qui vous importent et qui peuvent prêter à des développements (si, comme à chaque fois, vous pensez que cela a un intérêt) : famille nombreuse, premier ou dernier d'une fratrie, jumeaux/jumelles, séparation de vos parents… Comme le dit le titre d'un film, « *tout le monde n'a pas la chance d'avoir des parents divorcés* » avec un père ou une mère au Brésil ou à Stockholm.

J'évoque ici les événements plus graves et difficiles (maladies, décès…) car on m'a plusieurs fois posé la question à ce sujet. Bien qu'importants, je pense qu'ils sont très délicats à évoquer spontanément. En revanche, au détour d'une réponse ou d'un développement, cela est tout à fait possible, plus que jamais avec sincérité, comme cette étudiante qui « *[souhaitait] s'engager dans l'Association Cheer Up car [sa] mère [avait] été atteinte d'un cancer du sein et que le soutien d'amis et d'une association [l'avait] beaucoup aidée jusqu'à sa guérison* ».

2. Doubles ou triples cultures, ancrages nationaux ou régionaux, dispersions géographiques familiales ou amicales…

Ce sont des sujets souvent très intéressants qui permettent de montrer de l'intérêt pour d'autres cultures, de parler de voyages, de séjours, de découvertes, de compétences linguistiques. Les ancrages régionaux sont aussi appréciés, par exemple en parallèle avec la volonté de découvrir le monde. Certains lieux français ont du poids dans l'imaginaire collectif : le Sud-Ouest, l'Alsace, la Corse, Tahiti, Marseille…

3. Vos tribus, groupes, amis…

Il est possible que vous apparteniez, en raison de vos activités ou même sur les réseaux sociaux, à des « tribus » : amateurs de vidéos de stock-car ou d'une chanteuse australienne, groupe des Anciens de votre collège, animateurs scouts, membres de votre club de natation synchronisée, participants à un voyage organisé. Cela peut être intéressant et montre notamment votre sociabilité.

4. Vos valeurs personnelles

Les candidats confondent parfois les valeurs avec les qualités ou les traits de personnalité. Ce n'est pas bien grave (vous ne passez pas un oral de psychologie ni de philosophie) et c'est assez courant, y compris chez les membres de jury.

L'honnêteté est une valeur, être honnête est une qualité…

Une définition parmi d'autres du mot « valeur » : « *Ce que les hommes apprécient, estiment, désirent obtenir, recommandent, voire proposent comme idéal* » (Rudolf Rezsohazy, 2006).

Mais il vaut mieux distinguer valeurs et qualités pour pouvoir répondre différemment à la question « **quelles sont vos principales valeurs ?** », et à la « fameuse » question « **quelles sont vos principales qualités ?** ».

Retenez aussi que vos valeurs peuvent changer avec le temps et l'expérience (vous n'attachez pas d'importance à l'argent aujourd'hui, mais quand vous serez père ou mère de famille dans 15 ans, vous verrez peut-être les choses autrement). À l'inverse, les qualités, défauts et traits de personnalité évoluent peu.

Tout comme pour les qualités, je vous recommande de réfléchir à vos principales valeurs, cela vous guidera dans votre préparation. Recherchez des listes de valeurs sur Internet et passez-les en revue.

Dernier point important : dans la partie « Écoles » du livre, nous nous intéresserons aux valeurs et missions des principales Écoles. Il sera intéressant de les comparer avec les vôtres.

Voici une référence de liste parmi d'autres (et qui mélange, comme la plupart, valeurs, objectifs et qualités…) : www.unevieextra-ordinaire.com/211-valeurs-comment-les-utiliser (www.nathan.fr/majorez).

Je vous en liste en vrac quelques exemples pris au début de l'alphabet : *Abondance, Altruisme, Ambition, Aventure, Beauté, Bienveillance, Bonheur, Camaraderie, Caritatif, Célébrité, Certitude, Compétence, Compréhension, Concentration, Confiance en soi, Conformité, Confort, Contrôle, Conviction, Convivialité, Devoir, Dignité, Discrétion, Disponibilité, Diversité.*

B. Vos convictions, vos croyances personnelles, religieuses, vos idées, vos principes

Il n'y a aucun problème à exprimer vos convictions à un jury.

Vous ne serez ni sanctionnés ni mal notés, bien au contraire. Un candidat ou une candidate qui a des convictions montre généralement de l'implication et de la curiosité, deux excellentes qualités. C'est aussi une forme d'énergie.

Si vous êtes capables d'expliquer et de défendre sans excès vos convictions (que le jury contestera probablement par principe pour vous « tester »), cela vous sera favorable.

! Ne soutenez pas de positions extrêmes ou choquantes qui… choqueront le jury.

C'est votre droit, mais ce n'est ni le lieu ni le moment, selon moi.

! Attention à ne pas forcer le trait, et à en faire un élément trop distinctif et répétitif.

Je me souviens d'une candidate, ardente féministe (ce qui n'est absolument pas critiquable) qui revenait sur ce sujet constamment, quels que soient les thèmes personnels évoqués, son projet professionnel, son Lien avec l'École. Un autre, engagé politiquement, ayant réalisé d'intéressantes actions militantes, était beaucoup trop caricatural et ne semblait vouloir entrer dans l'École que pour y créer une section de son parti. Un autre, écologiste militant, envisageait d'expliquer pourquoi il irait rejoindre les zadistes de l'aéroport Notre-Dame-des-Landes s'il entrait à Audencia… Pourquoi pas… mais un peu risqué à mon avis.

La question de la religion n'est pas un souci et peut être évoquée librement. Je me souviens d'une étudiante catholique qui « *hésitait à en parler* » et qui, en conséquence, ne pouvait pas raconter au jury qu'elle avait accompagné plusieurs fois des personnes handicapées à Lourdes. Quel dommage !

Comme nous l'avons vu, les membres de jury « n'ont pas d'opinions » et laissent leurs convictions à l'entrée de la salle. Ils seront eux-mêmes très prudents sur ces sujets pour éviter tout malentendu.

Nous travaillerons, à la fin de l'ouvrage, sur les thèmes d'actualité et les débats de société qui intéressent souvent les jurys, qui sont susceptibles de vous interroger à ce sujet.

C. Ce que vous êtes

1. Les traits de caractère qui font ce que vous êtes

Interrogez vos proches, regardez les listes de qualités et de valeurs évoquées précédemment et, au besoin, cherchez-en d'autres. Vos thèmes personnels vous aideront à les définir et à les prouver.

2. Vos défauts et qualités, vos forces et faiblesses

La fameuse question ! Nous en reparlerons à la fin de l'ouvrage, dans la partie « Les questions déstabilisantes ».

Il faut surtout que vous y réfléchissiez avec sincérité car nul autre que vous ne saura y répondre. Au-delà de la question qui ne vous sera pas toujours posée car trop galvaudée, il est nécessaire que vous vous interrogiez réellement sur vos défauts et vos faiblesses. Tout simplement parce qu'ils risquent d'apparaître quand vous évoquerez vos thèmes personnels et, plus généralement, dans la discussion avec le jury. C'est aussi à ça que servent les entretiens.

Aussi, vous saurez en parler si besoin, les assumer et montrer que vous cherchez à les atténuer ou qu'ils ne sont pas handicapants.

3. Questions en vrac qui vous aideront à réfléchir sur vous-mêmes

– Que disent de vous vos amis ? Que disent ceux qui ne vous aiment pas ? Pourquoi vous n'aimez pas certaines personnes ? Qu'est-ce que vous aimez chez les gens ?

– Quelle place prenez-vous dans un groupe ?

– Qu'aimeriez-vous changer chez vous ? (À cette question, une candidate m'a répondu, à la fin d'un entretien plutôt détendu : « *la moquette de ma chambre* ».)

– Quel superpouvoir aimeriez-vous avoir ?

4. Jouez au Portrait chinois ou au Questionnaire de Proust

Le Portrait chinois est un exercice que je recommande car il développera votre créativité et vous obligera à réfléchir autrement sur vous.

! Comme toujours, il n'y a pas de « bonne » réponse, ni de réponse à apprendre par cœur.

La réponse dépend de vous, mais aussi de la façon dont elle vous sera posée et de celle dont se sera déroulé l'entretien.

Les membres de jury utilisent fréquemment ce type de questions (c'est mon cas, avec une variante où je demande au candidat : « **et si moi, j'étais…** » ou « **si M. … du jury, ici présent, était…** »).

Amusez-vous avec votre famille ou votre groupe de khôlle, ça vous aidera à patienter avant d'y passer… Vous en trouverez des exemples très pointus (presque trop parfois) sur le site http://www.portrait-chinois.com/. Les questions sont inépuisables, vous pouvez facilement en inventer.

Voici un modèle assez simple qui vous aidera, si vous prenez le temps de répondre à chaque question :

Portraits « Objet »

Si tu étais un objet de ta chambre

Si tu étais un objet en vacances

Si tu étais un moyen de transport

Si tu étais un panneau de signalisation

Si tu étais un vêtement

Si tu étais une civilisation disparue

Portraits « Nature »

Si tu étais un animal

Si tu étais une fleur

Si tu étais un fruit

Si tu étais un élément

Si tu étais une pierre précieuse

Si tu étais un moment de la journée

Portraits « Culture et loisir »

Si tu étais un livre

Si tu étais un loisir créatif

Si tu étais un sport

Si tu étais un sport olympique

Si tu étais un sportif/une sportive célèbre

Si tu étais une chaîne de télé

Si tu étais un personnage de fiction littéraire

Si tu étais une créature légendaire/imaginaire

Si tu étais un personnage de dessin animé

Si tu étais une série

Si tu étais un film

Si tu étais une célébrité

Si tu étais un jeu vidéo

Si tu étais une chanson

Si tu étais un instrument de musique

Si tu étais un art

Portraits gourmands

Si tu étais un plat

Si tu étais un ingrédient

Si tu étais un dessert

Si tu étais une boisson

Si tu étais une boisson alcoolisée

Si tu étais une boisson sans alcool

Portraits géographiques

Si tu étais un pays

Si tu étais une ville

Si tu étais une planète

Si tu étais une pièce de la maison

Si tu étais un type d'habitation

Si tu étais une rue, une avenue ou un boulevard

Si tu vivais au bord de…

Portraits en vrac

Si tu étais un héros/une héroïne de la mythologie

Si tu étais un événement historique

Si tu étais une heure de la journée

Si tu étais un site Internet

Si tu étais un nombre

Si tu étais un jeu

Si tu étais un hashtag

Si tu étais une mauvaise habitude

Si tu étais un gros mot

Si tu étais une émotion

Si tu étais un plaisir

Vous trouverez par ailleurs le Questionnaire de Proust, le plus connu et précurseur, sur le Web.

D. Vos émotions

Il n'est pas toujours facile de réfléchir sur vos émotions ou ce qui vous fait réagir, et il faut admettre que vous pouvez être un peu « secs » sur ces sujets.

À la fois pour mieux vous connaître (et mieux parler de vous en entretien) et répondre à au moins une question de ce type que l'on vous posera probablement en entretien, prenez le temps de réfléchir à :

– ce que vous aimez / n'aimez pas, ce qui vous fait réagir, vous choque, vous motive, vous anime… ;

– ce qui vous rend joyeux, vous fait vibrer, vous rend triste, vous effraie, vous révulse, vous révolte, vous démoralise ou vous rend optimiste et plein d'espoir…

E. Ce que vous projetez de vivre ou d'être

Souvent, vous ne vous projetez pas vraiment plus loin que le Concours et la belle vie promise par les Écoles et les Anciens qui reviennent dans votre Prépa. Bonne nouvelle : ce qu'ils vous disent sur la vie en École est vrai !

Mais il vous en faudra un peu plus pendant vos entretiens.

On touche ici, notamment, au projet professionnel, à votre motivation pour l'École que nous traiterons plus tard dans l'ouvrage, mais pas uniquement.

À une question du type « **comment vous voyez-vous dans 10 ans ?** », le jury n'attend pas seulement une réponse sur votre projection professionnelle : **pensez aussi à l'aspect personnel, souvent omis**. Il veut aussi savoir quelles sont vos envies, voire quels sont vos rêves.

Soyez sincères et libérés pour répondre.
Il n'y a pas de mauvaises réponses ou de réponses attendues.

– Quels sont vos projets et envies, vos rêves, votre folle envie ?

– Comment vous voyez-vous dans 5 ans, 10 ans… ? (Utilisez LinkedIn, très utile pour une projection professionnelle.)

– Personnalités favorites, idoles, modèles (vivantes, mortes, réelles, fictives) ; personnalités que vous aimeriez être ; personnalités avec lesquelles vous aimeriez dîner.

– Période historique où vous aimeriez vivre pour un jour ; événement auquel vous auriez voulu assister ou participer (et pour faire quoi… l'exercice est sans fin !).

– Ce que vous voudriez changer autour de vous, dans le monde.

– Votre première décision si vous étiez Président(e).

– Si vous gagnez 100 millions d'euros… ?

Vous ne pouvez ni imaginer ni anticiper toutes les questions de ce type, mais en réfléchissant à celles-ci, vous prendrez de bonnes habitudes et ne serez pas surpris pendant l'entretien.

F. Des questions à préparer pour ne pas être surpris

Parmi les questions classiques, dont les réponses sont très personnelles, vous devez en préparer certaines, par exemple :

– Un livre que vous avez lu récemment ? (Évitez les bouquins de Prépa, Flaubert ou Zola, qui sentent bon le Bac Français.)

– Un film qui vous a marqué(e) ou déplu ?

Le cas échéant, une pièce de théâtre, une exposition, un tableau qui vous a touché… Une marque française qui vous intéresse, un homme ou une femme d'entreprise dont vous sauriez dire quelques mots…

Il ne vous reste plus qu'à réfléchir à ces questions et à VOS réponses pour avancer dans la construction de votre candidature.

Certains thèmes doivent et peuvent être bien préparés.
D'autres moins… Tant mieux, vous serez plus authentiques.
Mais vous y aurez réfléchi, vous serez sereins, cohérents, marquants, toujours souriants et pleins d'énergie communicative.
Et vous aurez créé le lien avec le jury !

Vous retrouverez cette fiche sur le site www.nathan.fr/majorez.

Mes thèmes personnels d'identité
D'où vous venez
a) Votre famille, votre situation familiale
b) Doubles ou triples cultures, ancrages nationaux ou régionaux, dispersions géographiques familiales ou amicales…
c) Vos tribus, groupes, amis…
d) Vos valeurs personnelles
e) Vos échecs, déceptions, regrets

f) Vos réussites, fiertés, prises de risque, une décision difficile

g) Un exemple de travail d'équipe, une prise d'initiative

Vos convictions, vos croyances personnelles, religieuses, vos idées, vos principes

Ce que vous êtes

a) Les traits de caractère qui font ce que vous êtes

b) Vos défauts et qualités, vos forces et faiblesses

c) Que disent de vous vos amis ? Que disent ceux qui ne vous aiment pas ? Pourquoi vous n'aimez pas certaines personnes ? Qu'est-ce que vous aimez chez les gens ?

d) Quelle place prenez-vous dans un groupe ?

e) Qu'aimeriez-vous changer chez vous ?

f) Quel superpouvoir aimeriez-vous avoir ?

g) Jouez au Portrait chinois ou au Questionnaire de Proust.

Vos émotions
a) Ce que vous aimez / n'aimez pas, ce qui vous fait réagir, vous choque, vous motive, vous anime…
b) Ce qui vous rend joyeux, vous fait vibrer, vous rend triste.
c) Ce qui vous effraie, vous révulse, vous révolte, vous démoralise.
d) Ce qui vous rend optimiste et plein d'espoir.

Ce que vous projetez de vivre ou d'être
a) Quels sont vos projets et envies, vos rêves, votre folle envie ?
b) Comment vous voyez-vous dans 5 ans, 10 ans… ?
c) Personnalités favorites, idoles, modèles (vivantes, mortes, réelles, fictives)
d) Personnalités que vous aimeriez être
e) Personnalités avec lesquelles vous aimeriez dîner
f) Période historique où vous aimeriez vivre pour un jour

g) Événement auquel vous auriez voulu assister ou participer

h) Ce que vous voudriez changer autour de vous, dans le monde.

i) Votre première décision si vous étiez Président(e).

j) Si vous gagnez 100 millions d'euros… ?

k) Un livre, un film, une série, un tableau, une œuvre… qui vous a marqué(e) ou déplu ?

X MARQUER LE JURY AVEC LE *STORYTELLING*

Vous l'avez compris, votre objectif est de marquer le jury et de vous démarquer.

Une fois que vous aurez réfléchi à vos thèmes personnels d'action et d'identité, vous allez travailler la manière d'en parler ou, plus exactement, **la manière de les organiser et de les raconter**.

Je vous recommande d'utiliser la méthode du *storytelling*, qui a fait ses preuves et qui **se combine parfaitement avec la Méthode CAREL**.

À chaque fois, vous utiliserez une structure narrative très simple et un vocabulaire adapté :

- **Contexte**
- **Histoire**
- **Rebondissement / Aventure**
- **Conclusion**

Le jury doit vous visualiser et se déplacer mentalement avec vous à l'endroit et au moment où ce que vous racontez s'est passé.

A. D'où vient le *storytelling* ?

D'après le journal *Les Échos*, « le *storytelling* trouve une partie de ses origines dans le *storyboarding* inventé dans les années 1930 par Walt Disney lui-même. Une technique ludique et efficace pour organiser ses idées et les rendre plus accessibles et compréhensibles par la seule vertu de l'image.

Alors que les présentations traditionnelles satisfont notre cerveau rationnel, mais ne font pas vraiment rêver, il est plus efficace d'envisager de raconter une histoire. Notre imagination a besoin de représentations fortes pour être en mesure de se forger ses propres images et se projeter dans un scénario, celui d'une future collaboration.

Ce mode de présentation vous permettra aussi d'être plus direct et impactant, et de mettre de côté nombre de détails superflus, voire inutiles. Les étapes représentées dans un *storyboard* / *storytelling* sont uniquement les moments clés d'une histoire. À chacun d'eux seront associés une image forte, un lieu, une marque, une anecdote. »

B. Qu'est-ce que le *storytelling* ?

Le *storytelling* est l'art de se raconter en histoires.

Que ce soit pour parler de votre projet, de votre parcours ou de vous-mêmes, après avoir identifié les thèmes que vous souhaitez évoquer, utilisez des anecdotes qui vont parler à votre « public », le jury. Croyez-moi, le jury est demandeur d'histoires qui vont le marquer et le sortir de la succession de candidats trop « plats », chez lesquels, hélas, rien ne ressort.

N'oubliez pas que les parcours académiques des élèves de Prépa sont quasiment tous les mêmes, et que les domaines de vos activités sont certes vastes mais globalement identiques pour tous les candidats et candidates.

Vous ne vous distinguerez pas seulement parce que vous faites de la musique, du sport, des voyages, que vous vous intéressez à telle ou telle chose, que vous avez travaillé, animé, aidé, participé ou organisé…

C'est la façon dont vous le direz en marquant le jury et en créant un lien avec lui qui fera la différence.

Le non-verbal est fondamental. Le *storytelling*, qui repose sur des bases scientifiques, est son pendant : tous deux s'adressent à la partie du cerveau qui vous est la plus favorable, celle du ressenti et de l'empathie.

« *C'est l'humain qui parle à l'humain.* »

Votre préparation vous aura permis d'identifier les thèmes que vous envisagez de développer pendant l'entretien et vous aurez généralement l'occasion de le faire (le chapitre sur « les techniques de l'entretien » vous permettra de lever vos doutes ou vos inquiétudes).

C. Trois exemples simples

1. Le jury à une candidate en Admission Sur Titre : « ***je lis dans votre questionnaire que vous avez participé à une action humanitaire dans un bidonville à Rio. Pouvez-vous nous en parler ?*** »

La candidate : « *pendant deux mois, l'été dernier, j'ai été bénévole dans une des écoles de l'Association ATD Quart-Monde dans le plus grand bidonville de Rio* ».

Contexte parfaitement posé et rappelé à tout hasard aux autres membres du jury.

« *J'avais bien préparé mon séjour, appris du vocabulaire quotidien en portugais du Brésil et m'étais renseignée sur le bidonville. J'avais regardé deux documentaires et même étudié le plan du bidonville sur Google Earth pour bien m'orienter.*

Arrivée à l'aéroport, je prends le bus qu'on m'avait indiqué jusqu'à l'arrêt où l'on m'attendait.

Je sors du bus, l'odeur est tellement forte et épouvantable que je vomis immédiatement sur mes chaussures ! »

Je suis certain que vous visualisez la candidate en train de vomir ! Peut-être même, si vous êtes plutôt olfactifs, que vous « sentez » ce qui lui est arrivé... Effet garanti sur le jury !

2. Dans un autre domaine assez proche, lors d'un Forum pour l'Emploi, alors que des candidats se pressent auprès d'un recruteur potentiel à l'entrée de son stand, une des personnes présentes lance : « *je suis capable d'arrêter 300 tonnes en moins de 200 mètres. C'est ça mon job !* »

Il est immédiatement reçu en entretien.

3. Question du jury : « ***Avez-vous déjà travaillé ?*** »

Je vous propose deux versions de la même réponse :

– le serveur première version : « *euh... alors... oui, j'ai travaillé comme serveur... C'était fatigant mais très enrichissant. J'ai appris beaucoup de choses et après on m'a confié des responsabilités* » ;

– le serveur deuxième version : « *pendant tout un mois d'août, sept jours par semaine, du matin au soir, j'ai travaillé comme serveur dans un bar de plage. Les premiers jours, c'était épuisant d'aller et venir entre la plage et le bar. Épuisant et complexe de porter plusieurs plateaux à la fois. J'ai même renversé tout un plateau de verres, bouteilles et glaçons sur un couple de touristes allemands !* »

Je suis certain que vous avez déjà oublié la première version sans aucune aspérité et qui donne peu de détails, et que vous avez envie de savoir ce qui s'est passé avec les touristes allemands...

Je me trompe ?

Bienvenue dans le monde du *storytelling* !

Ces trois exemples sont vieux de deux ans au moment où j'écris ce livre, et pourtant je m'en souviens parfaitement et ils me reviennent en mémoire immédiatement dès que je pense au *storytelling*.

Rassurez-vous, il n'est pas nécessaire qu'il soit arrivé quelque chose d'aussi fort que « le vomi sur les chaussures » ou « le plateau renversé ».

Mais vous devez rechercher une aspérité, une raison qui fait que vous souhaitez raconter cette histoire au jury.

Faites l'exercice, ça n'est pas difficile d'en trouver.

Avec le *storytelling*, il s'agit d'illustrer et de mettre en scène vos réalisations, et ainsi de marquer le jury.

D. Entraînez-vous

C'est en vous entraînant que vous pourrez devenir experts de la Méthode CAREL et du *storytelling*.

À chaque fois, demandez-vous :

– Quel est mon Contexte ?

– Quelle histoire vais-je raconter ?

– Qu'est-il arrivé qui justifie que je raconte cette histoire ?

– Quelles conclusions en tirer ?

– Faites l'essai et peaufinez-le à partir d'un ou de plusieurs de vos thèmes personnels d'action.

– Reprenez les Contextes que je vous ai donnés comme exemples dans la présentation de la Méthode CAREL et imaginez une suite aux Actions en utilisant le *storytelling* pour l'introduire. Réfléchissez aussi, pour vous entraîner, à ce que pourraient être les Résultats / Évolutions et les Liens.

– Entraînez-vous et réfléchissez avec un ou une de vos camarades de classe avec lequel ou laquelle vous avez l'habitude de coopérer.

Et toujours, soyez naturels et évitez d'apprendre par cœur.

E. Pour vous aider, je vous propose d'enrichir votre vocabulaire

« *En programmation neurolinguistique, la technique dite "des canaux sensoriels" pose que la relation au monde extérieur passe nécessairement par au moins l'un des cinq sens.* » (Wikipédia)

Comme vous ne comptez pas devenir un ou une spécialiste, retenez que faire appel aux cinq sens de vos interlocuteurs, notamment les sens visuel et auditif, est particulièrement efficace en matière de *storytelling*. Les cinq sens sont traditionnellement résumés par l'acronyme VAKOG : Visuel, Auditif, Kinesthésique, Olfactif (le vomi !) et Gustatif.

Comme le vocabulaire que vous utilisez accroît ou dégrade votre impact et que vous vous préparez à entrer dans les meilleures Écoles, utilisez un vocabulaire riche et évocateur. Par exemple, évitez « *j'ai fait, j'ai vu, j'ai dit…* ».

Je vous recommande d'utiliser un vocabulaire enrichi et adapté au *storytelling* afin « d'éveiller les sens du jury » et de le marquer.

Verbes, noms et adjectifs bien choisis (sans être ampoulés) seront vos atouts.

Autant que possible, même si cela est difficile, évitez des verbes du type :

– « *j'ai fait* » → je préfère « *j'ai effectué* » ;

– « *j'ai vu* » → je préfère « *j'ai remarqué* » ;

– « *j'ai dit* » → je préfère « *j'ai rétorqué* ».

Utilisez aussi des expressions imagées qui, comme leur nom l'indique, vont « donner à voir » au jury.

Ces conseils sont valables également pour vos Écrits.

Je vais vous donner ici quelques exemples de vocabulaire, et vous trouverez une excellente liste de vocabulaires VAKOG sur le blog de Gaétan d'Yvoire : http://randonneur-du-web.com/webmarketing/vakog-vocabulaire-technique-emotions/

- **Vocabulaire visuel**

Dépeindre, Discerner, Éclairer, Colorer, Percevoir, Examiner, Contempler, Perspective, Contraste, Agencement, Limpide...

- **Vocabulaire auditif**

Proclamer, Murmurer, Grogner, Marteler, Rythme, Bémol, Tapage, Ovation, Harmonieux, Cristallin...

- **Vocabulaire kinesthésique**

Heurter, Saisir, Agripper, Tâter, Sensation, Effleurement, Chatouillement, Soyeux, Gluant, Ferme...

- **Vocabulaire olfactif**

Renifler, Humer, Embaumer, Senteur, Effluve, Odorant, Musqué...

- **Vocabulaire gustatif**

Dévorer, Croquer, Se délecter, Déguster, Exquis, Suffocant, Aromatique...

Recenser vos thèmes personnels, préparer leur exploitation, en parler en restant sincères sera votre meilleure arme pour les entretiens.

Mais restez spontanés et concentrés vers le jury.

! Ne devenez pas une insupportable et identifiable « machine à sortir des thèmes » !

5

Faire du projet professionnel un atout…

… en vous y intéressant vraiment.

Le fameux « Projet pro » vous inspire parfois beaucoup de craintes pour deux raisons fréquentes :

– vous n'avez pas de vrai projet professionnel ou vous n'avez qu'une vague idée de ce que vous voulez faire ;

– les membres du jury connaissent le monde professionnel bien mieux que vous.

Hors simulation d'un entretien, que répondriez-vous honnêtement à la question : **« pourquoi avez-vous choisi d'entrer en Prépa HEC ? »**

Je ne peux pas répondre à votre place, mais la réponse la plus courante et sincère quand je pose cette question ressemble à : « *j'étais plutôt un bon* (ou *une bonne*) *élève en Terminale, avec des facilités. Je ne voulais pas faire Médecine, et la physique ne me plaisait pas, donc pas de Maths Sup. J'étais pas trop tenté(e) par la Fac (mes parents non plus), soit parce que les débouchés sont très incertains ou parce que j'ai besoin d'être encadré(e) pour bosser* (réponse fréquente chez les garçons). *Ça aurait été un peu du gâchis pour moi d'aller en Fac ou de passer des Concours Post-Bac, vu mon niveau.*

Comme j'étais plutôt pas mal en maths et en anglais et que l'histoire-géo (ou l'économie en ES, ou éco-droit-management en ECT) *m'intéresse, j'ai décidé de tenter la Prépa HEC* ».

! Honnête, mais pas top lors d'un entretien…

Si vous avez choisi d'aller en Khâgne, le projet professionnel compatible avec une École de commerce n'était pas du tout votre priorité.

Une fois en Prépa, le temps de vous y mettre, de vous adapter, de renforcer vos points forts et de combler vos lacunes en augmentant votre nombre d'heures de travail hebdomadaire…, voici les Concours qui approchent et vous n'avez pas vraiment réfléchi à votre projet professionnel.

Enfin, incontestablement, sur tout ce qui concerne le domaine professionnel, les membres du jury en savent beaucoup plus que vous. Mais n'oubliez pas : ils sont bienveillants.

! Cela ne vous autorise pas pour autant à dire n'importe quoi.

Un élève que j'ai préparé me disait que, pour lui et ses camarades de Prépa, le projet professionnel « *était un mauvais moment à passer* ». Je sais que vous pouvez tout à fait marquer des points avec votre projet professionnel et qu'il peut même devenir un de vos atouts.

Je vous rappelle que le projet professionnel que vous annoncerez au jury ne vous engage en rien pour la suite de vos études.

Néanmoins, j'espère profondément qu'en réfléchissant à votre projet professionnel, vous vous y intéresserez réellement et qu'il éveillera chez vous une curiosité pour le monde du business qui ne vous quittera jamais.

J'ai travaillé ainsi avec beaucoup d'élèves qui m'en remercient encore.

I UN PROJET PRO EST-IL NÉCESSAIRE ET SI IMPORTANT ?

A. Qu'en pensent les principales Écoles ?

C'est une question qu'il faut se poser avant de commencer à travailler sur le sujet du projet professionnel. C'est une question que les Écoles se posent aussi.

Elles savent bien que les élèves de Prépa sont « *des élèves qui étaient encore récemment en Terminale et qui ont le nez dans le guidon pendant 24 mois* », comme me l'a dit un jour un professeur d'École, membre de jury.

Les Écoles trouvent normal que les élèves sachent dans quel but ils veulent les rejoindre mais elles sont un peu gênées d'imposer un exercice qui, en définitive, n'est pas très sincère alors qu'elles recherchent la sincérité.

Elles savent que beaucoup d'élèves « bricolent » un projet professionnel valable le temps de l'entretien et qu'après quatre années d'étude, de césure, de séjours à l'étranger et de découvertes, ce « projet professionnel pour l'entretien » ne sera qu'un lointain souvenir, le plus souvent.

Les Écoles s'expriment parfois clairement ou, à l'inverse, ne donnent pas toujours de détails sur le contenu et les objectifs des entretiens. Il arrive aussi que la question du projet professionnel reste ouverte ou ne soit pas particulièrement mentionnée.

Il est toujours intéressant d'aller étudier de près ce qui est indiqué sur les sites des Écoles :

– **ESSEC :** « *Quels sont vos souhaits personnels et professionnels ?* » On ne parle pas de projet mais quand même de souhait professionnel, l'ESSEC étant attentive sur ce point. La durée de l'entretien (le plus long des entretiens) fait aussi qu'il est très rare que le sujet ne soit pas évoqué ;

– **EDHEC :** « *Nouvelle épreuve en aucun cas assimilable à un jeu de rôle, ne nécessite aucune connaissance particulière des entreprises* ». L'EDHEC demande par ailleurs à ses jurys de ne pas évaluer leurs candidats sur leur projet professionnel mais d'évaluer leur potentiel ;

– l'**ESCP** demande à ses jurys de ne PAS interroger les candidats sur leur projet professionnel mais de le faire si les candidats en parlent spontanément. L'ESCP ne veut pas de « *projet factice discuté avec deux ou trois amis des parents* » ;

– **Audencia** ne l'évoque pas dans ses grilles d'évaluation et ne donne pas de consignes à ce sujet à ses jurys.

Pour conclure, j'aime beaucoup ce qu'en dit l'EM Lyon, qui résume plutôt bien la question : « *l'absence d'un projet n'est pas rédhibitoire… mais un intérêt pour un secteur ou un métier… le jury ne s'acharnera pas* ».

Notez bien le terme « intérêt » car **je vous préconiserai de montrer au moins un authentique intérêt professionnel**.

B. Qu'en pensent les membres de jury ?

Vous vous souvenez que chaque membre de jury arrive en entretien avec ses propres idées et que les membres d'un même jury ne se concertent pas à l'avance. L'expérience prouve que les membres de jury n'ont pas tous le même avis à propos de l'importance à attacher au Projet pro.

J'ai assisté plusieurs fois à des discussions sur le sujet lors de réunions de formation/d'information de membres de jury et les avis sont toujours partagés.

Je vous les résume :

– « *il est quand même normal que les candidats sachent pourquoi ils bossent comme des bêtes depuis 3 ans, non ?* » ;

– « *les candidats doivent savoir ce qu'ils veulent faire. À 20 ans, il serait temps !* » ;

– « *si leur motivation, c'est seulement la belle vie sur le Campus ou gagner de l'argent, c'est un peu léger, non ?* » ;

– « *arrêtez avec ça, on entend tous les ans les mêmes banalités apprises par cœur* » ;

– « *et ils se croient obligés d'en parler au début de l'entretien, comme si c'était fondamental alors qu'ils n'y connaissent rien* » ;

– « *c'est affreusement creux quand ils parlent de leur Projet pro, et ça les met inutilement mal à l'aise. On sent bien qu'ils ont la trouille* » ;

– « *si vous croyez que moi, à 20 ans, j'avais une idée de ce que je voulais faire…* » ;

– « *nous savons parfaitement qu'ils feront autre chose en sortant de l'École. Et d'ailleurs, vous, votre métier d'aujourd'hui, c'est celui de votre Projet pro ?* ».

Je caricature à peine…

Il me semble qu'au sein des jurys, les anciens élèves sont plus attachés à cette question que les enseignants. Car ils ont le rôle de « professionnels » et qu'il leur semble naturel d'évoquer ce sujet.

Les enseignants mieux informés des consignes de leur École participent à beaucoup plus d'entretiens et souffrent de la difficulté des candidats à être crédibles. De plus, ils sont conscients du côté éphémère du projet professionnel annoncé pendant un entretien. Mais certains ont une exigence plus forte pour leurs futurs élèves…

Je vous rappelle aussi que tous les membres de jury n'assistent pas nécessairement aux briefs des Écoles et que les jurys sont souverains (en clair, ils font ce qu'ils veulent, dans le respect des candidats et du règlement de l'épreuve qui ne dit rien sur le Projet pro). Il me semblerait risqué de ne pas préparer un projet professionnel, même à l'ESCP car la question est quand même parfois posée.

Au passage, j'ai le sentiment (qui pourrait être contesté) que pendant les utiles simulations organisées le week-end par vos Prépas, le poids du Projet pro prend parfois trop d'importance. La présence inhabituelle des parents, des professionnels et des jeunes Anciens qui insistent souvent sur ce sujet me semble ajouter au « Mythe du Projet pro », qui lui-même contribue aux « Mythes de l'entretien ».

Je ne me permets pas ici de critiquer vos professeurs et vos directions de Prépa, dont je sais que leur mission et leur désir sont de vous voir réussir et qui font le maximum dans cet objectif. Je cherche simplement à vous « détendre » à propos du Projet pro, qui vous inquiète un peu trop à mon goût.

Rassurez-vous car, au moment du débriefing entre membres du jury, il est quasi certain que l'un d'eux appellera à l'indulgence au sujet du Projet pro.

Pour conclure, voici une phrase que j'aurais pu prononcer lors d'une réunion entre membres de jury : « *au moins, ils devraient montrer de l'intérêt pour un secteur ou un métier et faire l'effort de se renseigner sérieusement ! Vu les efforts qu'ils ont fournis pour être admissibles, ce n'est pas trop leur demander du fait de l'importance de l'entretien. C'est aussi une marque de respect pour nous et de motivation pour l'École* ».

Vous passez un Concours, vous devez préparer un « intérêt professionnel » ou un « projet professionnel » mais sans surévaluer son importance ni en avoir peur.

Le mieux sera de vous y intéresser réellement.

II TROIS GROSSES ERREURS À ÉVITER EN ENTRETIEN

Vous l'avez compris, les jurys seront généralement compréhensifs à propos du projet professionnel mais ne vous pardonneront pas certaines erreurs, notamment celles qui suivent…

A. Si vous ne savez pas de quoi vous parlez et êtes trop sûrs de vous

Cela peut vous étonner, mais c'est très fréquent (et c'est une chance pour vous car ça ne vous arrivera pas si vous suivez mes conseils).

Un exemple authentique :

Le candidat : « *je veux faire du Conseil.* »

Membre du jury 1 : « **… du Conseil dans quel domaine ?** »

« *Ben, du Conseil en stratégie, bien sûr.* »

« **Vous savez, il n'existe pas que du Conseil en stratégie. Moi, je fais du Conseil en RH !** » (Information donnée en début d'entretien, que le candidat n'a pas prise en compte, ce qui, en plus, agace le membre du jury concerné.)

« *Euh…* » (Le candidat est un peu désarçonné…)

Membre du jury 2 (tentant d'enchaîner avec bienveillance) : « **pouvez-vous nous nommer les principaux cabinets de conseil en stratégie ?** »

« *Oui, bien entendu : KPMG, Price WaterHouse, EY.* »

Dommage pour le candidat, ce sont des cabinets d'audit et les membres du jury le savent. Une simple requête sur Google lui aurait indiqué, par exemple : « Bain, BCG, McKinsey ».

Je me souviens d'un étudiant que je préparais :

– « *J'ai beaucoup d'admiration pour Elon Musk et je rêve de rejoindre un jour Tesla.* »

– « **D'où vient ce nom, Tesla ?** »

– « *Euh… je sais pas… Sûrement un acronyme, non… ? Technological Electronic, quelque chose comme ça… ?* »

Heureusement pour lui que nous en avions parlé car évidemment, en entretien, le jury lui a posé la même question. L'effet aurait été ravageur s'il n'avait pas su répondre : « *Tesla vient de Nicolas Tesla, inventeur, ingénieur et physicien…* »

Dans ces deux cas, chaque candidat a montré au jury qu'il apportait un sujet qu'il ne connaissait pas et qu'il n'avait pas fait l'effort de s'informer. Ce qui aurait été une preuve de motivation et de sérieux.

Retenez deux choses fondamentales :

! Ne pas se renseigner sur son projet professionnel est la pire des erreurs ! Rechercher son projet professionnel après les Écrits est certes possible mais trop tardif.

B. Si vous ne faites pas le Lien avec l'École alors qu'il est pourtant évident

Nous verrons que je vous recommande de faire le Lien entre votre projet professionnel et l'École (ou parfois l'inverse) ; cela est très efficace en matière de préparation si vous apportez des éléments bien spécifiques.

! Mais parfois, ne pas évoquer l'École au moment où vous évoquez le Projet pro est une grossière erreur qui va déplaire au jury.

Voici deux exemples authentiques qui m'ont été rapportés :

– à l'EDHEC, le candidat voulait « *travailler dans la finance* » mais n'a pas parlé du remarquable classement de l'École selon le *Financial Times* : « 1er Master en finances au monde en 2017 (info tombée mi-juin 2017 au début des Oraux) et 3e en 2016 ! » L'EDHEC communiquait pourtant évidemment partout à ce sujet ;

– à l'EM Lyon, le candidat disait vouloir se lancer dans l'entreprenariat mais n'a pas fait référence aux « *Early Makers* », marque de fabrique de l'EM Lyon.

Dans chacun des deux cas, les membres du jury ont dû « bouillir » de ne pas entendre le candidat en parler et s'en seront souvenus lors du débriefing.

C. Si vous donnez trop d'importance à votre Projet pro au détriment de votre personnalité

Je pense que c'est une erreur de trop mettre en avant votre projet professionnel et de ne pas assez parler de vous.

Je vous rappelle que c'est de vous dont il s'agit et que le jury est réuni pour vous connaître.

Par ailleurs, n'oubliez pas que le jury connaît évidemment mieux que vous le monde professionnel, et qu'à l'inverse, vous vous connaissez évidemment mieux que quiconque.

Je vous rappelle que des membres de jury ont des doutes sur la sincérité et la pérennité des projets professionnels, et qu'il faut que votre projet soit sincère, préparé et bien argumenté, donc « archi-bétonné » pour en faire un élément déterminant de votre candidature. C'est quand même tout à fait possible.

! Aussi, devez-vous nécessairement conclure votre fameuse « présentation » par votre Projet pro et pousser le jury à commencer l'entretien à son sujet si ce n'est pas un point fort ?

Réfléchissez à la question dans votre cas, qui est unique... Nous y reviendrons.

III QU'EST-CE QU'UN PROJET PROFESSIONNEL ?

Il n'existe pas de définition officielle d'un projet professionnel, ni d'un intérêt professionnel. Chacun devra trouver « son » projet professionnel. Les Écoles et les jurys savent que vous n'êtes pas des spécialistes et ne vous en demanderont pas trop.

Ce qui va caractériser un Projet pro, c'est soit un secteur d'activité, soit un métier ou domaine de l'entreprise, et souvent le croisement des deux.

Les secteurs d'activité sont très nombreux. La nomenclature des secteurs professionnels de l'INSEE (code NAF) recense 99 grandes divisions réparties en près de 700 classes détaillées.

Vous trouverez ces grandes divisions sur le site https://www.insee.fr/fr/statistiques/fichier/2120875/naf2008_liste_n2.xls (www.nathan.fr/majorez).

Une grande variété de secteurs...

- Accueil / Renseignement
- Activités administratives et RH
- Activités juridiques
- Agriculture, espaces verts
- Animaux
- Armée / Police / Prisons
- Artisanat / Arts
- Assurance
- Banque
- Cinéma / Publicité / Imprimerie / Journalisme / Photographie
- Commerce / Économie
- Construction / Génie Civil
- Enseignement / Formation / Coaching
- Environnement / Déchets / Développement durable
- Funéraire
- Gardiennage / Nettoyage / Entretien des locaux
- HORECA (Hôtellerie, Restauration et Cafés)
- IT (nouvelles technologies, TIC)
- Immobilier
- Industrie
- Ingénierie et recherche
- Management / Direction / Organisation
- Manutention / Magasinage
- Marketing / Communication / Événementiel
- Santé / Sécurité civile
- Social
- Spectacle / Divertissement / Tourisme
- Sport / Bien-être / Esthétique
- Transports / Logistique / Automobile

Le répertoire des métiers (ROME) en recense des centaines, répartis dans une trentaine de grands secteurs. Vous les trouvez, par exemple, sur le site de Pôle Emploi.

Notez que les sites destinés à la recherche d'emploi pour les cadres ou à leur évolution professionnelle, notamment celui de l'APEC (https://cadres.apec.fr/Emploi/Marche-Emploi/Fiches-Apec/Fiches-metiers/Metiers-Par-Categories), peuvent aussi vous être utiles à propos du projet professionnel. www.nathan.fr/majorez

Voici un exemple de fiche qui vous permettra d'en appréhender la richesse et l'intérêt, quel que soit le métier qui vous intéresse.

J'ai gardé tous les items, ils vous aideront à « définir un métier ». Bien entendu, ce niveau de détail va bien au-delà de ce qu'on attend de vous en entretien.

CONSULTANT EN RECRUTEMENT

Le consultant en recrutement prend en charge pour le compte d'une entreprise la recherche et la sélection d'un collaborateur, après avoir été associé à la définition du poste et du profil.

Autres intitulés

- « Chasseur de têtes »
- Consultant junior
- Consultant senior
- Consultant associé

Activités principales

Veille économique dans les environnements de spécialisation du cabinet

- Recueillir des informations (communiqués de presse, articles…) relatives à l'activité des clients du cabinet.
- Récolter des informations générales sur l'évolution des fonctions et des secteurs sur lesquels intervient le cabinet.

Recueil des besoins du client

- Rencontrer le client pour prendre connaissance de ses besoins en recrutement.
- Conseiller le client sur la rédaction de la définition de fonction et surtout du profil.
- Donner son sentiment sur la faisabilité de la mission en fonction du marché de l'emploi et sur l'adéquation de la rémunération proposée par rapport aux salaires du marché.

Élaboration d'une proposition et d'une méthodologie

- Rédiger et adresser une proposition au client, celle-ci synthétisant sa compréhension du poste.
- Définir la méthodologie d'approche directe et/ou indirecte.
- Faire valider la méthodologie par le client et, en particulier, obtenir son accord et ses commentaires sur l'éventuel plan média (passage d'annonces dans la presse ou sur Internet) et le projet d'annonce associé.

Réalisation de la mission de conseil en recrutement

- Coordonner ou réaliser les premières étapes de l'approche directe (ciblage, identification, contact) et indirecte (exploitation des candidathèques, tri des CV reçus dans le cadre d'annonces, exploitation des candidatures spontanées...).
- Assurer un reporting régulier auprès du client quant à l'avancement de la mission.
- Sélectionner les candidats en entretien et expliciter auprès d'eux le projet de recrutement de son client.
- Mettre en œuvre des moyens complémentaires d'évaluation (contrôle de références, tests, graphologie...).
- Élaborer les dossiers de candidature.

Pilotage et suivi de la phase de présentation des candidats

- Présenter au client la « *short list* » (« liste courte ») des candidats sélectionnés.
- Suivre le process de présentation auprès du client.
- Intervenir dans la phase de négociation de la rémunération et de la date d'entrée en fonction.
- Gérer des réponses négatives auprès des candidats non sélectionnés.

Activités éventuelles

[...]

Variabilité des activités

Le métier de consultant en recrutement varie selon les critères suivants.

L'organisation du cabinet, elle-même dépendante de sa taille

Dans les plus grands cabinets, le métier de consultant peut être dissocié en trois familles :

- Le consultant « producteur » est principalement chargé des phases de sélection des candidats et de la rédaction des dossiers de candidature.
- Le consultant « apporteur » assume des responsabilités essentiellement commerciales et ne s'investit pas dans les phases de recherche et de sélection.
- Certains consultants présentent une forme « hybride » et sont à la fois apporteurs et producteurs de tout ou partie des missions de recrutement.

Dans les cabinets aux effectifs réduits, le (ou les) consultant(s) assure(nt) les trois fonctions.

La diversité des prestations du cabinet

- Dans certains cabinets, le recrutement est la seule prestation assurée et la seule mission des consultants de l'entreprise.
- Dans d'autres cabinets plus diversifiés, d'autres prestations (outplacement, formation, bilan de compétences, études RH...) sont fournies et le consultant en recrutement peut y être associé. Il se rapproche alors du métier de consultant RH.

Les responsabilités de son interlocuteur chez le client

[...]

La spécialisation sectorielle et fonctionnelle du cabinet

En fonction des secteurs dans lesquels il exerce ou des postes qu'il traite, le rôle du consultant en recrutement peut varier.

• Dans le domaine informatique, les entretiens courts et techniques de profils spécialisés peuvent constituer son quotidien. On trouve fréquemment des consultants en recrutement spécialisés sur un type de profil et enchaînant des entretiens relativement similaires dans leurs contenus.

• Pour des postes de commerciaux avec de forts volumes, il peut se transformer en animateur de sessions de recrutement en groupe.

• Pour des postes de cadres de haut niveau, les entretiens seront moins nombreux et plus longs, le nombre de missions sera en conséquence moins important.

Rémunération

Jeune cadre : entre 20 et 35 k€

Cadre confirmé : entre 45 et 80 k€

NB : la rémunération des consultants juniors est essentiellement composée d'un fixe. Celle des consultants seniors inclut une partie variable qui peut être très significative. Celle-ci dépend des honoraires facturés par le cabinet correspondant aux missions apportées et – dans une moindre mesure – produites par le consultant. Ainsi, la rémunération des consultants dits « apporteurs » – c'est-à-dire investis des responsabilités commerciales – peut être très importante dans les périodes florissantes, tandis que les salaires fixes sont de montants très variables (de 25 à 40 k€).

Compétences requises

Compétences techniques

• Excellente connaissance des métiers, des qualifications requises et des formations initiales associées

• Bonne connaissance des rouages du marché de l'emploi et du monde de l'entreprise

• Maîtrise des techniques d'entretien

• Connaissance – voire maîtrise – des tests et autres modes d'évaluation des candidats

Aptitudes professionnelles

• Écoute afin de recueillir les attentes du client et les aspirations des candidats

• Qualités d'analyse pour gérer les informations (fournies par le client et le candidat ou plus généralement issues du marché) et comprendre les situations (d'entretien)

• Capacité de synthèse pour tirer la quintessence de ces informations parfois contradictoires

• Aptitudes à faire émerger des propositions auprès du client

• Force de conviction pour emporter la décision aussi bien auprès du candidat que du client

• Empathie afin de gérer les relations avec le client

- Diplomatie pour gérer les situations difficiles
- Résistance au stress, car le recrutement est une activité anxiogène sujette à de nombreux retournements de conjoncture et de situation (désistements…)
- Aisance commerciale pour développer son propre portefeuille de clients ou piloter au quotidien la relation avec ses clients actuels
- Discernement et exigence de qualité font partie également de la valeur ajoutée attendue par les clients.

Le profil

Diplômes requis

- 3es cycles spécialisés en gestion des ressources humaines : DESS en gestion des ressources humaines (IEP Paris, Sorbonne, Celsa, Ciffop, IAE Lille, Université Lyon…), mastère RH (École normale supérieure, ESCP…)
- Formations Bac + 4 spécialisées en ressources humaines : maîtrise RH, IGS…
- Formations supérieures Bac + 4/5 en sociologie, psychologie ou sciences sociales
- Formations supérieures Bac + 4/5 généralistes, type ESC, sciences de gestion…
- Formations techniques Bac + 4/5 spécialisées en rapport avec le secteur d'activité de l'entreprise : ingénieurs dans le high-tech ou certains domaines industriels, diplômés de l'ITB (Institut des techniques bancaires) dans le secteur bancaire…

Durée d'expérience

Le poste convient à des collaborateurs disposant d'au moins trois ans d'expérience professionnelle.

Postes précédents (P-1) occupés

- Chargé de recherche
- Consultant en ressources humaines
- Consultant en accompagnement
- DRH
- Responsable recrutement

Qui recrute ?

- Cabinets de recrutement
- Cabinets-conseils en ressources humaines
- Agences d'intérim

Rattachement hiérarchique

- Directeur du département conseil
- PDG du cabinet
- Directeur/manageur d'agence d'emploi

Environnement de travail et interlocuteurs

- Chargés de recherche
- Autres consultants du cabinet
- Documentaliste

Évolution professionnelle (P+1)

- Responsable recrutement
- DRH
- RRH
- Consultant en ressources humaines
- Directeur de département conseil
- Consultant en accompagnement

Vous avez devant vous un champ immense de « projets professionnels » et beaucoup de moyens de vous informer.

IV COMMENT TROUVER UNE IDÉE DE PROJET PRO ?

Même si vous avez votre idée de projet professionnel, je vous recommande de lire cette partie.

Je vais vous donner des pistes pour rechercher une idée de projet professionnel mais, bien évidemment, **vous devrez construire et vous approprier votre propre projet en vous y intéressant**.

Pour commencer, une chose à ne pas faire :

! Évitez de « récupérer » un projet professionnel d'un Ancien (même de l'an dernier).

Des « fiches de Projet pro » circulent ou simplement un ami ou une amie ayant passé les Concours cherche à vous aider. Ça ne me semble pas une très bonne idée pour plusieurs raisons :

– le Projet pro ne vous correspond sans doute pas ;

– un Projet pro n'est pas un cours de Géo Po ou un thème de philosophie que vous pouvez recaser dans une copie : **vous devez le construire et vous l'approprier** ;

– vous ne savez pas si ce Projet pro est « bon » et s'il répondra aux exigences du jury ;

– enfin, il n'est sans doute pas à jour et il vous faudra dans tous les cas le retravailler. Je ne suis pas certain que vous y gagnerez beaucoup. Je me souviens d'un élève, intéressé par les « fusions-acquisitions », qui ne me citait que des exemples datant de plus d'une année… Vous devinez pourquoi.

Vous pouvez, bien entendu, vous inspirer d'idées de projets, de métiers, de secteurs ou de réalisations, mais « de grâce », faites l'effort de bâtir votre projet professionnel.

A. Un seul projet professionnel suffit

La question m'est parfois posée : « *dois-je préparer deux projets professionnels ?* ».

Je pense qu'un projet professionnel suffit.

La question est posée par des candidats qui cherchent à se rassurer et préfèrent avoir plusieurs cordes à leur arc.

Certains pensent aussi que, pour l'EM Lyon, il faut absolument un projet d'entreprenariat (ce n'est pas le cas) ou, pour l'EDHEC, un projet dans le domaine de la finance (non plus). J'ai préparé une candidate dont la passion était le chant qui a brillamment réussi l'Oral de l'EDHEC avec un projet autour de « la scène ».

Préparer et s'approprier un bon projet professionnel demande du temps et vous demande de vous investir aussi pendant les Oraux pour veiller à l'actualité de votre Projet pro. Inutile de vous éparpiller avec deux projets professionnels.

Comme pour vos thèmes personnels, notez vos idées relatives au projet professionnel dès qu'elles vous viennent à l'esprit.

B. Exemples de projets professionnels d'élèves

Pour commencer, je vais vous citer des exemples d'idées de projets que m'ont annoncées au cours des années de nombreux élèves en début de préparation, au moment où je les ai interrogés sur leurs idées de projets professionnels.

Il s'agit clairement d'idées non abouties mais qui ont servi de pistes pour construire les projets définitifs qui ont tenu la route devant des jurys. Le plus souvent, il s'agit de secteurs plus que de métiers, mais il n'existe aucune règle générale.

Certaines de ces idées ont été abandonnées au profit d'une autre idée apparue ou trouvée plus tard.

! Ce ne sont que des exemples, pas des modèles à suivre !

- Start-up Énergie renouvelable
- Entreprenariat dans l'Intelligence Artificielle
- Marketing digital, Google et réseaux sociaux
- Conseil en stratégie
- Production audiovisuelle
- Fonds d'investissement, banque d'affaires
- Création société alimentation durable
- Événementiel
- Entreprenariat dans l'économie solidaire
- *Private Equity*
- Peut-être Conseil en stratégie
- Gestion de biens culturels
- Fusion commerce et e-commerce
- Chaîne d'hôtels
- Droit des affaires
- Label musical / Production musique
- Marketing
- Marketing du luxe, plutôt dans la mode
- Négociation – Risque – Conseil
- Business Marketing jeux vidéo / E-sport
- Développement durable, social / Entreprenariat
- Entreprenariat en Afrique
- GreenTech

– FoodTech
– Domaines du spectacle et de la scène
– Big Data
– Finance de marché
– Marché des matières premières
– Marketing dans les cosmétiques
– Développement sportif
– Marché des jeux vidéo
– Chef de produit grande consommation alimentaire
– Débuter dans une fonction commerciale ou vente

Bon nombre d'élèves n'avaient pas d'idées de Projet pro quelques mois seulement avant les Oraux… Ils s'en sont évidemment sortis !

De nombreuses enquêtes paraissent chaque année sur les entreprises préférées des étudiants en Écoles de commerce. Elles peuvent vous inspirer mais manquent d'originalité. Dans un souci d'ouverture et d'originalité, je vous recommande de regarder aussi les entreprises préférées des étudiants en Écoles d'ingénieurs. Ce sont de grosses entreprises qui recrutent aussi des étudiants issus d'Écoles de commerce.

• Classement des entreprises préférées des étudiants en Commerce et Ingénieurs :
http://www.letudiant.fr/educpros/enquetes/palmares-trendence-2016-les-entreprises-preferees-des-etudiants-sont-francaises.html

• Les 50 premières entreprises en vrac et des statistiques par grands secteurs :
http://etudiant.lefigaro.fr/article/google-indetronable-dans-le-coeur-des-jeunes-diplomes-francais_9b9cc818-3b9a-11e7-87cf-a12835191447/

• Écoles de commerce et mention des principales Écoles dont sont issus les cadres en entreprise :
http://www.ecoles-commerce.com/entreprises-favorites-revees-preferees-diplomes-ecoles-de-commerce/ www.nathan.fr/majorez

C. Les pistes pour trouver ou approfondir l'idée d'un projet professionnel

1. Arrêtez-vous un moment sur ce qui attire votre attention

Cela paraît une évidence, mais c'est bien par là qu'il faut commencer car cela vous rendra la préparation et la présentation en entretien bien plus faciles et efficaces si le sujet vous intéresse.

Il est possible que vous ayez une vague idée d'un métier, d'une entreprise, d'une start-up, d'une association, d'une ONG, d'une collectivité… ; ou d'un secteur, d'une marque, d'un continent, d'un pays ; ou d'une innovation dont vous avez entendu parler, d'une anecdote, d'un article qui a éveillé votre intérêt.

Un élève sollicité par un site Internet pour supprimer les adblocks (bloqueurs de publicités) s'est demandé de quoi il s'agissait et s'est intéressé au Marketing digital.

Une autre a eu la même idée après avoir reçu plusieurs messages publicitaires parfaitement ciblés sur Facebook.

Un autre s'est intéressé à l'e-commerce en entendant la déclaration de Jeff Bezos, patron d'Amazon, grand pro du *storytelling* : « *quand nous remportons un Golden Globe, cela nous aide à vendre plus de chaussures* ». Il aurait pu s'intéresser aussi à la production audiovisuelle.

Une autre, agacée par la difficulté à joindre son opérateur téléphonique mais bluffée par la facilité à dialoguer avec son opérateur « box », s'est intéressée aux services clients.

Enfin, un autre, qui a séjourné à Hong Kong et visité sept pays d'Asie, rêve d'y retourner travailler.

2. Soyez cohérents, faites le lien avec vos centres d'intérêt et vos éventuels stages

C'est un moyen classique de définir un projet professionnel avec sincérité et conviction. Cela paraît parfois un peu « bateau », voire naïf, au jury mais ça a le mérite de la cohérence et de ne présenter que peu de risques.

Il n'est pas non plus interdit d'espérer que vous pourrez réellement concilier votre vie professionnelle et un centre d'intérêt. Beaucoup de gens l'ont fait avant vous (c'est mon cas : l'édition universitaire et scolaire m'a permis de concilier mon goût pour la pédagogie et les livres). Les start-up qui fleurissent en grand nombre en sont aussi souvent un bon exemple, tout comme le travail dans le monde associatif, qui offre maintenant des postes autres que purement « militants », bien rémunérés et qui ne sont plus un obstacle à une carrière poursuivie dans le privé.

Prenons des exemples de centres d'intérêt en vrac que j'ai rencontrés et qui pourraient être les vôtres : le sport, la musique, l'audiovisuel, le théâtre, la littérature, la mode, le jeu vidéo, l'œnologie, l'horlogerie, le codage informatique, une technologie particulière, les réseaux sociaux, la créativité, l'écriture, le boursicotage, les bitcoins, le goût pour les voyages, la passion pour l'Afrique, le don pour les langues, l'amour des chiffres, la volonté de développer l'économie de son pays d'origine ou le business familial, l'accompagnement des autres…, voire une discipline qui vous a intéressés (les maths, les langues, la Géo Po, l'économie…).

La liste peut être aussi longue que celle des thèmes personnels des 11 000 carrés ou khûbes…

Bien entendu, si vous en avez effectué, vos stages ou CDD sont d'excellents supports à une réflexion sur votre projet professionnel.

Attention : vous visez l'entrée dans la vingtaine des meilleures Écoles de commerce de France, parmi les meilleures du monde.

! Ne donnez pas l'impression que vous voulez devenir footballeur, chanteur, traducteur ou réalisateur de documentaires animaliers !

Même si cela peut arriver, ce n'est pas la vocation des Écoles que vous visez de vous former à ces métiers très pointus, et cela peut vous être rétorqué.

Il est assez facile de faire correspondre chacun de ces hobbies, centres d'intérêt ou caractéristiques de vos thèmes personnels avec un secteur professionnel, vous pouvez en faire l'exercice.

Le jury acceptera sans problème ces Liens – tout à fait naturels au vu de votre expérience – si, bien entendu, vous les avez bien préparés.

En supposant que vous avez déjà évoqué, durant l'entretien, votre intérêt pour un ou plusieurs des thèmes ci-dessus, cela pourrait donner ceci (avec vos mots et tournures de phrases, pas les miens) :

– « *j'aimerais concilier ma passion et ma connaissance de la Mode et de la Haute Couture pour travailler dans un grand groupe international de…* » ;

– « *mes racines familiales sont au Sénégal, où j'ai eu l'occasion de séjourner plusieurs fois. J'aimerais participer à la croissance du pays et du continent africain…* » ;

– « *je me suis aperçu qu'on se tourne souvent vers moi pour rechercher des solutions pratiques, comme la fois où j'ai réorganisé le planning des profs et des cours de mon club de tennis… Je crois que je suis fait pour être consultant en organisation* » ;

– « *mes grands-parents sont partis à la retraite en même temps, et je me suis rendu compte que beaucoup d'activités leur étaient proposées et j'ai découvert ainsi la Silver Economy* ».

Le croisement de deux thèmes personnels peut être aussi très riche :

– « *en raison de ma passion pour le sport et les jeux vidéo, j'envisage de travailler dans le domaine de l'e-sport, domaine en plein développement économique…* » ;

– « *j'aime coder et j'ai lu* Homo Deus *de Yuval Harari, cela me donne envie d'explorer le monde fascinant de la robotique et de l'Intelligence Artificielle…* » ;

– « *je suis très attentif à l'écologie et à la protection de la planète. Comme j'ai déjà lancé des projets associatifs, j'aimerais travailler ou créer une start-up dans le domaine qu'on appelle la "GreenTech"* » ;

– « *comme j'aime écrire et fréquenter les réseaux sociaux, je m'intéresse aux stratégies du* brand content *(ou "contenu de marque") et j'aimerais commencer ma carrière dans une agence de…* ».

Vos stages ou CDD sont aussi une manière efficace d'aborder les métiers au-delà des secteurs d'activité :

– « *mon stage m'a permis de découvrir aussi les métiers du marketing et plus précisément des études qualitatives qui m'ont…* » (valable aussi pour les autres métiers) ;

– « *ma passion pour le cinéma et ma première expérience à la Warner m'ont donné envie de travailler dans une société de production (ou de diffusion) de films comme…* » ;

– « *j'ai pu aussi découvrir l'importance des questions logistiques (ou du service client, ou de la gestion administrative…) et, je n'y aurais pas cru spontanément. Elles m'ont beaucoup intéressé par leur côté opérationnel et…* » ;

– « *j'ai pu toucher du doigt ce qu'était le droit des affaires lors du mois que j'ai passé au sein du Cabinet… et j'aimerais entreprendre…* » ;

– « *j'ai mieux compris, pendant ce mois passé comme serveur chez Häagen-Dazs, l'aspect majeur des questions de management et de gestion de ressources humaines…* ».

Bien entendu, ces liens, s'ils expliquent votre intérêt pour un projet professionnel, ne suffisent pas pour le présenter ou le défendre. Il faudra aller plus loin.

3. Cherchez une idée dans la presse économique ou sur des sites

Si des idées ne vous sont pas déjà venues naturellement, il est nécessaire que vous cherchiez plus activement.

Tout comme le *storytelling* est convaincant pour vous raconter, je sais qu'il est capable de vous aider à choisir un projet professionnel. **Les spécialistes du *storytelling* sont les bons journalistes**.

Recherchez des idées dans la presse économique ou les « cahiers Éco » des journaux généralistes si vous n'avez pas d'idées ou de pistes.

Les revues sont nombreuses et touchent à des thèmes, des secteurs, des métiers suffisamment variés pour que vous y trouviez votre bonheur. Les articles, notamment dans les quotidiens ou sur Internet, sont souvent courts et explicites.

Cela vous servira aussi pour développer votre « culture business » qui vous sera très utile en entretien.

Une de mes élèves a tenu ce type de propos avec sincérité lors d'un entretien : « *je me suis surprise à me passionner pour un article qui évoquait la stratégie de la société Labeyrie qui cherchait à limiter les risques de crises sanitaires des marchés du foie gras et du saumon fumé, et à réduire les impacts de la saisonnalité de ses ventes. Elle cherchait "une troisième gamme" cohérente avec son image de qualité et adaptée à son mode de distribution de produits à conserver au frais. Elle a opté pour la commercialisation de jambons ibériques. J'adorerais participer à ce type de décision et...* »

Elle a ainsi introduit (avec un beau *storytelling* gustatif) son envie de devenir consultante en stratégie. C'est tout à fait à votre portée.

Je vous cite les supports papier (ou leurs sites) que je préfère pour cette recherche mais n'hésitez pas à élargir, il en existe beaucoup d'autres. Et un nombre infini de sites, comme le site généraliste *Le Journal du Net*.

– Quotidiens : ma préférence va aux *Échos* (partie « Entreprises et marchés », qui propose, selon les jours, des sujets Marketing, Management, Tech, Finances, Start-up...), au *Monde* (« cahier Éco »), puis au *Figaro* (pages « Économie »). Inutile de chercher en même temps dans les trois, la lecture sera redondante. Variez et habituez-vous à celui qui vous convient, **vous en aurez besoin pour la construction de votre Projet pro et jusqu'à la fin de vos Oraux**.

– Hebdomadaires : *Challenges* (qui parle souvent des Écoles de commerce), *Le Nouvel Économiste...*

– Mensuels : *Capital* (des dossiers très imagés avec beaucoup d'exemples). L'an dernier, une élève y a trouvé l'idée des « objets connectés pour la santé » et une autre l'envie de travailler dans la distribution grâce à un passionnant dossier très concret sur les innovations dans ce secteur...

Et de nombreuses autres revues vous donneront des informations et vous raconteront de belles histoires d'entreprises : *Entreprendre, Management, EcoRéseau…* BFM TV également… Je ne peux pas les citer toutes ici.

Si vous avez une légère préférence (ou, à l'inverse, une réticence) pour certains métiers, vous pouvez aussi vous tourner vers des revues ou sites professionnels plus spécialisés comme *Stratégie* ou *CB News* pour les métiers du marketing, de la publicité et de la communication, *LSA* pour les métiers de la distribution, *Management* pour les RH. La plupart de leurs articles sont accessibles et je vous garantis que vous découvrirez des univers passionnants.
Pour l'entreprenariat, je vous recommande, par exemple, le site Maddyness ou la revue *Création d'entreprise.*
Le nombre de revues professionnelles papier est considérable (la plupart ont un site Internet qui sera un bon départ pour vous informer). Un site, parmi ceux qui recensent la presse professionnelle par thèmes : http://www.aide-emploi.net/revurh.htm. (www.nathan.fr/majorez)

Voici un exemple tiré de ce site pour le seul secteur de la distribution. Vous verrez que certaines revues sont générales (*Action Commerciale, Commerce Magazine, LSA*) et d'autres plus pointues avec des titres explicites : *E-Commerce Magazine, Relations Clients, Franchise Magazine* (les franchises sont souvent de belles histoires !), *Funéraire Magazine* (tous les projets sont acceptables, mais il faudra savoir justifier votre intérêt pour ce sujet !).

Secteur « Distribution »

Action Commerciale	http://www.actionco.fr
Agro Distribution	http://www.lafranceagricole.fr
Animal Distribution	http://www.animaldistribution.fr
Commerce Magazine	http://www.commercemag.fr
Décision Achat	http://www.decision-achats.fr
E-Commerce Magazine	http://www.ecommercemag.fr
Fleuristerie	http://www.fleuristerie.fr
Franchise Magazine	http://www.franchise-magazine.com
Funéraire Magazine	http://www.funerairemagazine.com
Jardinerie	http://www.jardineries.com
Linéaires	http://www.lineaires.com
LSA	http://www.lsa.fr
Moteurs Loisirs Et Paysages	http://www.moteursloisirs.com
Orion Magazine	http://www.orionmagazine.fr
Papetiers De France	http://www.papetierdefrance.com
Pharmacien Manager	http://www.wk-pharma.fr
Rayon Boissons	http://www.rayon-boissons.com
Relation Client	http://www.relationclientmag.fr
Végétable	http://www.vegetable.fr

4. Parlez-en autour de vous : découvrez et actionnez vos réseaux

La solution à nos problèmes est souvent à portée de main.

Dans le cadre de la recherche d'un projet professionnel, faire appel à votre réseau peut être très efficace. Ce qui suit vous aidera aussi dans la consolidation et la crédibilisation de votre projet une fois que vous l'aurez défini.

L'idée est de vous mettre en relation avec un ou plusieurs professionnels qui vous raconteront leurs activités afin de vous y intéresser.

! Mais ne rencontrez pas un professionnel sans vous être déjà renseignés sur son secteur.

Vos parents sont les premières personnes que vous devez interroger.

Du fait du rythme de vie de préparationnaire que vous leur imposez aussi, ils ont le sentiment d'être aussi en Prépa (finis les repas décalés du samedi midi, la famille qui débarque le vendredi soir…). Plus sérieusement, généralement, ils sont désireux de vous aider et vous allez leur en donner l'occasion.

Si l'un d'eux est passé par une Prépa commerciale ou une autre formation sélective de Commerce, il sait de quoi il s'agit et il vous en parlera sans doute spontanément. Sinon, exposez-leur votre préoccupation à propos du projet professionnel (pour gagner du temps, faites-leur lire la partie de ce livre consacré au projet professionnel).

Il est possible qu'au moins l'un des deux travaille dans une entreprise ou une organisation, cela peut vous donner des idées ainsi qu'à eux : un service de la société, un collègue, un client, un prestataire…

Récemment, je travaillais avec un élève qui n'avait pas pensé à interroger sa mère, consultante et manager de transition. Cela consiste à positionner un professionnel externe très qualifié, le manager de transition, à un poste clé de l'entreprise pour une durée précise. Au-delà de son expérience personnelle, elle avait collaboré avec plusieurs types d'entreprises et secteurs. Connaissant bien son fils, elle a pu le mettre en relation avec deux professionnels qui ont su l'orienter vers un projet professionnel qui l'a intéressé.

Les consultants, experts-comptables, avocats sont en relation avec beaucoup d'entreprises clientes et sont souvent très utiles.

Si vos parents ne travaillent pas dans une entreprise ou une organisation ou si leurs secteurs d'activité ou métiers ne vous intéressent pas, demandez-leur de chercher autour d'eux, dans la famille, parmi leurs amis, leurs contacts divers. On peut résumer ainsi la recherche :

« Qui travaille dans une entreprise sympa ou a un super job et qui saurait m'y intéresser ? »

J'ai rencontré beaucoup d'exemples très efficaces : un père dentiste dont un client « *était au marketing chez L'Oréal* », une mère pharmacienne dont beaucoup de clients travaillaient « *à côté* » au siège de Publicis, un père ancien scout dont le chef d'équipe avec lequel il était encore en relation était Partner chez EY, et l'animateur ancien guitariste chevelu devenu avocat d'affaires en relation avec de grosses PME…

Chargez vos parents de ce type de recherche le plus tôt possible au cours de votre deuxième année.

V COMMENT TRAVAILLER VOTRE PROJET PRO ?

Une fois que vous avez défini un projet professionnel qui vous intéresse, le plus dur est fait car vous connaissez votre « cible ».

Il ne vous reste plus qu'à vous documenter selon le secteur, le type de métier et d'activité que vous avez choisis. Les informations sont toujours plus ou moins les mêmes.

Vous trouverez facilement ce type d'informations avec une simple requête Internet, dans la presse économique en ligne et sur les sites spécialisés.

Vous seriez étonnés de voir à quel point nombre de candidats n'ont pas pris la peine de se renseigner. Jouez cette carte à fond : elle vous aidera à majorer vos entretiens.

Il est probable que le jury vous interroge et il est possible, mais rare, qu'il ne connaisse pas toutes les réponses aux questions qu'il pose. Ce qui importe, c'est que vous connaissiez les réponses et montriez votre maîtrise du sujet.

La recherche et la lecture de quelques articles vous permettront de vous intéresser réellement à votre projet professionnel et d'être capables d'en parler avec aisance.

A. Votre projet professionnel est orienté vers un secteur d'activité

1. Marchés, entreprises et marques françaises, européennes, mondiales

Si vous êtes intéressés par un secteur d'activité, vous devez avoir une idée estimée du marché (par exemple, en termes de chiffre d'affaires, unités vendues, nombre de clients).

Vous devez être capables de citer le leader et les principales entreprises du secteur, que le jury connaît probablement et qu'il ne vous pardonnera pas de ne pas connaître.

Recherchez les entreprises mondiales et françaises, le cas échéant européennes.

Bien entendu, selon les secteurs, vous devez être capables de citer des marques, des noms de produits.

Soyez informés des liens capitalistiques des grands groupes qui vous intéressent : quelles sont les entreprises du groupe Kering ou LVMH ? les marques du groupe L'Oréal ou PepsiCo ? de la galaxie familiale Mulliez ? Quels sont les liens entre constructeurs automobiles ? Qui possèdent les journaux français ? les chaînes de télé et de radio ? les opérateurs téléphoniques ? les droits de diffusion de la Ligue des Champions de football ?

Recherchez une ou deux entreprises moins connues – plutôt françaises – qui auraient innové ou qui chercheraient à devenir un « gros ». Il y a souvent des belles histoires que vous pouvez vous approprier.

2. Évolutions, tendances, nouvelles technologies, stratégies

Connaître les informations précédentes ne vous suffira pas : vous devez connaître les principales problématiques du secteur qui vous intéresse. **Vous verrez qu'elles sont toujours passionnantes si vous faites preuve de curiosité** (et vous devez faire preuve de curiosité).

Ce sont toujours un peu les mêmes informations que vous devez chercher : tendances du chiffre d'affaires du marché et, surtout, évolution générale du marché, des consommateurs et des entreprises. Les consommateurs sont de plus en plus réticents à se déplacer vers les grands hypermarchés en bordure des villes ; le streaming musical devient le principal mode d'acquisition de musiques ; les adblocks épouvantent les sites gratuits mais répondent aux pubs et bannières intrusives qui agacent les internautes ; on peut aussi évoquer la vogue du bio, l'exigence de transparence des consommateurs, les politiques RSE des entreprises, le vieillissement des acheteurs de voitures neuves, tout comme des acheteurs de journaux papier, la demande touristique des Chinois, le paiement sans contact, la concentration ou, au contraire, la singularisation de certains marchés…

Bien entendu, toutes les activités économiques sont confrontées aux « nouvelles technologies » qui peuvent être à la fois une menace et une opportunité : l'e-commerce, le marketing digital, les « data », les drones, la géolocalisation, les nanotechnologies, la robotisation (qui touche non seulement l'industrie mais aussi la finance), le journalisme, les services clients, l'Intelligence Artificielle…

Les menaces et les opportunités sont une bonne approche qui vous permettra de comprendre et d'évoquer la stratégie des acteurs de « votre » secteur (la société Labeyrie, évoquée précédemment, en est un bon exemple).

Les entreprises passent leur temps à prendre des décisions stratégiques – comme la chaîne Léon de Bruxelles qui fait évoluer son offre pour attirer les jeunes travailleurs pressés de dîner léger entre l'afterwork et le cinéma, la FNAC et Conforama qui se sont battues pour racheter Darty (chacune pour des raisons stratégiques différentes) ou Kiplay, entreprise textile, qui relocalise sa production en France…

Lisez *Les Échos*, vous trouverez des exemples chaque jour.

J'insiste sur le fait que, tous les ans, les étudiants et les étudiantes que je prépare découvrent des problématiques nouvelles qui les passionnent. Faites l'essai !

3. Exemples, personnalités, campagnes de promotion

Comme toujours, comme je l'ai fait, donnez des exemples, soyez concrets pour intéresser et marquer le jury. Le *storytelling* fonctionne aussi pour le projet professionnel.

Vous devez connaître les personnalités emblématiques de votre secteur d'intérêt, surtout quand elles se mettent en avant. Bill Gates, Steve Jobs, Paul Allen, Carlos Ghosn, Patrick Drahi, Mark Zuckerberg… Ces grands patrons sont mondialement connus, mais il y en a d'autres dans beaucoup de secteurs.

Pour les secteurs qui s'y prêtent, je vous recommande de connaître une ou deux campagnes de promotion/publicité multicanal. Vous trouverez facilement en ligne des explications utiles sur la campagne en question et les préoccupations de l'annonceur (par exemple, sur le site de la revue *Stratégies*).

De manière générale, ayez toujours « en poche » une campagne de publicité que vous pourrez citer si on vous pose la question. C'est une marque d'intérêt pour le monde économique.

Connaître le ou les noms du ou des ministres de l'Économie ou du Budget... (selon leur dénomination, qui a évolué récemment) me paraît utile ainsi que ceux en rapport avec le projet professionnel : ministres de la Culture, des Sports, de la Santé...

4. Le cas particulier de l'entreprenariat et des start-up

L'entreprenariat est un phénomène nouveau et de grande ampleur qui touche tous les domaines de l'économie. En conséquence, il touche aussi les Écoles de commerce et leurs étudiants.

Toutes les Écoles favorisent l'entreprenariat et certaines, comme l'EM Lyon, en font leur marque de fabrique.

Pour ce qui concerne les projets professionnels, l'entreprenariat est en passe de devenir une « tarte à la crème » comme l'ont été en leur temps les « fusions-acquisitions », le « marketing du luxe » et aujourd'hui les « consultants en stratégie ». Tous les projets sont acceptables, à condition de les préparer et de montrer une vraie motivation.

! L'entreprenariat ne doit pas être la roue de secours de votre projet professionnel.

Comme pour les autres secteurs, renseignez-vous sur le secteur, notamment sur le pourcentage de créations d'entreprises qui durent et celui des créations qui échouent. Intéressez-vous aux exigences particulières d'une création d'entreprise ou de travail dans une petite société en plein développement, et soyez certains que cela vous correspondra bien. Sachez dire ce qu'est un CFO, un CEO, un COO...

Enfin, intéressez-vous à l'écosystème : qu'est-ce qu'un incubateur ? Quel est le rôle de la BPI (Banque publique d'investissement, dont le site est une remarquable source d'information) ? Je vous rappelle le site Maddyness dédié aux start-up françaises.

Attention avec le terme « start-up », qui vous fait rêver mais qui est loin d'être la seule forme d'entreprise en France et n'a pas le monopole du dynamisme et de la croissance. Alors que je travaillais dans une entreprise centenaire, un candidat en entretien m'a demandé : « *dans quelle start-up travaillez-vous ?* ». De même, la « levée de fonds » n'est pas le but ultime de tout créateur d'entreprise...

Enfin, il me semble que le seul entreprenariat est un projet professionnel un peu insuffisant. Il vaut mieux l'accoler à un secteur, un de ces nombreux « Tech » comme la FoodTech, la FinTech, la GreenTech, la EdTech... Ceci vous imposera de creuser aussi la connaissance d'un secteur professionnel, mais vous facilitera la tâche car vous serez plus concrets.

B. Votre projet professionnel est orienté vers un métier ou un domaine de l'entreprise

Cela est tout à fait possible, toujours aux mêmes « conditions » : que ce soit cohérent avec votre personnalité et que vous soyez bien informés. L'idéal étant que vous soyez réellement intéressés par ce métier ou domaine de l'entreprise, ou que vous le deveniez en vous y intéressant.

Même si tous les domaines ne correspondent pas à votre projet, il vous sera utile de les connaître *a minima* pour ne pas découvrir le sujet au détour d'une question d'un jury.

Les disciplines fondamentales enseignées en première année dans les Écoles sont d'excellentes indications pour vous.

C. Crédibilisez votre Projet pro par au moins un entretien téléphonique ou une rencontre avec un(e) professionnel(le)

Discuter avec un(e) professionnel(le) peut vous aider à déterminer ou conforter votre Projet pro.

Ce conseil vous sera très utile, surtout une fois que vous aurez défini votre Projet pro. Faites jouer vos réseaux, mobilisez vos parents pour qu'on vous déniche « *un consultant en stratégie dans un gros cabinet* », « *une directrice financière d'entreprise* » ou « *quelqu'un qui bosse dans le marketing digital* ». Il est rarissime de ne pas trouver la bonne personne, mais ne vous y prenez pas trop tard.

Rencontrez cette personne ou organisez un entretien téléphonique une fois que vous serez bien renseignés pour ne pas poser des questions trop générales ou inappropriées.

Préparez un questionnaire. Démarrez par sa formation, sa carrière et son poste actuel. Il est possible qu'elle soit passée par une École de commerce ou une formation du même type imposant un entretien. Cela vous facilitera les choses.

Faites-la parler de son métier, de son quotidien, de son secteur d'activité (opportunités, menaces, évolutions, nouvelles technologies…). Quelles sont les principales qualités nécessaires ? les principales difficultés ? Quels sites ou revues vous recommande-t-elle ? Ses conseils en termes de formation, de choix de cursus, de stages… Tous ces éléments pourront alimenter votre projet professionnel. Cela vous permettra aussi de préparer « l'entretien inversé de GEM ».

Vous verrez que les gens aiment rendre service et raconter leurs expériences, et que ce sera un moment utile et agréable.

Dernier point : adressez-lui un petit message peu après votre discussion pour la remercier et surtout, une fois vos résultats connus, donnez-lui de vos nouvelles.

D. Prévoyez de vous projeter sur la durée, sur les salaires

Renseignez-vous sur les évolutions de carrière possibles ou les parcours pour atteindre l'objectif professionnel que vous annoncerez au jury. Interrogez le (ou la) professionnel(le) à ce sujet.

Certains métiers comme ceux de l'audit, du conseil en stratégie, du marketing en grande consommation sont bien connus et balisés, tout comme ceux dans les très grandes entreprises.

Enfin, soyez au fait des salaires proposés à la sortie de chaque École : salaire moyen et salaire par fonction, secteur ou métier après x années de carrière.

On trouve toutes les informations sur Internet.

VI COMMENT PARLER DE VOTRE PROJET PROFESSIONNEL ?

A. Faites un Lien entre votre Projet pro et l'École

À un moment de l'entretien, il faut que vous fassiez ce Lien qui montrera votre réel intérêt pour votre projet professionnel et votre motivation pour l'École.

Cela permettra de ne pas oublier de parler de l'École, comme cela arrive bien plus souvent que vous ne le croyez.

Le minimum, nous l'avons vu, c'est de rappeler les points forts de l'École en lien avec votre Projet pro si c'est le cas. Mais vous pouvez faire mieux.

C'est très simple : regardez dans le cursus du Master Grande École qui vous est destiné, voire dans la liste des Mastères spécialisés (ils ne vous sont pas toujours destinés mais ils montrent la capacité de l'École à former dans un domaine précis). Les jurys sont rarement informés du nombre exponentiel de nouvelles formations dans une École. Un directeur du Concours d'une École du Top 6 nous disait en souriant : « *n'en veuillez pas aux candidats s'ils se mélangent entre Master, Master en Management, Mastères, MSc… Nous-mêmes on ne s'y retrouve pas* ».

Vous y trouverez probablement un enseignement en relation directe avec votre Projet pro.

L'ESSEC propose par exemple 41 parcours de spécialisation aux élèves issus de Prépa.

Vous pouvez rechercher sur LinkedIn des noms d'anciens élèves qui travaillent dans le domaine, le métier ou le secteur d'activité, ou les associations spécialisées d'anciens élèves. Le cas échéant, un professeur connu qui a écrit un livre ou des articles sur le sujet, ou diffusé une conférence en ligne…

B. Parlez de votre projet professionnel avec modestie

Toute la préparation évoquée ci-dessus vous permettra de maîtriser suffisamment votre projet professionnel pour en parler avec aisance et même en faire un point fort.

Même en le préparant selon mes conseils, il vous faudra rester très modeste car le jury est plus compétent que vous en matière de monde professionnel.

1. Laissez ouverte la possibilité d'évoluer et de changer de Projet pro

« Comme je vous l'ai expliqué, je m'intéresse aujourd'hui aux métiers des Ressources humaines, mais je reste ouvert à toutes les possibilités que j'espère découvrir à TBS et ses dix enseignements fondamentaux… »

« *La finance d'entreprise est un poste à responsabilité qui demande aussi de l'agilité, cela me correspond bien. Mais la directrice financière qui m'a expliqué son métier et m'a encouragée m'a dit qu'elle rêvait de travailler dans la publicité avant d'entrer dans son École...* (Sourire !) »

« *Aujourd'hui, c'est donc le conseil en stratégie qui me motive mais je ne connais pas suffisamment ce métier pour être certain que ce sera le mien. Je sais que l'EDHEC me permettra d'acquérir une formation assez généraliste pour que...* »

« *J'aimerais travailler dans une entreprise industrielle autour de la robotisation et de l'Intelligence Artificielle, mais je suis consciente que ce n'est pas une certitude...* »

Le jury ne vous en voudra pas et louera votre sincérité.

2. Dans la présentation ou pas dans la présentation ?

J'évoquerai bientôt dans le livre la fameuse présentation dont je vous rappelle qu'elle n'est pas si importante et qu'elle varie selon chaque candidat et candidate. Il n'y a pas de vérité unique en la matière.

On vous dit parfois qu'il faut parler de votre projet professionnel dans votre présentation ; selon moi et mon expérience de jury et de préparation, ce n'est pas une obligation. C'est à vous d'en décider.

Si, malgré votre préparation, vous n'êtes pas à l'aise avec votre projet professionnel, il n'est pas utile de le mettre en avant, et surtout pas en toute fin de présentation. Car si le jury vous a laissés « dérouler » votre présentation, il risque d'enchaîner sur le dernier thème évoqué que vous lui tendez comme une grosse perche.

! Commencer l'entretien par un sujet mal maîtrisé n'est pas une bonne idée, selon moi.

Le projet professionnel apparaîtra pendant l'entretien et l'ordre d'apparition des sujets n'a pas d'importance. Je préfère quand même que le jury vous connaisse un peu, qu'un lien se soit créé avec lui avant que vous n'abordiez ce sujet, surtout si vous le liez à un de vos thèmes personnels.

Le jury abordera probablement le sujet à un moment de l'entretien ou c'est vous qui en parlerez (puisque vous l'avez préparé) au moment qui vous conviendra (en lien avec l'École ou un thème personnel).

3. Ne soyez pas négatifs

De manière générale, il n'est pas très bon d'être négatif ou de « balancer » des clichés pendant les entretiens. Cela arrive pourtant...

Concernant le domaine professionnel, vous risquez en plus d'indisposer un membre du jury selon ce que vous direz à propos de ce qu'enseigne le professeur, les métiers des professionnels, la majeure de l'élève...

Évitez les phrases du type : « *pas la finance, c'est de la spéculation !* » ou « *pas le conseil, ils travaillent 12 heures par jour* », « *les fonctionnaires ne travaillent pas beaucoup* », « *l'industrie, ça pollue trop* ».

Ne parlez jamais de choix par défaut : « *comme je ne suis pas intéressé par les grosses entreprises et que les PME, c'est pas formateur, je suis tenté par l'entreprenariat* ».

Pas de généralité hasardeuse : « *j'aime parler, je préfère la com'* », « *je suis renfermé, je vais travailler dans la comptabilité* », « *les start-up, c'est plus sympa que les grosses boîtes* ».

C. Parler de vos parents ?

Je ne préconise généralement pas de trop parler de vos parents en entretien (voir « Les erreurs fréquentes »), même s'il est évident qu'ils vous ont influencés en beaucoup de choses.

En revanche, à propos du Projet pro, je suis d'accord pour que vous en parliez, si vous le jugez nécessaire et qu'ils ont une activité qui va venir crédibiliser votre projet professionnel.

Il ne s'agit pas ici de « faire comme un de vos parents », ce qui ne serait pas faire preuve d'autonomie.

Mais s'ils travaillent en entreprise, dans une organisation, qu'ils soient indépendants ou dirigent une entreprise qu'ils ont peut-être fondée, cela peut être utile.

Avec vos mots (pas les miens) et une dose de *storytelling*, vous serez un peu plus crédibles si vous voulez vous lancer dans l'entreprenariat en disant : « *ma mère, qui dirige une PME de 200 personnes, finit souvent tard le soir* », « *mon père, commerçant, travaille tous les week-ends* », « *je suis consciente des exigences que demande…* ».

Ou bien : « *dans mon enfance, à la maison, autour de la table, on parlait budget, résultats, chiffre d'affaires, coups durs, réussites, embauches… Je crois que ça fait partie des raisons qui…* » ou encore : « *en entendant parler ma mère, j'ai compris l'importance qu'il fallait accorder aux collaborateurs de l'entreprise, et que ça allait plus loin que l'arbre de Noël de la direction* ».

Bien évidemment, il n'est pas impératif d'avoir deux parents « qui bossent dans le privé » pour présenter un projet professionnel crédible.

Et bien entendu, la reprise de l'affaire familiale ou un poste en son sein est un excellent projet professionnel.

D. Suivez l'actualité des métiers, des secteurs, des entreprises, des marques

Il est quasi certain que, dans la semaine précédant votre entretien, un article paraîtra en relation avec votre Projet pro.

J'en fais toujours l'expérience avec les élèves que je prépare et ça « marche » presque à chaque fois. Vous avez compris qu'il est impératif que vous suiviez la presse après vos Écrits (sauf quelques jours de… détente) et jusqu'à la fin de vos entretiens.

Les jurys s'intéressent à l'actualité « business » tout particulièrement avant les entretiens.

Ne prenez pas le risque d'être pris en défaut bêtement alors que vous avez bien préparé votre projet professionnel.

E. Vous avez le droit de ne pas avoir de projet professionnel…

… mais vous devrez absolument montrer votre intérêt pour le monde économique.

Si vous ne savez vraiment pas, si vous ne voulez pas donner l'impression de mentir, jouez la carte de la sincérité, soyez modestes et francs : « *je connais peu…* », « *ce ne serait pas très crédible de…* », « *je ne voudrais pas vous mentir en disant que…* » ou « *je sortirai de l'École dans quatre ans, je n'en ai même pas 20 : tout va changer pour moi en quatre ans grâce à Audencia* ».

Vous pouvez vous appuyer sur ce que dit l'École sur le « Projet pro qui n'est pas nécessaire ». Vous pouvez en faire un facteur de motivation pour l'École.

Selon la relation que vous aurez créée avec le jury, avec douceur et sans être « *challenging* », vous pouvez demander à un des professionnels s'il savait ce qu'il ferait en entrant à NEOMA ou si ce qu'il fait aujourd'hui correspond à ce qu'il avait annoncé en entretien.

Dans tous les cas, vous devez montrer de l'intérêt pour des thèmes généraux (la robotique, les nouvelles technologies, l'écologie ou tout autre thème qui vous intéresse) et être capables de les aborder sous l'angle économique.

Vous devez tout particulièrement lire les journaux économiques, montrer de l'intérêt pour des histoires d'entreprises ou de marchés que vous saurez raconter sans que, pour autant, vous ayez décidé d'en faire votre métier ou de travailler dans tel secteur. Appuyez-vous alors sur les cursus variés de l'École, ses stages, ses associations d'Anciens… Montrez que vous êtes intéressés et que vous avez envie de découvrir !

Enfin, décider de ne pas présenter de projet professionnel va dépendre en partie de la qualité et du nombre de vos thèmes personnels. Si vous vous sentez sûrs de vous de ce côté, l'absence de projet professionnel précis ne sera pas préjudiciable. À l'inverse, si vous vous sentez un peu « légers », n'ajoutez pas un handicap – qui jouera aussi sur votre confiance – et préparez un bon projet professionnel.

J'espère vous avoir convaincus que le projet n'est pas « un mauvais moment à passer » mais un possible atout.

Voici une fiche récapitulative pour vous aider dans votre projet professionnel.
www.nathan.fr/majorez

Votre intérêt / projet professionnel « Secteur »

L'un de vos centres d'intérêt est-il une piste de Projet pro ?

Le marché

a) Les entreprises et les marques du secteur (françaises et étrangères ; start-up et multinationales)

b) Marché de niche ? Grande consommation ? Quelle valeur ? Quel volume ?

c) Des personnalités

d) Les ministres concernés

Évolutions et actualités

a) Quand / Comment le secteur a-t-il émergé ?

b) Quelles sont les tendances ? menaces ? opportunités ? Qui sont les nouveaux acteurs ?

c) L'impact des nouvelles technologies

d) Une législation spécifique

e) Des éléments d'actualité propres au secteur (fusions-acquisitions, faillite, délocalisation…)

f) Une campagne promo / un produit / une nouveauté qui vous parle

Le Lien avec l'école

a) Une entreprise du secteur dans la liste des Écoles partenaires de vos Écoles cibles

b) Des Alumni de l'École qui travaillent dans le secteur

c) Un enseignement, un master / une spécialisation en lien avec le secteur

d) Un événement organisé par l'École en relation avec votre Projet pro

e) Un lien entre la ville où se situe l'École et le secteur (Toulouse et l'aéronautique, par exemple)

f) Les associations de l'École en lien avec le Projet pro

6

Votre École m'intéresse… je vais m'y impliquer

À propos de ce qui va suivre, **n'hésitez pas à vous appuyer sur des anciens préparationnaires qui vous donneront de précieuses informations sur leur École**.

Au tout dernier moment, s'il vous manque vraiment une information introuvable, interrogez les admisseurs, ils seront ravis de vous aider. Mais seulement pour l'info que vous avez vraiment recherchée en vain sur le nom du gala de danse donné l'an dernier par l'association qui vous intéresse !

Ne les interrogez pas à propos de l'entretien ; si vous vous sentez prêts, ils risquent de vous perturber involontairement avec « *un truc à dire absolument* » ou « *attention à lui, comme jury, c'est une plaie…* ».

Le titre de cet important chapitre résume ce que vous devez absolument préparer afin de majorer vos entretiens.

Pour chaque École, vous devrez dire ce que vous attendez d'elle et ce que vous lui apporterez.

Un seul moyen : personnaliser votre connaissance de chaque École.

Une fois encore, vous seriez étonnés de voir à quel point certains candidats ne connaissent pas l'École ou ne pensent pas à en parler ! C'est pourtant, à mon avis, la partie la plus simple à préparer, alors qu'elle est souvent la moins travaillée.

Cela vous demandera un effort particulier car vous devrez préparer chacune des Écoles qui vous intéressent de la même manière. Même celles qui ne vous intéressent pas mais où vous irez aux Oraux pour vous entraîner doivent l'être, sinon cet entraînement sera imparfait et inutile.

On parle de quoi ? D'une dizaine d'Écoles ? Comparé à tout ce que vous avez engrangé en maths, CG, Géo Po, économie et langues, cela vous demandera très peu d'efforts qui seront très rentables.

Dans la suite de ce chapitre, quand je dirai « l'École », vous comprendrez « chaque École ».

I LES RENSEIGNEMENTS GÉNÉRAUX INDISPENSABLES QUI VOUS SERONT UTILES

A. « Pendant l'entretien, l'École est le centre du monde : le vôtre et celui du jury »

Retenez bien cette phrase tout au long de ce chapitre et de votre préparation.

Vous êtes convoqués à un entretien de personnalité et de **motivation**.

Vous montrerez votre motivation pour le « business » *via* votre projet professionnel mais vous devrez surtout montrer votre intérêt et votre proximité pour l'École ainsi que votre motivation pour l'intégrer si vous en avez la possibilité.

C'est un critère implicite et parfois explicite de votre note finale.

! Si vous ne parlez pas de l'École ou si vous en parlez sans donner ni détails caractéristiques ni preuves de vos recherches, cela vous coûtera cher.

Les jurys doivent être rassurés sur votre motivation réelle pour leur École et sur le fait que vous choisirez leur École si vous êtes admis dans plusieurs Écoles. C'est un très gros enjeu pour l'École et le moindre point gagné dans les désistements croisés, appelés « duels » (!), est vécu comme un succès.

Je ne détaille pas ici ces désistements croisés : vous trouverez l'information brute dans le classement annuel SIGEM qui exprime « *les préférences mesurées auprès des candidats qui, admis dans deux Écoles, ont fait le choix d'intégrer l'une plutôt que l'autre, c'est le principe des "duels"* » (http://bloom6.free.fr/classement_sigem.html).

Et vous trouverez une excellente analyse des plus récents choix des élèves et de leur évolution sur le site Major-Prépa : http://major-prepa.com/classements/classement-sigem-2017/.

Pour l'ESSEC, l'ESCP Europe, l'EM Lyon et l'EDHEC, le classement est bien établi et il est rare qu'un élève ne choisisse pas la mieux classée. Mais vous devrez quand même montrer votre motivation.

« *Je veux entrer dans votre École car vous êtes ma meilleure admissibilité* » n'est pas suffisant, ni du meilleur goût.

! Vous n'allez pas réduire vos chances dans ces Écoles par manque de préparation !

Pour les autres Écoles, c'est souvent la « bagarre permanente », comme entre Audencia et GEM ou entre les Écoles moins bien classées. Vous devrez exposer au jury de vraies raisons qui vous feront choisir leur École (autres que le seul classement). La question est parfois posée crûment : « **si vous êtes reçus à SKEMA et NEOMA (ou Audencia et GEM), quel sera votre choix ?** ». Vous avez intérêt à préparer vos arguments et à les personnaliser.

Vous trouverez fréquemment, sur les sites des Écoles, des motifs et des incitations à les choisir. Servez-vous-en.

L'École attend que vous lui parliez d'elle et que vous montriez que vous vous êtes renseignés à son sujet. De plus, ça fait tellement plaisir au jury ! Toutes les Écoles, quel que soit leur classement, sont fières de ce qu'elles sont et, au moment de l'entretien, elles sont « *le centre du monde, le vôtre et celui du jury* ». Ne l'oubliez pas ! Un conseil pour éviter « d'oublier » de parler de l'École en entretien (ou d'y penser seulement au tout début ou en toute fin d'entretien) :

Dans les simulations organisées par vos Prépas, demandez à simuler une École précise.

Même si le jury de Prépa ne connaît pas l'École que vous avez choisi de simuler (c'est normal et compréhensible), cela vous permettra de tester vos Liens CAREL et la manière de parler d'une École.

! N'attendez pas le mois de mai pour vous y entraîner.

B. Servez-vous de ce que l'École dit, écrit, communique sur elle-même

Soyez persuadés que tout ce que les Écoles disent, écrivent et communiquent sur elles-mêmes est le fruit d'un long et sérieux travail de réflexion et de positionnement, tout comme celui de toutes les entreprises et organisations.

Les principales informations et les messages phares des Écoles sont aussi communiqués aux membres des jurys qui y sont bien sensibilisés.

! Souvent, les élèves de Prépa n'y attachent pas d'importance car pour eux, « c'est un peu toujours la même chose, ou du pipeau de communicant ». C'est un tort !

1. Comment vous appelez-vous ?

Il peut tout à fait arriver qu'un jury vous demande de développer l'acronyme de l'École ou d'expliquer son nom. Je recommande toujours aux étudiants et étudiantes d'y être préparés pour ne pas buter bêtement sur une question apparemment anodine. La réponse est parfois évidente et connue (comme pour HEC), mais ça n'est pas toujours le cas.

Enfin, certaines Écoles dont le nom a récemment changé ou qui se sont rassemblées ont fait de gros efforts pour trouver un nom qui ait du sens. Vous pouvez aussi vous en servir et faire des liens.

« *J'ai été délégué de classe durant mes trois années de lycée, et on m'a dit que c'est pour ma diplomatie et ma qualité d'écoute que… J'apprécie particulièrement le terme "Audencia" qui…* »

« *Je pratique la voile tous les ans et je suis maintenant moniteur d'adultes débutants. Votre nom, KEDGE, dont j'ai vu que… me…* »

Les noms et acronymes des principales Écoles

- HEC Paris : Hautes Études Commerciales
- ESSEC Business School : École Supérieure des Sciences Économiques et Commerciales
- ESCP Europe : École Supérieure de Commerce de Paris – Europe
- EM Lyon Business School : École de Management de Lyon
- EDHEC Business School : École Des Hautes Études Commerciales du Nord (nom officiel, même si « du Nord » n'est pas du tout mis en avant)

- Audencia Business School : « Audencia » vient de deux mots latins : *audientia*, la capacité à écouter, et *audacia*, le flair et l'audace.
- GEM : Grenoble École de Management
- TBS : Toulouse Business School
- NEOMA Business School : « *NEO pour l'idée de nouveau, parce que lorsque l'on évolue dans le domaine du management et de la formation des leaders de demain, on ne peut pas ignorer les nombreux nouveaux défis à relever. MA pour l'évocation du management, qui reste notre métier, notre expertise.* »
- SKEMA Business School : « School of Knowledge Economy and Management. *Le nom choisi, SKEMA, est issu du grec ancien,* skhêma *(forme, figure, constitution d'un objet) qui donna en latin* schema *puis en français* schéma *ou* schème. »
- KEDGE Business School : « *Le terme* "kedge" *est en fait un mot anglais, qui désigne une ancre à jet, utilisée en navigation pour diriger les bateaux.* »

2. Les slogans et devises des Écoles vous seront utiles

Les slogans et devises des Écoles ont un sens et vous pourrez vous en servir et faire le lien avec votre personnalité.

« *En tant que responsable d'un groupe de scoutisme, quand je dirige un camp de 80 enfants qui dorment sous la tente, font leur nourriture sur des feux de bois et sont tous solidaires, je me retrouve tout à fait dans "l'esprit pionnier" que vous avez choisi comme devise* » ou « *quand nous avons décidé de créer un ciné-club dans mon lycée…* »

« *J'ai toujours aimé bricoler, démonter, réparer, construire… Sans le savoir, j'étais un Early Maker… !* » (Avec le sourire)

« *En lisant votre devise* "Create, Share, Care", *cela me fait penser à mon club de danse qui m'a chargé d'encadrer les tout-petits. J'ai dû imaginer des jeux pour les intéresser, j'ai partagé mon savoir et j'ai pris soin de chacun de ces bouts d'chou de 3 et 4 ans.* »

Vous devez connaître ces slogans et devises car ce serait dommage de buter sur une question aussi simple. Et je vous garantis que tous les candidats ne feront pas ce petit effort de mémorisation.

Maintenant, je vous propose de jouer un peu !

À quelles Écoles du Top 11 attribuez-vous ces devises ou slogans ?

Un indice : les deux Écoles les mieux classées sont les seules à être restées fidèles au français…

- *Create, Share, Care*
- *Make an impact*
- *At home worldwide*
- *#Learn #Create #Succeed*
- *Apprendre à oser*
- *Think and create*

- *Early Makers*
- *L'esprit pionnier*
- *Empowering Management*
- *European Identity, Global Perspective*
- *Technology and Innovation*

Devises et slogans mis à jour en janvier 2018 ; il arrive que les slogans changent. Vous trouverez les réponses sur les sites des Écoles et sur www.nathan.fr/majorez.

3. Missions et valeurs

La plupart des Écoles présentent, sur leurs sites, leurs missions et/ou valeurs dans des textes souvent assez longs qu'il serait fastidieux de vous présenter ici.

Prenez le temps de les rechercher, de les lire et de vous les approprier pour chaque École qui vous intéresse.

Comme pour les noms ou les slogans des Écoles, vous trouverez certainement des mots forts sur lesquels vous pourrez rebondir. Soyez bien explicites quand vous les utiliserez car, en revanche, les jurys ne connaissent pas tous ces textes.

Voici quelques exemples de phrases ou de termes sur lesquels certains et certaines d'entre vous pourraient rebondir et faire des liens :

– « *L'ESSEC Business School incite ses étudiants et les participants à ses programmes à anticiper et à relever les défis économiques, managériaux, sociaux, environnementaux et éthiques.* »

– ESCP : « … *nous permet de favoriser l'émergence de leaders multilingues et culturellement agiles, ouverts, adaptables et responsables.* »

– EM Lyon : « … *révéler et nourrir un talent* (ou *une posture*) *de "créacteur", "innovacteur" ou "tranformacteur".* »

– EDHEC : « … *encourage étudiants et professeurs à sortir des sentiers battus et à révéler leur leadership.* »

– Audencia Business School : « *Innovation Coopération Responsabilité* »

C. Maîtrisez le cadre général de votre future scolarité et son organisation

1. Le cadre général de votre future scolarité

Comme ce n'est pas toujours clair pour vous et que je suis souvent interrogé à ce sujet, je vous apporte une précision : **vous allez entrer en année de Pré-Master puis suivre deux années de Master**. Avec, le plus souvent, une année de césure « quelque part » dans la scolarité, chaque École étant libre de sa programmation. Soit généralement quatre années de scolarité.

À la sortie de l'École, vous serez diplômés à Bac + 5 avec le grade de Master reconnu au niveau européen :

2 ans de Prépa (l'année de khûbe n'est pas prise en compte).

3 ans d'École (l'année de césure n'est pas prise en compte).

Le Master dont vous serez diplômés se nomme parfois « Master Grande École »,

« Master de Management », « Master in Management » (MiM) : renseignez-vous sur le nom que chaque École lui donne afin de le citer sans erreur. Cela vous aidera pour comprendre le site de certaines Écoles ou tous les Masters se mélangent avec les Mastères, les MSc…

2. L'organisation générale de votre future scolarité

Pour chaque École, vous devez comprendre la façon dont le cursus que vous suivrez s'organise. Le plus souvent, les programmes sont organisés en semestres : de septembre à décembre, de janvier à juin. Regardez de près :

– quels types de cours sont donnés selon les semestres : fondamentaux, approfondissement, spécialisation, majeures… ;

– quels choix, électifs, variantes, options vous sont proposés ;

– quels sont les Campus possibles ou imposés et quand et comment ils sont accessibles ;

– quand ont lieu les stages, en France ou à l'étranger ;

– les doubles diplômes (qui ne concernent en définitive que peu d'élèves mais qui sont souvent prestigieux et mis en avant par les Écoles).

Ces connaissances, faciles à trouver, vous permettront, dans un second temps, de parler de « l'École et vous » avec plus d'aisance.

Vous devriez trouver facilement la maquette du cursus « Grande École » présentée sur une page ou un tableau sur la plupart des sites d'Écoles.

3. Le jury peut aussi vous questionner sur la scolarité

Il vaut mieux que vous sachiez répondre à ces questions afin de vous éviter, par exemple, le dialogue suivant :

« *J'aimerais beaucoup suivre votre spécialisation "Finances de marché", qui est classée parmi les meilleures au monde par le* Financial Times.

– Tout à fait intéressant. Savez-vous à quel moment de la scolarité est proposée cette… "spécialisation" ?

– Euh… en troisième année… Enfin, je crois…

– Chez nous, on parle plutôt de "majeure d'approfondissement", pas de "spécialisation". Savez-vous combien de mois dure son enseignement ?

– Au moins quelque temps… oui, sûrement… »

Ces questions sont plutôt générales et servent à vérifier votre connaissance minimale de l'École et de l'organisation de la scolarité :

« ***Sur quel Campus choisirez-vous d'étudier en septembre si vous entrez à l'ESCP Europe ?*** »

« ***À quel moment a lieu l'année de césure à Audencia ?*** »

« ***Combien de mois de stages effectuent au minimum nos élèves pendant leur scolarité ?*** »

« ***Quelle fonction éminente exerce aujourd'hui l'ancien directeur de notre École*** [ESSEC] ***?*** »

« *Citez-moi certaines disciplines enseignées en première année.* »
« *De la fusion de quelles Écoles est née NEOMA ?* »
« *Connaissez-vous certains des doubles diplômes que Télécom EM vous propose ?* »
« *Comment s'organisent les enseignements de première année à Rennes ?* »
« *En deuxième année, lequel de nos Campus à l'étranger choisirez-vous ?* »

Pour conclure :

Vous et l'École allez partager vos vies… toute votre vie.
Cette idylle commence le jour de l'entretien !

II PERSONNALISEZ VOTRE CONNAISSANCE DE CHAQUE ÉCOLE EN FONCTION DE VOUS

A. Les caractéristiques connues des Écoles et les classements ne permettent pas de vous distinguer

Par exemple :

- les Campus internationaux et le classement du Master in Management à l'ESCP Europe (classement *Financial Times* 2017) ;
- la flexibilité à l'ESSEC, l'alternance à l'ESSEC ;
- l'entreprenariat à l'EM Lyon ;
- le Campus sur 5 continents à l'EDHEC, et la notoriété en finance (classement *Financial Times* 2016 et 2017).

Certes, pour les Écoles très concurrentes, les classements sont un bon moyen de satisfaire les jurys. On trouve des « classements des Écoles de commerce » de toutes sortes et qui varient sur de nombreux critères. Vous en trouverez toujours qui vous « avantageront ». Par exemple, GEM met en avant, sur son site, un article du *Parisien* qui la classe 6ᵉ devant Audencia.

Attention, la plupart des préparationnaires connaissent ces infos ou les trouveront facilement. Servez-vous-en mais allez plus loin.

Les informations générales que nous avons évoquées en début de chapitre sont transversales.

Vous devez creuser sous l'angle de votre Projet pro, de votre personnalité, de votre engagement dans l'École.

B. Faites des recherches spécifiques à votre projet professionnel

Votre projet professionnel est un facteur majeur de motivation pour l'École. Nous l'avons vu, je vous recommande de toujours lier la présentation de votre projet professionnel à l'École.

L'inverse est vrai aussi !

Selon la façon dont va se dérouler votre entretien, **il est tout à fait possible que vous parliez de votre motivation pour l'École avant d'avoir exposé votre projet professionnel.**

Par exemple : « *je suis particulièrement motivé par l'EM Lyon car je souhaite me lancer dans l'entreprenariat dans le domaine de l'EdTech et j'aimerais rejoindre le programme "Initiation à la Création d'Entreprise"* ». Il sera facile de trouver des informations plus précises, comme : « *l'incubateur de l'EM Lyon a le meilleur taux de survie des entreprises avec plus de 85 % de taux de survie à 5 ans* ».

« *Je ne suis pas tout à fait fixé sur mon projet professionnel, même si je suis très intéressé par les possibilités de l'e-commerce et j'ai vu que l'ESCP Europe se donne comme objectif de permettre aux élèves de "construire, étalonner leurs projets professionnels à travers des options spécialisées ainsi que des expériences en entreprise de plus de 40 semaines".* » Ça fait un peu « bachotage et fayotage », mais ça permet de marquer des points.

« *J'ai beaucoup apprécié le fait que l'ESSEC organise une conférence sur les jeux vidéo avec les responsables d'Orange et Early Birds car je suis passionné de jeux vidéo et mon projet professionnel…* » Vous pouvez aussi évoquer la Go Pro de l'ESSEC.

« *Je sais que GEM met en avant l'innovation et la technologie, et que la ville de Grenoble est classée au 5e rang des villes les plus inventives au monde selon le magazine* Forbes. *Or, je suis passionné par l'Intelligence Artificielle et je compte…* »

« *J'ai regardé le programme des 210 heures de cours de la majeure* Consulting *que vous proposez et ça me conforte dans le choix d'Audencia car je souhaite devenir consultant en stratégie.* »

« *J'ai eu l'occasion de lire l'article "Électricité, dé-(réglementation) et innovation" d'un professeur de l'EDHEC dans* L'Usine Nouvelle. *Il se trouve que l'énergie est un secteur qui m'intéresse beaucoup, et…* »

Il vous faudra un peu de temps par École mais beaucoup de curiosité pour trouver ce type d'informations pour chaque École.

Creusez le Lien entre vos métiers / domaines et l'École ; vous devriez toujours trouver quelque chose parfaitement ciblé.

Creusez le Lien entre votre futur secteur d'activité et les enseignements, même ceux qui ne vous concerneront pas directement, les spécialisations ou publications des professeurs, les conférences organisées. Les Écoles ont une vie « professionnelle » très dense.

Creusez aussi la piste des Anciens de l'École qui font carrière dans le métier ou le secteur qui vous intéressent.

Si vous ne trouvez pas d'infos assez précises, utilisez des informations plus générales, comme ci-dessus pour l'ESCP, ou dites : « *je suis très impressionné de voir que 25 % des diplômés de NEOMA commencent leurs carrières à l'international* ». Et si vous maîtrisez mal votre projet professionnel, on vous en voudra moins.

Vous pouvez aussi télécharger les brochures des Écoles, qui sont parfois plus complètes et explicites que les sites.

En vous inscrivant aux newsletters, vous recevrez aussi des infos.

Je suis certain que vos parents seront ravis de passer une soirée à vous « inscrire » dans toutes les Écoles et à télécharger les brochures.

C. Faites des recherches spécifiques à vos thèmes personnels… et engagez-vous !

Vous allez entrer pour quatre ans dans une École et vous resterez toujours liés à elle, soit par goût, soit par le poids de votre diplôme qui vous accompagnera toute votre vie. Et aussi par le biais des associations d'Alumni (anciens élèves) qui vous contacteront régulièrement.

Vous allez montrer l'adéquation réciproque de vos thèmes personnels et de l'École.

Je n'utilise volontairement pas le mot « profil » car, nous l'avons vu, il y a de multiples profils dans chaque École.

Par « réciproque », je vous rappelle que l'École va vous apporter beaucoup mais que vous allez aussi lui apporter.

1. Méthode CAREL : passez chaque École au crible de vos thèmes personnels et cherchez les meilleurs Liens que vous pourrez faire. Cette recherche sera nécessairement très fructueuse.

Recherchez les sujets que les Écoles mettent en avant : Grenoble et la technologie ou la géopolitique, l'ESCP et l'ouverture au monde… et croisez-les avec vos thèmes personnels :

– « *j'ai commencé à apprendre le chinois. Passer 6 mois sur votre Campus de…* » ;

– « *je suis très concerné par le devenir de la planète. Depuis 10 ans, TBS organise des Assises nationales du Développement durable…* » ;

– « *par mes activités et mes idées, je suis quelqu'un de créatif. Je trouve formidable que l'ESSEC organise chaque année une* Imagination Week ».

Les possibilités sont infinies. Allez sur le site d'une École et faites l'essai… Vous serez vite convaincu.

2. Engagez-vous !

Vous le savez, la vie associative est au cœur de la scolarité et plus largement de votre vie sur le Campus.

Les Écoles mettent très fortement en avant la vie associative et la valorisent ; certaines la facilitent plus que d'autres dans les parcours académiques (recherchez cette information et servez-vous-en).

Quand vous discutez avec un intégré, il vous parle d'abord de « *son Asso qui fait des trucs de ouf* » plutôt que des cours.

Je ne pense pas utile de vous donner des exemples de Lien « thèmes personnels / association de l'École » tant ils sont évidents.

Comme ils sont évidents, vous devrez faire mieux que la majorité des candidats pour vous distinguer. Trouvez les noms des associations, recherchez des détails sur leurs réalisations. Interrogez les Anciens de votre Prépa ou utilisez les réseaux sociaux pour trouver des infos et montrer au jury que vous avez cherché.

Le site Business Cool est très bien informé. Je me souviens d'élèves qui, sur mon conseil, avaient exploité son « classement sportif des Écoles » pour dire à telle École qu'il « *l'aiderait à maintenir son leadership en football* » ou plutôt « *à en finir avec la domination d'HEC en rugby* » (exemple à vérifier, que les vrais leaders en rugby ne m'en veuillent pas !).

Choisissez une ou deux associations et dites bien que vous comptez vous y engager et, si possible, à quel poste ou avec quelle intention.

Vous avez tous les droits, y compris celui de vous engager dans une association loin de vos centres d'intérêt qui vous permettra de découvrir des choses nouvelles.

Ne multipliez pas non plus les envies d'engagement, ça ne ferait pas très sérieux.

3. Pensez local…

Enfin, même si les questions sont rarement posées, intéressez-vous au contexte économique local. Je me souviens d'un candidat que je préparais, pour qui le Nord, c'était « *le charbon et le textile* »… Effet garanti à l'EDHEC ou à SKEMA !

Renseignez-vous sur les principales productions, les principales entreprises, les innovations régionales, le nom de la région (il n'y a pas que Paris et l'Île-de-France) et les personnalités politiques d'envergure nationale. L'an dernier, en plein « nouveau gouvernement », des candidats à l'EM Lyon n'avaient pas entendu parler de Gérard Collomb !

Pour vous faire sourire et conclure cette partie du livre : un candidat que je préparais pour l'EDHEC et à qui je demandais : « **quelle est la maire de Lille ?** » m'a répondu, après avoir beaucoup hésité : « *euh… je suis pas certain… la mer du Nord ?* »

Enfin, à propos des Écoles : **citez souvent le nom de l'École au lieu de dire « votre École », tout particulièrement au début et en conclusion de l'entretien.**

« *… et je vous confirme ma grande motivation pour entrer à Montpellier Business School* » me paraît plus « punchy » que « *je vous confirme ma grande motivation pour entrer dans votre École* ».

Voici une fiche que vous devez préparer pour **chaque École** qui vous intéresse (www.nathan.fr/majorez).

Connaissance personnelle de l'École

L'École

a) Nom et signification

b) Slogan et/ou devise

c) Missions et valeurs

d) Accréditations

e) Classements les plus avantageux

f) Événements prestigieux organisés par l'École

Le cursus

a) Organisation globale du cursus (stages, périodes à l'étranger, Campus internationaux…)

b) Disciplines en première année

c) Spécialisations / Majeures / Master

d) Doubles diplômes et partenaires d'échange

La vie associative

a) Telle qu'elle est présentée par l'École

b) Ce qui vous attire, là où vous pourriez vous engager

La ville

a) Nom du ou de la maire, de la Région

b) Population approximative

c) Spécificités économiques

d) Grandes entreprises régionales

e) Labels / classements (label French Tech, ville où il fait bon vivre, dynamisme de l'entrepreneuriat)

Le Projet pro

Voir fiche Projet pro ? (Entreprises régionales en lien avec le Projet pro, associations de l'École en lien avec le Projet pro, Master, Majeures, Anciens…)

Événements organisés par l'École en lien avec le Projet pro ?

7

Votre présentation est l'introduction de votre entretien

Vous l'avez compris, vous ne pouvez pas sérieusement travailler votre présentation au début de votre préparation.

C'est quand même un exercice utile de réfléchir à votre présentation car cela vous oblige à réfléchir à ce que vous voulez prouver. Je préfère néanmoins que vous travailliez auparavant vos thèmes personnels, votre projet professionnel et comment montrer votre motivation pour une École avec la Méthode CAREL.

La présentation est l'introduction de votre entretien.

Elle dépend, bien entendu, de ce que vous comptez dire au jury pour le convaincre de vous faire intégrer. Et elle doit le pousser à vous interroger sur les sujets que vous annoncez et à engager la conversation.

La forme et les liens que vous chercherez à créer avec le jury dès le début de l'entretien sont fondamentaux.

Pour commencer, comme je sais que la présentation est un sujet qui vous tracasse, voici mes **douze principes fondamentaux d'un début d'entretien réussi** :

- Vous devez préparer une présentation.
- Il n'existe pas de présentation type.
- Votre présentation / introduction a pour objectif de tendre des perches au jury.
- Ne surestimez pas l'importance de la présentation.
- Lors de chacun de vos entretiens, votre présentation se déroulera de manière différente.
- Préparez-vous à ne pas « dérouler » toute votre présentation.
- Si votre présentation est interrompue par une question, c'est gagné. Objectif atteint !
- Avant de démarrer, faites une pause de deux secondes pour capter l'attention du jury.
- Débutez de manière énergique, tonique et confiante.
- Souriez et recherchez le contact visuel avec chaque membre du jury.
- Soyez spontané(e). Ne donnez pas l'impression de réciter un texte appris par cœur.
- Ne parlez pas trop vite et faites de courtes pauses pour laisser le temps au jury de vous poser une question et de s'emparer d'un sujet.

I PAS DE PRÉSENTATION TYPE... CAR PAS DE JURY TYPE

S'agissant de votre présentation, vous la préparez trop souvent en occultant le rôle du jury.

A. La première question n'est jamais la même

Je vous rappelle que les membres du jury ne sont pas briefés sur la manière de commencer l'entretien, ni sur la première question à poser.

Même si la question introductive prend une forme « inhabituelle », elle sera nécessairement bienveillante.

Ne vous mettez pas en tête que vous avez affaire à un jury difficile.

En conséquence, cette première question (ou interpellation ; j'utiliserai seulement le mot « question » pour ne pas alourdir inutilement le texte) peut prendre de très nombreuses formes qui appellent des types de réponses et des approches de votre présentation / introduction toutes différentes.

Notamment, certaines questions vous laisseront entièrement libres de votre réponse et d'autres seront directives.

Demandez-vous, pour chacune des questions ci-dessous, à laquelle des deux catégories elles appartiennent :

> « **Présentez-vous.** »
> « **Je vous propose de vous présenter.** »
> « **Nous aimerions savoir qui vous êtes.** »
> « **Qui êtes-vous ?** »
> « **Faisons connaissance…** »
> « **Maintenant que nous nous sommes présentés, à votre tour.** »
> « **À vous la parole.** »
> « **Parlez-nous de vous.** »
> « **Un admissible sur deux intégrera notre École. Pourquoi vous ?** »
> « **Je vous propose de nous convaincre de…** »
> « **Qu'est-ce qui vous amène ici ?** »
> « **Pourquoi êtes-vous devant nous ?** »
> « **Qu'est-ce que vous voudriez qu'on retienne de vous ?** »
> « **Résumez-vous en trois mots.** »
> « **Puisque c'est la mode, faites-nous votre pitch.** »
> « **Qu'avez-vous prévu de nous dire sur vous ?** »
> « **Présentez-vous en une minute.** »
> « **Présentez-vous en deux minutes.** »
> « **Présentez-vous en trois minutes.** »
> « **Je vois dans votre questionnaire que…** »
> « **D'après votre CV projectif, dans cinq ans, vous…** »
> « **Pendant votre exposé, vous avez évoqué le fait que vous…** »

Réfléchissez et imaginez à votre tour une question plutôt bienveillante pour commencer un entretien.

Vous le voyez, il n'est pas difficile d'être original. Trois membres de jury peuvent aussi rivaliser d'originalité et changer de question introductive pour chaque candidat.

Demandez-vous aussi, parmi les questions ci-dessus, quelles sont les trois « les plus faciles » et les trois « les plus difficiles » selon vous. Demandez-vous pourquoi. Et essayez d'y répondre…

Pensez-vous que les questions « libres » sont plus simples ou plus complexes que les questions directives ?

À chacun ses réponses…

B. Comment réagir à la première question ?

Trop de candidats, attachés à leur « Présentation » (celle que vous avez préparée), vont commencer en se présentant directement quelle que soit la question posée :

– soit en démarrant naturellement : « *bonjour, je m'appelle Maxime Savignac, j'ai 19 ans…* » ;

– soit en disant : « *eh bien, je vais me présenter. Bonjour, je m'appelle Elie Brusselle, j'ai 20 ans…* ».

Premier conseil : écoutez bien la question et répondez à la question posée.

1. Les questions qui vous laissent le plus de liberté

Elles déroutent souvent les candidats par leur formulation quand elles diffèrent du sempiternel : « **je vous propose de vous présenter** ».

Puisque vous avez préparé une excellente « Présentation », vous pouvez vous en servir pour ce type de questions. Ce n'est pas très original, mais si ça vous rassure au début de l'entretien, cette stratégie ne présente pas de risques.

Il est aisé de faire le lien avec votre « Présentation » tout en montrant que vous répondez à la question posée. Il suffit de reprendre les termes de la question avec détermination (ne laissez pas transparaître que vous avez le sentiment de « tordre » la question).

Je vais vous proposer des exemples de réponses pour vous rassurer et vous montrer que ce n'est pas difficile de démarrer un entretien, quelle que soit la question. Mais ce ne sont surtout pas « les bonnes réponses », seulement certaines parmi des dizaines possibles.

La meilleure réponse sera toujours celle adaptée à votre personnalité avec vos propres mots.

« Nous aimerions savoir qui vous êtes. »

« *Bonjour, afin que vous sachiez qui je suis, je vais me présenter à vous…* »

Vous pouvez utiliser le même procédé pour des questions du type : « **maintenant que nous nous sommes présentés, à votre tour** », « **à vous la parole** », « **parlez-nous de vous** »…

« Faisons connaissance. »

Cette invite sympathique impose une réaction adaptée de votre part, et vous devez la relever avec un beau sourire.

« *Je suis ravi d'avoir l'occasion de faire votre connaissance et je vous remercie de vous être présentés. Je vais maintenant le faire à mon tour…* »

Bonus : vous marquerez des points si, à la fin de l'entretien, on vous demande de poser une question et que vous dites quelque chose comme : « *vous m'aviez proposé en début d'entretien que nous faisions connaissance, aussi Madame, si vous me le permettez, j'aimerais vous demander... ».*

Ceci est valable pour nombre de ces questions : **si vous réutilisez la question initiale, si elle est originale, vous montrez que vous avez gardé le cap...**

« Qui êtes-vous ? »

« *Bonjour, afin de vous dire qui je suis, je vais me présenter à vous...* »

Selon votre personnalité, vous pouvez réfléchir à un début de réponse plus original et marquant.

Par exemple : « *qui je suis ? Je vais me définir en trois adjectifs...* » ou, d'un ton enjoué : « *qui je suis ? Les joueurs de mon équipe de volley vous diraient que je suis quelqu'un qui..., le patron du magasin de jeux vidéo où j'ai travaillé vous dirait que...* ».

On ne vous en voudra jamais d'être original si vous ne forcez pas votre nature.

2. Les questions plus directives

Elles vous indiquent une « direction » que, évidemment, vous devez suivre. Ce n'est pas une bonne idée d'y déroger ; cela ne vous empêchera pas, dans certains cas, d'utiliser votre « Présentation ».

Elles vous permettent aussi de vous mettre en valeur dès le début de l'entretien.

Avant toute chose, « recevez » la question par une pause et un sourire qui montrent que vous prenez la mesure de la question.

« Un admissible sur deux intégrera notre École. Pourquoi vous ? »

« *Pourquoi moi... ? Je ne connais pas les autres candidats, sur lesquels je ne me permettrais pas de porter de jugement* (sourire), *et je préfère mettre en avant mes points forts. Pour cela, je vais me présenter...* »

Variante (elles sont infinies) : « *l'ESCP est une École très sélective et, pour vous convaincre de m'y faire entrer, je vais vous parler de mes points forts...* »

« *Pourquoi moi ? J'ai fait connaissance dans le couloir de très bons candidats avec lesquels j'ai sympathisé. J'espère les retrouver à la rentrée sur le Campus d'Audencia. Pour ce qui me concerne, je...* »

« Je vous propose de nous convaincre de... »

« *Afin de vous convaincre de me faire intégrer l'ESSEC, je...* ». Et vous enchaînez sur votre « Présentation ».

Ou pas ! À l'ESSEC, face à une telle question, soyez plus directs : « *afin de vous convaincre de me faire intégrer l'ESSEC, je vais vous parler d'abord d'une expérience qui m'a beaucoup appris...* ».

« Qu'est-ce qui vous amène ici ? »

« Pourquoi êtes-vous devant nous ? »

Écoutez bien les questions : on vous demande de parler de votre motivation, « *ce qui m'amène, c'est [mon] désir d'entrer à Kedge et de [vous] convaincre que [j'ai] les qualités pour l'intégrer* ».

« Qu'est-ce que vous voudriez qu'on retienne de vous ? »
La consigne est claire, reprenez les termes de la question et énoncez quelques qualités et valeurs (sans les développer) et, le cas échéant, un gros thème personnel : « *ce que je voudrais que vous reteniez de moi et qui, je l'espère, vous convaincra de me faire entrer à l'EDHEC, c'est que je suis déterminée, très solidaire des autres et une personne de confiance. Je suis une sportive de haut niveau et avec mon équipe de...* ».

« Résumez-vous en trois mots. »
« *L'exercice est difficile, mais je me lance : engagement, voyages, musique.* »

« Puisque c'est la mode, faites-nous votre pitch. »
Vous pouvez placer votre « Présentation », mais sur un ton très tonique et sans commencer par : « *j'ai 20 ans...* » pour montrer que vous sortez de votre préparation.
Ou « *sauf erreur, un pitch, c'est quelques phrases pour convaincre un investisseur. Pourquoi devriez-vous investir sur moi et me faire intégrer ?* »

« Qu'avez-vous prévu de nous dire sur vous ? »
Ne tournez pas autour du pot : « *j'ai effectivement préparé cet entretien qui est déterminant pour moi car j'espère rejoindre GEM l'année prochaine...* »

« Présentez-vous en une minute », « présentez-vous en deux minutes », « présentez-vous en trois minutes. »
La consigne est claire. Montrez en souriant que vous jouez le jeu et regardez ostensiblement votre montre. Et vous n'avez plus qu'à vous lancer.

« Je vois dans votre questionnaire que... »
« D'après votre CV projectif, dans cinq ans, vous... » (SKEMA)
« Pendant votre exposé, vous avez évoqué le fait que vous... » (Audencia)
Des débuts d'entretien tout à fait possibles et même fréquents à SKEMA et Audencia.
La question de la présentation ne se pose plus et l'entretien démarre sur un de vos thèmes personnels. Tout va pour le mieux !

II PAS DE PRÉSENTATION TYPE... CAR PAS DE CANDIDAT TYPE

Bien entendu, vous devez préparer une présentation qui vous permettra de répondre aux interpellations classiques du type « **présentez-vous** ». Cette présentation est considérée comme un attendu par de nombreux membres de jury (qui se souviennent souvent bien de leur présentation personnelle tant ils l'ont travaillée quand ils étaient en Prépa). Il vous faut les satisfaire.

Elle vous permettra aussi de rebondir sur d'autres types de questions, comme nous l'avons vu ci-dessus.

Et elle vous mettra en confiance en début d'entretien comme un point d'appui auquel vous pourrez vous référer.

En revanche, j'insiste à nouveau : rien ne se passe « comme prévu » lors d'un entretien.

Vous devez envisager sereinement de ne pas utiliser intégralement votre « Présentation », voire pas du tout. Je pense même que vous devez espérer ne pas « dérouler » toute votre « Présentation » et que le jury vous interrompe.

D'une part, car l'un des sujets que vous avez préparés a intéressé le jury.

D'autre part, croyez-moi, l'énoncé d'une présentation est souvent ennuyeux pour le jury, surtout que la spontanéité n'est souvent pas au rendez-vous.

A. La présentation est d'abord une affaire de forme

Un adage dit : « vous n'aurez pas deux fois l'occasion de faire une première impression ». C'est vrai, et cette première impression est souvent persistante. Je suis certain que vous vous faites « une idée générale » immédiate de quelqu'un que vous rencontrez pour la première fois. C'est aussi le cas des jurys.

Ce n'est pas le contenu de ce que vous direz mais la façon dont vous le direz qui va d'abord marquer le jury.

Aussi, vous devez sourire, montrer du dynamisme, de la spontanéité et de l'énergie, tout ça sans parler trop vite !

Souvent, les jurys notent très rapidement, en premier commentaire, l'impression que leur fait un candidat ou une candidate. Pour moi, c'est en haut à gauche de la feuille sur laquelle je prends mes notes. Par exemple : « *solide* », « *souriante* », « *réfléchie* », « *dynamique* », « *sympa* » / « *un peu lent* », « *imprécis* », « *stressé* », « *pas encore réveillé* ».

Cette première appréciation influence durablement la perception des membres de jury et elle est difficile à effacer. Il m'arrive de la modifier (positivement ou négativement), mais c'est assez rare et pas spontané : « *ah non, en fait, il est plutôt...* ».

Quand j'organise des simulations avec des membres de jury, il est fréquent que les qualificatifs de « première impression » qui caractérisent un candidat ou une candidate soient les mêmes, sans concertation.

Or, vous vous souvenez que les jurys noteront avant tout leur ressenti général.

B. La présentation est une introduction, pas un objectif en soi

Quand vous prenez pour la première fois la parole, votre objectif n'est pas de dérouler votre « Présentation » mais de donner des indications au jury à propos des sujets sur lesquels vous souhaitez qu'il vous interroge.

Le jury ne vous connaît pas et c'est vous qui pilotez l'entretien, notamment en tendant des perches au jury, qui peut décider de « prendre » l'une d'elles et de vous interrompre.

Donnez au jury des sujets d'accroche et il se laissera volontiers mener sur les terrains que vous avez choisis.

! Ne développez pas trop les sujets, ce n'est pas l'objet de la présentation.

« *Bonjour, je m'appelle Valentin Davant. J'ai 20 ans et suis en Prépa ECE au lycée Pierre de Fermat, à Toulouse. Je suis quelqu'un de très sportif et notamment j'ai été capitaine de l'équipe de football régionale des moins de 18 ans.* (Pause) »

« **Du foot à Toulouse, c'est une hérésie !** »

Sourire du candidat : « *c'est vrai que Toulouse est réputée pour son club de rugby, même si le Stade Toulousain n'est plus…* » C'est parti sur le thème de prédilection de Valentin…

« *Bonjour, je m'appelle Elsa Guizi, j'ai 19 ans. Je suis l'aînée d'une fratrie de quatre enfants.* (Petite pause) *Tout d'abord, j'ai une grande passion pour la danse.* (Petite pause) *Plus précisément, la danse classique en tutu* (sourire) *quand j'étais plus jeune et aujourd'hui, la danse sportive en groupe, qui est essentielle à mon équilibre et développe ma créativité quand j'imagine des chorégraphies.* (Pause) *Je suis aussi très engagée et soucieuse des autres.* (Petite pause) *C'est pourquoi j'ai aidé, pendant une année, trois élèves de 5e en grande difficulté en mathématiques.* (Petite pause) *Ils ont maintenant des bons résultats.* (Pause) *J'ai été élue en Terminale au Conseil lycéen de la ville de Brest, dont j'étais chargée des relations avec les villes jumelées comme Denver aux États-Unis ou Constantza en Roumanie.* (Pause) »

« **Pour être élue au Conseil lycéen de la ville, comment avez-vous fait campagne ?** »

Avec cette présentation traditionnelle (interrompue) où chaque mot est bien pesé, Elsa a lancé plusieurs thèmes sans en dire trop sur chacun d'eux. Le jury a fini par en choisir un en rebondissant sur « *j'ai été élue au Conseil lycéen* ». Avec la Méthode CAREL, elle était certainement prête à parler :
- de ses responsabilités en tant qu'aînée ;
- des danses ;
- des pratiques en groupe ;
- de sa créativité ;
- de sa valeur forte : l'engagement ;
- des cours de soutien ;
- du Conseil municipal lycéen ;
- des villes jumelées, Denver aux États-Unis ou Constantza en Roumanie. Avec un bon teasing, on ne sait pas si elle y est allée ou pas…

Il est donc probable que vous soyez interrompus et c'est tant mieux. Un de vos thèmes intéresse le jury, qui vous incite à en parler. Quel bon début !

Les deux ou trois membres du jury sont très attentifs à vos propos mais vous ne savez pas à quel moment ni à quel propos vous serez interrompus ? Ce n'est pas un souci, c'est l'entretien qui commence !

« *Je m'appelle Avi Boukik, j'ai 20 ans et je viens d'Aix-en-Provence.* (Petite pause) »

« **Aix ? Une bien belle ville ! Qu'est-ce qui vous donne envie de quitter la Provence pour notre brumeuse capitale du Nord ?** » (Sourire)

Vous vous doutez bien que le jury a totalement improvisé la question. Tout est possible et le plus souvent bienveillant.

Avi, avec un grand sourire et montrant les fenêtres : « *brumeuse ? Pas aujourd'hui ! Hier soir, à Aix, il pleuvait… Mais, vous avez raison, l'EDHEC ne m'attire pas pour son climat mais tout particulièrement pour son Campus de Singapour…* ».

Et l'entretien, détendu, démarre sur la motivation du candidat qui a décrypté une question du type « **qu'est-ce qui vous donne envie ?** ».

C. Combien de temps doit durer votre « Présentation » ?

Cette question m'est fréquemment posée.

On entend tout à ce sujet, et parfois des choses excessives ou fausses. Sur un site, on conseille même aux candidats de préparer trois versions de leur « Présentation » : « 5 minutes, 10 minutes et une version longue » ! Autant considérer que vous êtes seuls dans la pièce.

Dans ce cas, ne vous dérangez pas jusqu'à l'École : envoyez une vidéo, ce sera tout aussi efficace, ou plutôt inefficace.

Petit exercice : selon vous, combien de temps dure la présentation interrompue d'Elsa, notre « *élue du Conseil lycéen* » ? Lisez-la à haute voix, sans oublier les pauses, et vous en aurez une bonne indication.

Les Écoles donnent peu d'indications sur le déroulé des entretiens afin de ne pas brider la spontanéité des candidats et des jurys.

L'EDHEC, avec sa nouvelle épreuve introduite en 2017, a donné une consigne précise et rare : « ***Présentation classique du candidat face au jury****, et en présence du groupe de candidats. Un thème d'improvisation est tiré au sort par chaque candidat, et introduit dans sa présentation, à son gré, sans que le thème ne soit prédominant sur la présentation de l'individu – 5 min par candidat (préparation thème : 2 min /* ***présentation : 3 min****)* ».

Quand l'EDHEC parle d'une « *présentation classique* », elle s'appuie sur sa longue expérience des concours. Néanmoins, ces trois minutes ne doivent pas être prises comme une norme car elles contiennent le thème d'improvisation dont le temps imparti n'est pas précisé mais n'est « pas prépondérant » : 30 secondes au plus, d'après les premiers retours des jurys et des candidats ?

Restent 2 minutes 30 environ pour un exercice qui est aussi un exercice de prise de parole en public en partie préparée, ce qui étire, selon moi, le temps d'une « *présentation classique* ».

2 minutes environ ?

Vous l'avez compris, il n'existe pas de « nombre d'or de la présentation ».

Je pense que préparer une présentation autour de « 2 minutes environ » est un bon objectif et un bon exercice.

! Une présentation trop courte pourrait surprendre et décevoir.

Une présentation trop longue indisposerait le jury qui vous interromprait par lassitude plus que par intérêt pour un de vos sujets. Ou qui se laisserait bercer par vos propos souvent laborieusement énoncés. Il risque de perdre le fil et ne pourra pas tout noter. Pas très utile...

Faites vous-même un essai de présentation de 3 minutes et vous serez sans doute d'accord avec moi sur le fait que c'est bien long à écouter. Surtout si on est jury plusieurs jours, comme les professeurs des Écoles. Les élèves que je prépare s'en rendent compte lors de simulations d'entretien devant d'autres candidats. Ils trouvent souvent les présentations trop longues et carrément ennuyeuses.

Vous pouvez dire beaucoup de choses en « 2 minutes environ ». Par exemple, la présentation interrompue d'Elsa dure un peu moins d'une minute et elle a eu le temps d'annoncer beaucoup de thèmes.

Je ne suis pas vraiment fan de l'écriture complète de votre « Présentation », mais la simuler à haute voix vous permettra de tester son impact et sa durée approximative. Il existe des sites qui évaluent le temps d'élocution d'un texte écrit (par exemple, http://www.combiendemots.com/) mais je vous recommande de faire l'essai avec votre propre débit.

Pour conclure, voici ce qui s'est réellement passé lors d'un entretien :

« *Tout d'abord, je vais me présenter en quelques minutes.* »

La professeure : « **oh ! quelques minutes ! Ça va être long, mais allez-y.** »

Moi, souriant pour rassurer la candidate un peu dépitée : « **si ce que vous nous dites est intéressant, on vous interrompra certainement avant !** »

Elle fut interrompue après moins d'une minute, et pas par moi !

Et elle a obtenu une très bonne note.

D. Ne pas surestimer l'importance du contenu de votre « Présentation »

Beaucoup de préparationnaires surestiment l'importance de leur « Présentation » et se focalisent trop à son sujet pendant leur préparation. Le contenu de votre « Présentation » est important mais pas majeur dans l'entretien, et ce pour plusieurs raisons :

– la « Présentation » apparaît évidemment au début de l'entretien et son effet (hors « impression générale ») va s'estomper tout au long de l'entretien. Vous pourrez toujours rectifier le tir si besoin et, à l'inverse, il vous faudra rester au niveau si vous avez bien débuté ;

– beaucoup de candidats sont un peu tendus en début d'entretien mais s'améliorent au cours de la discussion quand leurs thèmes sont abordés ;

– beaucoup de candidats sont plus à l'aise dans la discussion avec le jury que dans la « récitation » de leur « Présentation » ;

– il est possible que votre « Présentation » soit interrompue et que son contenu ne soit jamais connu du jury. Si vous êtes capables de « placer » ensuite vos thèmes, pas de problème ;

– votre « Présentation » aura moins d'impact que le développement de vos thèmes personnels, de votre projet professionnel et de votre motivation pour l'École ;
– les questions et discussions apportées par le jury généralement en fin d'entretien peuvent avoir aussi un fort impact.

E. Il n'y a pas de « Présentation » type

Il n'existe pas de recette miracle qui fonctionne pour tous les candidats et candidates.

Vous êtes tous et toutes uniques, vous n'avez pas les mêmes thèmes personnels, pas les mêmes personnalités ; les structures et organisations de vos « Présentations » ne peuvent pas être identiques.

Voici l'exemple d'un candidat choisissant de démarrer sur son thème personnel principal : « *Bonjour, je m'appelle Nathan Leloup, j'ai 20 ans et afin que vous me connaissiez mieux et dans le but de vous convaincre de me faire intégrer Audencia, je vais vous parler de ce qui a une grande importance pour moi et a façonné ma personnalité* » (longue pause : la phrase est longue, Nathan doit reprendre sa respiration ; et le jury est en haleine, vous aussi…).

Nathan parlera avec un excellent *storytelling* de ses activités dans le cadre du scoutisme (animateur, chef de camp, puis formateur).

Comme les jurys sont imprévisibles et supposeront que Nathan est un candidat solide, il aurait pu avoir à répondre à « **qu'est-ce qu'un bon chef ?** » ou « **quelles sont les qualités pour encadrer en entreprise, selon vous ?** ». Les jurys sont souverains, l'entretien est lancé…

Imaginez comment vous pourriez exploiter un de vos thèmes principaux en « jetant dans la bataille » plusieurs sous-thèmes.

Les possibilités sont nombreuses si votre thème est divisible en sous-thèmes :

« *Pour vous convaincre de me faire entrer à l'EM Lyon et afin que vous me connaissiez le mieux possible, je voudrais vous parler de l'activité qui a le plus d'importance pour moi…* »

« *… je pratique le hand-ball depuis 12 ans. Je suis capitaine.* »

Ou

« *… j'ai découvert la natation synchronisée très jeune et j'ai remporté le championnat de France lycéen.* »

Ou

« *… j'ai vécu trois ans à Liverpool et deux ans à Bombay…* »

« *… je milite depuis quatre ans dans une association d'aide alimentaire…* »

Et voici un exemple détaillé qui se dit en un peu moins de deux minutes :

« *Bonjour, je m'appelle Clara Arakhun. Je viens de Saint-Mandé. Pour me présenter, j'aimerais vous parler de ma passion : le théâtre et l'organisation de spectacles.*

J'ai été atteinte par le virus du théâtre en assistant à une représentation des Fourberies de Scapin *à la Comédie-Française.* (Pause) *J'ai décidé de m'inscrire au club de théâtre de mon collège et comme je suis arrivée en cours d'année, on m'a d'abord confié de tout petits rôles. Comme je ne fais pas les choses à moitié et que, je l'avoue, la scène m'attirait, j'ai appris seule à jouer des rôles plus importants et j'ai été appelée un jour à remplacer au pied levé l'actrice qui jouait Roxane dans* Cyrano. *Quel moment extraordinaire !* (Pause)

Dès mon arrivée en Seconde dans mon lycée, je me suis attelée à relancer avec deux amis le club de théâtre qui était moribond. J'ai fait pour la première fois office de metteur en scène mais sans jouer. À ma grande surprise, j'y ai pris encore plus de plaisir et, notamment, j'ai aimé diriger les acteurs et les équipes techniques. (Pause) *Plus tard, j'ai obtenu, avec l'aide de l'intendante du lycée, une subvention de la Région et j'ai pu faire financer l'embauche d'un professeur de théâtre et l'aménagement d'une salle adaptée qui a pu accueillir jusqu'à 300 spectateurs payants. Je suis fière de voir que le club de théâtre du lycée Samuel Obladi est devenu une vraie institution.* (Pause)

Le domaine des Arts vivants et des Festivals culturels est en pleine expansion en France et en Europe, et je souhaite orienter ma carrière dans la production de ce type de spectacles. La Majeure "Produits culturels" de l'ESSEC m'attire tout particulièrement. C'est pourquoi, j'espère vous convaincre de... »

Cette stratégie est tout à fait pertinente et peut donner d'excellents résultats. Il est rare, dans ce cas, que le jury interrompe le candidat ou la candidate, il le/la laissera aller au bout du sujet (même si un jury taquin aurait pu demander à Clara, en souriant, comment elle s'était débarrassée de l'actrice titulaire du rôle de Roxane...).

Relisez cet exemple et listez les informations qu'elle donne au jury sur sa personnalité, ses qualités et sa motivation. Elles ne sont pas toujours exprimées clairement mais le décor est posé et de nombreuses perches sont tendues.

La phrase suivante, très orientée « business » par les mots employés, est particulièrement riche en exploitations pour la suite de l'entretien : « *plus tard, j'ai obtenu, avec l'aide de l'intendante du lycée, une subvention de la Région et j'ai pu faire financer l'embauche d'un professeur de théâtre et l'aménagement d'une salle adaptée qui a pu accueillir jusqu'à 300 spectateurs payants* ».

! Ce n'est pas parce que la présentation n'est pas aussi importante que vous le pensez souvent que vous ne devez pas en peser chaque mot.

Comme les jurys sont imprévisibles et supposeraient que Clara est vraisemblablement une candidate qui a du répondant, elle aurait pu avoir à répondre à la question : « **là, maintenant, jouez-vous un rôle ?** ».

Ou comme elle a aimé diriger, comme Nathan : « **qu'est-ce qu'un bon chef ?** » ou « **quelles sont les qualités pour encadrer en entreprise, selon vous ?** ». Les jurys sont souverains, l'entretien est lancé...

F. Il existe des principes généraux pour votre « Présentation »

1. Votre « Présentation » commencera le plus souvent par « prénom, nom, âge »

Éventuellement, vous indiquerez votre origine géographique car l'habitude s'est installée chez les candidats et les jurys. Si vous êtes basque, si vous avez vécu à La Réunion, si vous vivez seul(e) à Paris, évoquez-le car cela peut éveiller l'intérêt du jury.

Votre âge est une information usuelle qui a peu d'importance pour le jury, sauf si vous êtes particulièrement jeune ou bien plus âgé(e) que la moyenne.

Votre Prépa, la voie, carré ou khûbe ne sont pas très utiles, sauf s'ils vous « distinguent » ou s'ils vous seront utiles ensuite : vous êtes en Khâgne, en ECT ou candidat libre, par exemple.

Je ne crois pas que votre parcours scolaire soit très intéressant : vous êtes tous et toutes en Prépa et admissibles, donc bons et bonnes élèves. Une mention au Bac n'impressionne que vos grands-parents, pas les membres du jury.

En revanche, vous étiez en SES et la sociologie vous a passionné(e) ? Dites-le si cela vous permet de faire un lien avec les études qualitatives.

! Évitez les phrases du type : « *dès l'âge de 8 ans, j'ai su que je ferai une Prépa HEC* ».

Recherchez l'économie de mots et l'utilité maximale comme pour tout l'entretien. L'entretien ne dure pas longtemps, ne gâchez pas votre temps de parole.

Je me souviens d'un préparationnaire qui avait commencé sa première simulation d'entretien avec moi ainsi : « *je m'appelle Léo Honnémal, j'ai un frère aîné, Raphaël, et un jeune frère, Noé* ». De jolis prénoms, certes…

2. Qu'avez-vous pratiqué, réalisé, aimé ? Ce que ça dit de vous…

Il s'agit là d'exploiter ce que vous avez travaillé autour de vos thèmes personnels avec la Méthode CAREL.

Choisissez quelques thèmes ou sous-thèmes qui donnent de la cohérence à votre personnalité ou qui prouvent les caractères dominants que vous voulez que le jury retienne. Annoncez ou laissez entendre de manière très explicite les deux, trois ou quatre qualités, caractéristiques, valeurs qui sont vos points forts.

Il m'est arrivé de demander à un candidat qui déroulait des thèmes sans aller droit au but : « **pourquoi pensez-vous que cela nous intéresse ?** ».

C'est l'effet de la « présentation catalogue » qui est un grand classique : « *j'ai fait 8 ans de violon, j'ai déménagé sur trois continents, j'ai été membre d'une équipe de volley, j'ai travaillé comme serveur dans le restaurant d'un musée, j'adore lire des romans russes et analyser les films d'épouvante d'avant-guerre* ».

Rassemblez vos thèmes par grands sujets, pas en vrac.

Un exemple améliorable (uniquement sous l'angle de l'organisation) : « *je pratique la photographie d'extérieur depuis que je suis tout petit ; je suis sportif, j'ai vécu aux États-Unis pendant quatre ans, je fais du bénévolat social, j'ai été en classe européenne et, dans ce cadre, j'ai passé cinq semaines en Australie comme jeune homme au pair, je fais du tennis en compétition* ».

Il aurait pu dire : « *j'ai deux passions pour lesquelles je me suis totalement impliqué depuis mon plus jeune âge : la photographie d'extérieur et le tennis en compétition. J'ai effectué des séjours à l'étranger qui m'ont marqué, notamment cinq semaines en Australie comme jeune homme au pair dans une famille dont je dois dire que les enfants étaient insupportables* ».

Le bénévolat social peut être gardé pour le cours de l'entretien afin de ne pas paraître opportuniste.

N'utilisez pas tous vos thèmes personnels dans la « Présentation », ne les détaillez pas trop (sauf pour la stratégie de Nathan et celle de Clara, qui ont joué la carte d'un unique thème en présentation).

Par exemple, inutile de lister, comme souvent, quatre ou cinq destinations de voyages ou séjours : « *j'ai beaucoup voyagé : à Hong Kong, au Pérou, dans des capitales scandinaves (Oslo et Reykjavik), mais aussi en sac à dos dans les Pyrénées et à vélo dans le sud de l'Angleterre...* »

Le jury retiendra que vous avez voyagé mais ne pourra pas noter toutes vos destinations ou risquera de ne pas vous interroger sur celle qui vous aurait le plus intéressé(e).

Par ailleurs, les voyages, notamment en famille, ne sont pas très distinctifs s'ils ne sont pas marquants. Je ne suis pas très « chaud » pour ce type de sujet en présentation.

« *J'ai eu l'occasion de beaucoup voyager dans le monde, mais je garde un souvenir particulier de mon voyage itinérant en sac à dos dans les Pyrénées. Mes pieds et mon dos s'en sont longtemps souvenus aussi. C'était épuisant mais d'une beauté exceptionnelle.* »

La carte du voyage en Chine vous sera plus utile quand vous parlerez de votre désir de rejoindre le Campus de Shanghai de l'EM Lyon, et celle du Brésil celui de Bélo Horizonte de SKEMA.

Ce peut être aussi une conclusion de votre présentation comme une de vos motivations pour ces Écoles.

3. Citez l'École

Nous sommes là dans le domaine de la projection dans l'École qui doit apparaître dans votre « Présentation ».

En un mot, je vous recommande de dire au minimum que vous êtes très motivés pour entrer à « XXX », en citant le nom de l'École et, le cas échéant, en précisant une de vos motivations.

Le jury pourrait s'étonner de l'absence de la mention de son École car c'est bien pour y entrer que vous êtes devant lui... et que les admisseurs s'échinent à vous charmer !

4. Projet professionnel ou pas projet professionnel ?

Nous sommes également dans le domaine de la projection.

J'évoque ce sujet dans la partie sur le projet professionnel. Je pense que ce n'est pas une obligation de l'évoquer en présentation, mais cela est tout à fait possible s'il est « bétonné ».

Je ne crois pas qu'un jury pourrait spontanément s'étonner que vous n'en parliez pas. Si c'était le cas, il vous posera certainement la question assez rapidement dans l'entretien.

La question posée va influer aussi à ce sujet : « **présentez-vous** » ne l'impose pas, « **pourquoi êtes-vous devant nous ?** » un peu plus.

Si vous en parlez, reliez-le d'emblée à l'École et, si possible, à un stage / job. Si vous avez effectué plusieurs stages, inutile de tous les citer en présentation.

Si vous jouez à fond la carte « *j'ai déjà une expérience du monde du travail* », alors oui, citez vos stages.

Voici une entrée *via* le projet professionnel d'un candidat dont le Projet pro était bien préparé et qui avait peu de thèmes personnels. Il a choisi d'insister sur le Projet pro : « *j'ai 19 ans, je suis le cadet d'une famille de cinq enfants. Je vais me présenter à travers mes activités personnelles et vous faire partager mon souhait d'entrer dans le monde de l'Intelligence Artificielle qui me passionne et m'inquiète un peu aussi. Je l'ai découvert en lisant* La Guerre des intelligences *du Dr Alexandre. Aussi, je suis particulièrement intéressé par votre cours "Nouvelles Technologies, Business et Société", et j'espère vous convaincre de me permettre d'intégrer l'ESSEC* ».

5. Gardez des thèmes pour la suite

Il n'est pas très utile d'annoncer tous vos thèmes (le jury ne se souviendra pas de tout). De plus, cela rend l'entretien moins surprenant pour le jury, donc plus ennuyeux.

Vous avez évoqué un sport de haut niveau, en voici soudainement un autre qui apparaît au cours de l'entretien.

Un séjour, un voyage, une rencontre ? En voici d'autres...

Idem pour vos stages, jobs ou CDD...

Certains sujets peuvent apparaître opportunistes en présentation : « *je visite chaque semaine un foyer de jeunes handicapés et passe quelques heures à discuter avec eux* ».

Le sujet est délicat mais je pense la même chose pour les difficultés familiales graves, même si elles ont évidemment beaucoup d'importance pour vous. Les annoncer durant l'entretien n'est peut-être pas utile, vous seul(e) pouvez en juger. Ou demandez conseil au professeur de Prépa qui vous aide pour les entretiens. En parler au début peut, selon moi, mettre mal à l'aise le jury qui va se demander si vous cherchez à l'émouvoir, voire craindre que vous n'arriviez pas à surmonter ces souffrances, ce qui handicapera vos études (cela peut vous paraître choquant, mais les membres de jury sont des êtres humains, vous ne pouvez pas préjuger de leurs réactions).

Et comment commencer par annoncer la maladie d'un proche entre un job et un voyage… ?

Enfin, gardez, si possible, une carte maîtresse « surprise » pour la suite de l'entretien, comme la frêle Léa qui a cassé le nez de son professeur de boxe thaï, Sandra qui fait des bruitages avec ses mains et des objets et qui en fait une démonstration en fin d'entretien au jury, ou Mokhtar qui dessine le portrait d'un membre du jury en deux minutes…

Encore mieux qu'un *storytelling* !

En conclusion, préparez une « Présentation » dont le contenu et même l'organisation varieront pour chacun et chacune de vous, notamment selon vos thèmes personnels et votre projet professionnel.

La « Présentation » est l'aboutissement de votre travail préalable pour lequel j'espère que vous utiliserez ma Méthode CAREL.

Préparer votre « Présentation » est un exercice très utile, qui vous obligera à vous concentrer sur ce que vous voulez que le jury retienne de vous, sur vos points forts, sur vos principaux thèmes. Et sans l'apprendre par cœur.

Paradoxalement, soyez préparés à ne pas vous en servir car elle est une introduction qui vise le jury à s'emparer d'un sujet que vous lui avez proposé et à vous interroger. Ce qui arrive souvent selon mon expérience.

Si je puis me permettre, comme je le dis à mes élèves :

« Détendez-vous avec la "Présentation". »

Vous aurez tout le temps de l'entretien pour détailler les autres thèmes, vos qualités, votre projet professionnel et votre motivation.

N'oubliez pas que le lien que vous créerez avec le jury et la première impression générale que vous lui donnerez sont, eux, très importants.

Enfin, l'entretien n'est pas fini quand il vient de commencer. Si vous sentez que votre « Présentation » n'a pas pris : gardez le moral et le cap !

Vous avez du temps pour remonter la pente.

8

Conclure avec panache

Finir en beauté est, selon moi, aussi important que la première impression que vous ferez au jury.

Que l'entretien vous paraisse court ou long, il n'est terminé qu'après que vous aurez quitté la pièce ! Jusqu'au bout, vous devez rester concentré et tirer parti de la conclusion de l'entretien pour augmenter votre note.

Si le jury, comme c'est souvent le cas, vous tend une « perche de fin d'entretien », prenez-la !

Tâchez d'être concis car le jury vous signale ainsi qu'il ne vous reste plus beaucoup de temps.

Au minimum, vous confirmerez un entretien réussi par une conclusion réussie sans risques inutiles.

Mieux encore, vous pourrez augmenter votre note, surtout si vous n'êtes pas complètement satisfaits de votre prestation en concluant en beauté.

! À éviter : une fin ratée ou médiocre qui jette une ombre sur tout l'entretien.

Rassurez-vous, cela arrive rarement… et ne VOUS arrivera pas si vous suivez mes conseils !

Dans tous les cas pour terminer votre entretien : insistez sur votre motivation, « regardez » chaque membre du jury, souriez, remerciez et saluez.

COMMENT VOUS ADAPTER À PLUSIEURS FINS D'ENTRETIEN COURANTES ?

A. « Nous arrivons à la fin de l'entretien. Avez-vous quelque chose à ajouter ? »

C'est le cas le plus fréquent car, je vous le rappelle, le jury est bienveillant. Il est fréquent qu'un jury la pose à tous les candidats.

Variante de la question : « **l'entretien se termine. Y a-t-il un sujet que nous n'avons pas abordé et que vous auriez souhaité que nous abordions ?** ».

Ce type de question est toujours une opportunité, voire un cadeau du jury, et appelle une réponse.

Vous avez TOUJOURS quelque chose à ajouter !

Ne répondez JAMAIS « *non* » !

a. Un de vos thèmes personnels n'a pas été abordé

Malgré votre excellente préparation, vous n'avez pas pu « vider votre valise », alors que vous auriez pu apporter quelque chose de nouveau au jury. C'est heureusement l'objet de cette question qui va vous permettre de vous rattraper avec naturel.

Par exemple, toujours après un temps de réflexion : « *oui, je vous remercie. J'ai eu l'occasion de beaucoup voyager et j'ai été très marqué par mon séjour à Haïti juste avant le passage de l'ouragan Xavier quand j'avais 15 ans. Paniqués, nous avons dû partir en catastrophe, en prenant un des derniers avions alors que le ciel était très sombre et le vent très violent* (remarquez le vocabulaire « *storytelling* »). *Je me sens depuis particulièrement concerné par le devenir de Haïti, et au lycée, avec des amis, j'ai organisé deux collectes de dons d'argent et de boîtes de conserve. J'ai vu d'ailleurs que l'association "Help the World" de l'EM Lyon avait une action très efficace en ce domaine et je souhaiterais la rejoindre si vous me permettez d'entrer à l'EM Lyon* ». Regards, sourire…

Relisez cette phrase à haute voix, cela vous prendra environ 40 secondes… Vous n'êtes pas trop longs et vous avez joué une carte importante qu'il aurait été criminel de ne pas jouer !!

b. Vous n'avez pas été très bon ou très bonne à un moment de l'entretien

C'est le moment de montrer votre lucidité, et de tenter de « rattraper » le coup.

Par exemple, je me souviens d'une candidate qui a répondu ainsi, après un moment de réflexion : « *oui, je vous remercie de m'en donner l'occasion. Pendant l'entretien, Monsieur* (regard et main tendue vers moi), *je crois que je me suis mal exprimée au sujet du fait de supprimer les allocations aux demandeurs d'emploi qui refuseraient deux propositions décentes. Je crains de vous avoir donné l'impression que je considérais les personnes au chômage comme des profiteurs. Vraiment, ce n'est pas du tout mon opinion et croyez-moi, je suis quelqu'un de très réaliste avec les pieds sur terre* ».

En moins de 30 secondes, la candidate nous a montré deux choses : sa lucidité sur la maladresse de ses propos sur un sujet sensible (ou de « débat », nous y reviendrons dans le livre) qui avait gêné les membres du jury. Mais elle avait compris aussi que, pendant l'entretien, elle nous avait donné l'impression parfois de vivre dans une société merveilleuse qui n'était pas la nôtre, quelque part entre les Bisounours et les Kardashian.

Sa réponse et la courte discussion qui suivit « sauvèrent » sa note.

c. Vous avez abordé vos thèmes principaux mais vous souhaitez utiliser la perche qui vous a été tendue

Inutile de revenir sur vos principaux thèmes personnels si vous les avez abordés de manière satisfaisante.

Que faire ? Si vous avez en tête un de vos thèmes mineurs non abordés, c'est le moment. Vous pouvez aussi tenter quelque chose du type : « *j'ai le sentiment d'avoir pu me présenter à vous pendant cet entretien et j'espère vous avoir convaincus. Me permettez-vous de vous poser une question ?* ». Nous évoquerons ci-dessous la « question des questions ».

d. Si vraiment vous ne savez pas quoi répondre, concluez positivement l'entretien

Par exemple, après un temps de réflexion (il vous viendra peut-être une idée) : « *il me semble que nous avons pu faire le tour des sujets que je souhaitais aborder, ce qui m'a permis, au travers de vos questions, de me présenter ainsi que mon projet. J'espère vous avoir convaincus de ma détermination et qu'ainsi, je pourrai intégrer l'EDHEC* ».

Un peu bateau, mais sans risques.

B. « Nous arrivons à la fin de l'entretien, avez-vous une question à nous poser ? »

C'est une fin d'entretien très fréquente, c'est aussi parfois une question posée systématiquement par le jury. C'est une manière pour lui de vous tester en vous donnant l'initiative mais parfois, le jury n'ayant pas de questions à vous poser, c'est une manière pour lui de « botter en touche ».

Alors que cette question est sans surprise, elle embarrasse la plupart des candidats.

1. Est-il possible de ne pas poser de question quand on vous suggère de le faire ?

Imaginons un entretien… Le candidat pense s'en être plutôt bien sorti, avoir créé une bonne relation avec le jury, montré son potentiel et sa motivation. Et soudain : **« nous arrivons à la fin de l'entretien. Avez-vous une question à nous poser ? »**.

Et là, patatras ! Gros blanc… long silence de quelques secondes… le candidat réfléchit (mais le stress envahit son cerveau) : « *une question, quelle question, pff… j'trouve rien. C'est quoi déjà le boulot de la femme en face de moi ?…* ».

Que peut-il se passer dans le cerveau des membres du jury ? Allons voir…

« *Le candidat semble n'avoir pas préparé de questions* » (absence de motivation ?), « *il ne semble pas trouver un moyen de se raccrocher au contenu de l'entretien* » (absence de lucidité ?), « *pourquoi il ne nous pose pas de question sur nos professions que nous lui avons pourtant annoncées en début d'entretien ?* » (absence d'intérêt, d'empathie ?), « *tiens… je le croyais plus imaginatif ?* ».

Heureusement, le jury, un peu las d'attendre mais toujours bienveillant, rompt le silence et conclut l'entretien. Le candidat, un peu malheureux et perdu, reprendra sûrement la parole pour « conclure, regarder, sourire, remercier », mais d'un air dépité.

Cette scène n'est pas le fruit de mon imagination, elle est hélas fréquente. Le candidat ne sera pas lourdement pénalisé mais finit sur une fausse note.

Lors du débriefing, vous perdrez au moins un point si on entend des phrases comme : « *oui mais, quand même, elle aurait pu préparer une question* » ou « *je suis un peu déçu, sur la fin, il a été moins convaincant* ».

Vous l'avez compris, la « question sur la question » est un grand classique, qui ne permet pas de remonter fortement une note. En revanche, comme elle est sans surprise et le plus souvent posée en toute fin d'entretien, le candidat ou la candidate qui n'y répond pas finira sur une mauvaise ou moins bonne impression qui peut décevoir le jury.

Il me semble impératif de poser une question au jury si on vous demande de le faire. Et, bien évidemment, cette question, en cohérence avec votre personnalité et le déroulé de l'entretien, doit contribuer à vous mettre en valeur.

2. Quels types de questions poser ?

Tout d'abord, il est possible que vous vous interrogiez réellement et que vous ayez une question à poser. **Le naturel est votre meilleur atout ! Lancez-vous !**

Plus généralement, vous pouvez transformer cette question classique en atout pour marquer des points à la fin de l'entretien. À condition que votre ou vos questions soient personnalisées pour éviter de donner l'impression que vous « resservez » la même question au jury à chaque entretien. **Vos questions seront personnalisées en fonction de votre personnalité, en fonction de l'École, des membres du jury.**

! Vous devrez tenir compte de ce qui a été dit durant l'entretien pour ne pas revenir inutilement sur un sujet. Par exemple, si vous avez déjà parlé de votre souhait de participer à l'association de triathlon, ne posez pas à la fin une question sur l'association de volley-ball.

Vous ne pouvez donc évidemment pas décider par avance quelle question vous poserez. Mais vous pouvez préparer plusieurs types de questions par École pour ne pas être pris au dépourvu.

a. Le plus simple est de poser une question sur l'École

Posez une question dont la réponse vous intéresse réellement et n'apparaît pas clairement sur le site de l'École : évitez une question dont la réponse se trouve en un clic sur le site de l'École : « *où sont vos Campus à l'étranger ?* » ou « *y a-t-il un cours de marketing à l'ESSEC ?* ».

Vous devrez montrer par votre question que vous vous êtes sérieusement intéressés à l'École.

À propos des Campus, les questions possibles sont nombreuses : « *comme j'ai des notions de portugais, j'aimerais beaucoup étudier sur votre Campus de São Paulo, mais je n'ai pas vu sur le site comment / en quelle année / s'il fallait se spécialiser pour pouvoir l'intégrer* » ou en mêlant Campus et association : « *y a-t-il aussi un Bureau des Arts sur votre Campus de Varsovie ? Comment est-il relié à celui du Campus parisien ?* ».

À propos du cursus : « *pouvez-vous m'expliquer comment se font les choix des électifs / des majeures à Audencia ?* », « *quelle est la différence entre les Masters, les Masters spécialisés et les Spécialisations ou Majeures ? J'avoue n'avoir pas bien compris... ».*

! Revenir sur les Masters ne sera pas du tout opportun si, pendant l'entretien, vous avez dit être intéressé par le Master Économie des Médias et en avez longuement discuté avec le jury. Vous auriez tout à fait pu poser la question à ce moment. Ou ne pas montrer un doute soudain à ce sujet si la discussion est close.

« *Comme j'aime beaucoup l'Italie, j'avais commencé l'italien en troisième langue au lycée. Est-il possible d'étudier une troisième langue à GEM ?* » ou « *j'aimerais beaucoup pouvoir étudier sur votre Campus de Shanghai. Est-il possible de commencer le chinois en première année afin de partir avec quelques notions ?* ».

À propos des échanges à l'étranger ou des voies spécifiques (alternance, incubateur...), des questions pourraient vous venir à l'esprit : « *comment y accède-t-on ?* », « *quels sont les critères de sélection ?* » ou « *j'aimerais étudier un semestre en Australie dans le cadre des échanges en deuxième année que vous proposez. Mais cela entraîne-t-il une augmentation des frais de scolarité ?* ».

! Si vous avez discuté avec le jury de votre intérêt pour l'Amérique du Sud, cette question finale sur l'Australie risque de tomber à plat.

À propos des associations (encore mieux, s'il y a un élève ou un jeune Alumni dans le jury) : « *comment se fait le choix des membres de la Junior Entreprise ? J'ai cru comprendre qu'il y avait chaque année beaucoup d'élèves intéressés comme moi* », « *je vous ai dit que je comptais m'impliquer à la fois dans l'association "Cheer Up" et dans l'association d'accueil des étudiants étrangers. Cela vous paraît-il compatible avec la scolarité ?* » ou « *j'ai lu que SKEMA facilitait et valorisait les engagements associatifs. Concrètement, comment cela fonctionne-t-il ?* ».

b. Vous pouvez poser des questions à propos des membres du jury

Je vous rappelle qu'ils doivent s'être brièvement présentés et que **vous avez noté ou retenu ce qu'ils vous ont dit**. Je précise que vous pouvez tout à fait interroger un seul membre du jury et que les autres ne s'en offusqueront pas.

Vous pouvez les interroger sur leurs métiers : « *si vous me le permettez* (regard circulaire), *je souhaiterais poser une question à Madame* (regard et main tendue) *: vous m'avez dit être DRH d'une grande entreprise. Quelles sont vos principales missions ?* », « *comment peut-on motiver les collaborateurs d'une entreprise, en complément ou autrement que par les aspects financiers ?* » ou « *Monsieur, quelle importance prennent les réseaux sociaux dans votre stratégie marketing ?* ».

Vous pouvez les interroger sur leurs secteurs d'activité : « *quelle est votre politique entre les ventes en ligne et les ventes en magasin ? Essayez-vous de les mixer ?* », « *Amazon est-il pour vous plutôt un partenaire ou un danger ?* » ou encore « *Madame, dans l'édition scolaire, comment utilisez-vous les possibilités du numérique ?* ».

Vous pouvez aussi les interroger sur leur carrière : « *vous m'avez dit, Madame, diriger une entreprise de 2 000 salariés* (ou de *500 millions d'euros de CA* – parfait si vous vous souvenez du bon chiffre !), *puis-je vous demander quelle a été votre carrière à la sortie de l'EM Lyon ?* », « *en entrant à l'ESSEC, Monsieur, aviez-vous déjà le projet de travailler dans la finance d'entreprise ?* » ou « *comment êtes-vous entré dans ce secteur du fret ferroviaire ?* ».

Vous pouvez aussi les interroger sur le lien entre leur carrière et leur scolarité ou leurs stages, ou sur l'efficacité du réseau des Alumni tant vanté sur le site de l'École… **Comme toujours, les questions seront spécifiques à votre jury et à votre entretien.**

J'insiste sur un point : vous pourrez d'autant plus facilement interroger les membres du jury sur leur activité professionnelle **si vous avez vous-mêmes une bonne culture « business » acquise en lisant la presse professionnelle.**

Si vous avez évoqué ces sujets au cours de l'entretien avec un des membres du jury, ne revenez pas dessus, ou interrogez un membre du jury avec lequel vous n'avez pas discuté de son métier.

Enfin, vous pouvez choisir d'interroger le membre du jury qui vous a posé le moins de questions ou s'est peu exprimé. Même s'il n'est pas de nature loquace, il appréciera (comme les autres membres du jury) le fait que vous ayez remarqué son relatif mutisme.

c. Et si les jurys ne se sont pas présentés, je les interroge à la fin ?

! Enfin, si les jurys ne se sont pas présentés en début d'entretien (et que vous ne leur avez pas demandé de le faire…), je ne trouve pas très opportun de leur demander qui ils sont à la fin.

S'ils n'ont pas jugé nécessaire de le faire au début, ils ont leurs raisons et se sont vraisemblablement concertés. Vous prenez le risque de leur faire remarquer que, selon vous, ils auraient dû se présenter… Ce n'est pas une très bonne idée !

Cette question ne vous valorisera pas du tout et l'entretien finira en queue de poisson.

Imaginez : « *euh… oui… je vous remercie de cet entretien et du temps que vous m'avez accordé et j'aurais voulu savoir ce que vous faites dans la vie / quels sont vos métiers…* ».

! En retour, vous obtiendrez deux ou trois réponses qui ne vous apporteront rien en fin d'entretien, si ce n'est des regrets de ne pas l'avoir posée plus tôt quand vous découvrirez qu'un des membres du jury travaille dans la finance (votre projet !) ou est membre du Bureau des Sports (votre passion !).

Vous ne profitez pas de cette question pour marquer des points.

d. Poser une question à propos de l'évaluation de votre entretien ?

Enfin, je vous déconseille de poser une question sur vos chances d'intégrer, sur l'avis du jury à propos de l'entretien ou sur la note que vous pouvez espérer.

Vous entrez là dans une zone qui n'est pas la vôtre et vous risquez d'indisposer le jury. Et vous n'obtiendrez qu'une réponse évasive sans intérêt.

Demandez-vous toujours, notamment quand vous vous entraînerez : en quoi ceci me met en valeur, me permet de me présenter et me fera gagner des points !

En revanche, si vraiment vous avez cafouillé, **vous pouvez revenir sur l'entretien.** Par exemple, si, à un moment de l'entretien, vous avez senti qu'un des membres du jury vous l'a fait comprendre par une remarque, voire un geste.

Par exemple, sur un ton interrogatif : « *Madame, il me semble que lorsque je vous ai répondu à propos de la définition du marketing / des missions d'un conseiller en stratégie, vous n'étiez pas satisfaite de ma réponse...* (Blanc, regard) *M'autorisez-vous à compléter / préciser ma réponse ?* ». Vous montrez lucidité et franchise, et vous reprenez la main !

C. « Nous arrivons à la fin de l'entretien. Quelle note pensez-vous mériter ? »

Cette question peut être posée différemment : « **qu'avez-vous pensé de cet entretien ?** ».

Notez bien que la question est le plus souvent posée avec un sourire et qu'elle éveille l'intérêt des autres membres du jury. Comme toujours, rendez son sourire au jury et réfléchissez avant de répondre.

Ce type de question mérite une réponse lucide et optimiste.

Lucide, car elle vous permet de montrer que vous avez été à la fois un acteur et un observateur de l'entretien. C'est l'objet principal de ce type de questions.

Optimiste, car il y a obligatoirement eu des points positifs dans votre entretien. Vous allez rappeler ces points positifs au jury et montrer votre motivation. Vous n'allez quand même pas inciter le jury à mal vous noter !

Par exemple : « *je crois que j'ai pu vous montrer ma réelle motivation pour TBS et mes qualités à travers mon engagement dans l'association "Aidez les autres" ainsi que mon rôle actif dans mon équipe de volley...* (Blanc, sourire) *Sur la question à propos des Ordonnances sur le Code du travail, même si je ne les connaissais pas parfaitement et que vous m'avez bien poussé* (sourire), *je pense avoir bien défendu mon opinion... Alors... je me mettrais un... 16, ce qui me permettrait de rejoindre TBS !* »

Selon moi, en réponse à cette question, la bonne « moyenne » de notation se trouve entre 13 et 16.

13 montre une certaine modestie et devrait limiter les dégâts, 16 vous fera intégrer. N'hésitez pas car le jury attend que vous vous engagiez !

! Vous « attribuer » un 12 ou moins serait de la fausse modestie ou un manque d'assurance. Vous « attribuer » une note supérieure à 16 serait une preuve d'arrogance.

Il existe des variantes du type : « **qu'avez-vous pensé du jury ?** », voire « **une de vos amies, qui vous attend dehors et qui va aussi passer devant nous, va vous demander : alors... ils sont comment ?** ».

Ici aussi, bien entendu, un sourire un peu embarrassé sera le bienvenu !

Cette question n'est absolument pas un piège, elle montre qu'il s'est créé un lien entre le jury et vous, et qu'il vous sent capables d'y répondre. **C'est pourquoi, comme toujours, vous devez répondre à la question sans l'esquiver.**

Comme précédemment, revenez sur l'entretien : « *je pense que vous m'avez posé les questions qui m'ont permis de...* », « *j'ai senti que quand j'ai évoqué ma passion pour... vous étiez vraiment intéressés* », « *à propos de mon avis au sujet de... vous m'avez bien poussé dans mes retranchements mais je crois que...* ».

« *À mon amie qui m'attend dehors, je répondrai : ils ont été attentifs, intéressés, réactifs, souriants, bienveillants, parfois "punchy". Ils m'ont un peu bousculé mais ça m'a permis de..., ils m'ont demandé plusieurs fois d'être plus concret, ils ont l'air d'être très branchés sur le Projet pro...* »

Et, comme toujours, soyez sincères et positifs.

D. « Cet entretien est terminé, nous vous remercions. »

Reprenez la parole et, à votre tour, remerciez le jury, puis dites à nouveau votre espoir de les avoir convaincus et votre motivation pour entrer dans leur École (que vous nommez).

Quelque chose comme : « *je vous remercie de votre écoute. J'espère vous avoir convaincus de mes qualités* (sourire) *et je vous confirme ma grande motivation pour entrer à l'ESCP Europe* ».

Vous l'avez compris : tentez toujours d'avoir le dernier mot, de regarder le jury, de sourire et de conclure.
Puis sortez en prononçant, tournés vers le jury, un sonore « *Au revoir* ».

C'est en concluant ainsi, avec panache, que vous glanerez un ou deux points utiles, ou consoliderez une bonne note déjà acquise.

9

Les erreurs fréquentes que vous pouvez éviter

À l'impossible, nul n'est tenu !

Tous les candidats commettent des erreurs mais certaines, fréquentes, peuvent être dommageables.

J'en ai rassemblé ici afin de vous sensibiliser tout particulièrement.

Nous les avons déjà rencontrées pour la plupart, mais je crois à la pédagogie de la répétition, vous l'aurez compris.

En voici une liste, que nous allons étudier en détail :

- Se minorer ou être négatif.
- Rechigner à vous vendre et ne pas exprimer vos qualités ou vos valeurs.
- Être abstrait, vague, trop général ; ne pas chercher à marquer le jury.
- Ne pas parler de VOUS, ne pas dire ce que VOUS avez réalisé, ne pas dire « je ».
- Passer trop vite sur vos sujets ou mélanger les sujets.
- Parler tout le temps d'un même sujet.
- Trop parler de votre scolarité, notamment de Terminale ou de Prépa.
- Paraître sous influence.
- Ne pas faire attention au jury, ne pas répondre aux questions posées.
- Apparaître surpréparé et trop formaté.
- Ne pas maîtriser les sujets que vous apportez dans l'entretien.
- Ne pas parler de l'École, ni de votre future implication.
- Sortir de la salle avec des regrets et sans avoir utilisé vos meilleures « cartouches ».

La pire erreur est de ne pas appliquer votre stratégie, ne pas oser avoir un véritable dialogue et sortir de la salle d'entretien avec des regrets…

I SE MINORER OU ÊTRE NÉGATIF

C'est une erreur fréquente qui s'explique, d'une part, par une préparation mal comprise et, d'autre part, par une difficulté à vous « vendre » et à vous mettre en avant.

C'est pourtant l'objectif de vos entretiens.

A. Une préparation mal comprise

! Vous pensez souvent que ce que vous avez réalisé, vécu ou ressenti n'est pas utile ou intéressant pour les jurys et vous laissez de côté des thèmes pourtant exploitables.

Cela est dû au fait que vous ne vous posez pas toutes les questions qui vous aideraient à enrichir le thème.

Par exemple, une étudiante que j'avais préparée me dit, après un premier entretien fictif : « *je ne vous ai pas trop parlé de mon travail à la boulangerie parce que ça n'a pas grand intérêt pour entrer en École de commerce* ».

Un candidat qui pense à la place du jury se trompe le plus souvent.

Comme pour tous et toutes, je lui demande de développer son argument et nous discutons de cette expérience en boulangerie. Elle m'expose que « *l'été dernier, [elle a] travaillé tous les jours, sauf le lundi, toute la journée dans une boulangerie* ».

« Les horaires de la journée, c'était du genre tranquille pas trop tôt le matin, pas trop tard le soir ? »

« *Pas vraiment, non ! Au bout d'une semaine, j'arrivais à 7 h et je ne partais jamais avant 21 h !* »

« C'était quoi cette boulangerie ?! »

« *Ah oui, je ne vous ai pas dit, c'était la seule boulangerie d'une petite station balnéaire.* »

Déjà, on perçoit chez elle la valeur travail très forte : au lieu de profiter de ses vacances avant la deuxième année de Prépa, elle a choisi de travailler. Et de travailler beaucoup : au bas mot, au moins 70 heures par semaine !

Et pourquoi a-t-elle changé ses horaires pour venir plus tôt au bout d'une semaine de travail ?

Parce qu'elle a eu « *l'idée de proposer des petits sandwichs frais, légers et rapides à manger pour le midi très ensoleillé, ce qui n'était pas le cas auparavant* ». Donc, elle arrivait plus tôt pour donner un coup de main en cuisine : force de proposition et engagement.

Je pourrais développer encore. Elle restait tard pour aider à ranger et nettoyer la boulangerie : solidarité.

Elle a appris à gérer différemment les divers types de clients (segmentation marketing), à proposer un achat supplémentaire avec une efficacité croissante (capacité commerciale, aptitude à apprendre).

Et pour finir, on lui a confié la fermeture certains soirs puis la tenue de la caisse, responsabilité suprême. Notre candidate inspire la confiance !

Et si elle a inspiré la confiance à des boulangers, elle inspirera confiance au jury.

Enfin, elle a gagné de l'argent et a fait preuve d'énergie.

Valeur travail, force de proposition, engagement, solidarité, aptitude à apprendre, compétence commerciale, confiance, énergie : voilà ce que nous montre un mois de travail dans une boulangerie que notre candidate avait totalement sous-estimé.

Aucun élève de Prépa n'a créé une entreprise multinationale ni reçu un prix Goncourt.

Vous avez tous et toutes des choses intéressantes à dire mais vous n'avez pas encore une vie trépidante, singulière ou chargée de nombreuses expériences. Tirez parti de toutes vos expériences.

Nous avons vu comment valoriser votre parcours et vos activités dans la partie sur « vos thèmes personnels » grâce la Méthode CAREL.

Rappelez-vous : dans votre préparation, ne sous-estimez pas vos activités et réalisations, n'en éliminez aucune *a priori*.

B. Évitez les phrases qui vous minorent en entretien

Il est fréquent que les candidats minorent eux-mêmes leurs propos pendant un entretien.

Suivez mon conseil : **laissez le jury faire son travail d'évaluation et évitez de vous minorer.**

Vous devez vous mettre en avant, et on a vu déjà que les jurys ont pour mission de vous connaître et de vous permettre de présenter vos points forts.

Évitez les expressions inutiles : « *oui, comme tout le monde, je fais du sport* ». Le « *comme tout le monde* » n'est pas vrai (en ce qui me concerne, je ne suis pas sportif ; en tant que membre de jury, ce type de phrase est toujours dérangeant). **Il s'agit de vous distinguer pendant l'entretien.** En vous noyant dans la masse, vous n'en prenez pas le chemin.

Évitez de minorer vos expériences : « *j'ai fait un stage mais c'était juste deux semaines…* ». Vous avez effectué un stage, c'est ce qui compte si vous savez le raconter, dire ce que vous avez appris et, éventuellement, faire un Lien avec l'École ou votre Projet pro. La durée n'est pas si importante et si vous-même vous la minorez, le jury risque de faire de même.

! À propos de vos expériences, oubliez les termes du type : « *oui, mais…* », « *en fait…* » / « *en réalité…* » / « *en vrai…* », « *pas grand-chose…* », « *ce n'est pas très intéressant* », « *ça ne va pas vous paraître…* », « *un peu…* », « *je ne sais pas si…* ».

Ne mentez pas mais ne donnez pas d'informations qui minorent vos réalisations : « *j'ai arrêté au bout d'un an* », « *je n'ai plus le temps en Prépa* », « *j'étais vice-capitaine / vice-délégué de classe / sous-adjoint de l'adjoint* » « *j'étais remplaçant* »…

Vous devez réfléchir, pendant votre préparation, à la manière de valoriser vos activités et vous entraîner à toujours en parler positivement et de manière assumée.

II RECHIGNER À VOUS VENDRE ET NE PAS EXPRIMER VOS QUALITÉS OU VOS VALEURS

C'est un défaut fréquent car vous n'y avez pas été habitués. Au contraire, on vous a plutôt poussés à la modestie.

C'est pourtant bien l'objet de l'entretien de convaincre le jury de vous donner la note qui garantira l'entrée dans l'École. Je vous rappelle que le jury est là pour vous donner une note, et quelle que soit la qualité de votre prestation, il le fera. Ce n'est pas comme un entretien d'embauche qui n'a, le plus souvent, que deux suites possibles : on continue le processus ou on arrête.

Les jurys sont bienveillants et savent pourquoi vous êtes là. Pas de pudeurs inutiles, ce n'est pas vraiment le bon moment.

C'est pour cette raison qu'avec la Méthode CAREL, je vous recommande d'exprimer clairement vos qualités, vos valeurs et vos apprentissages.

Vous faciliterez la vie du jury, qui aura tendance à croire ce que vous lui dites.

Reprenons l'exemple de la « boulangère ». Les conclusions que j'en tire ne viendront peut-être pas spontanément à l'esprit des trois membres du jury. Donc, exprimez-les : « *je me suis rendu compte que les sandwichs que nous proposions étaient trop copieux, pas adaptés à un repas sous le soleil, ni aux nombreux enfants parmi la clientèle. Cela entraînait des pertes et du gâchis, et ça me souciait. Alors, comme* ***j'aime trouver des solutions et que j'ai souvent de bonnes idées****, j'ai proposé au boulanger de…*

La boulangère m'avait appris *comment suggérer et vendre des produits que le client n'avait pas prévu d'acheter au départ.* ***Pour moi qui suis un peu timide****, ça a été difficile au début mais* ***j'aime les défis*** *et je me suis prise au jeu. Aussi, quand ils ont hésité à accepter ma proposition de mini-sandwichs frais,* ***j'ai décidé*** *d'organiser un test et hop ! je suis allée sur la plage avec mon panier pour en offrir aux vacanciers… J'étais contente de voir que les deux boulangers étaient admiratifs de* ***ma détermination****.*

Certes, à partir de ce jour, j'ai dû arriver une heure plus tôt pour aider à faire les sandwichs ! (Sourire final) »

III ÊTRE ABSTRAIT, VAGUE, TROP GÉNÉRAL ; NE PAS CHERCHER À MARQUER LE JURY

A. Un *storytelling* trop faible

Nous l'avons vu, vous marquerez le jury, qui se souviendra positivement de vous, si vous lui racontez des histoires qu'il peut visualiser et dont il va se souvenir grâce au *storytelling*.

Comparez ces deux versions authentiques de la présentation d'un même stage par un candidat.

« *J'ai effectué un stage dans une entreprise de vente en ligne. C'était passionnant, j'ai travaillé au service Marketing digital. On m'a tout expliqué et je travaillais avec le responsable des analyses. On a étudié le comportement des clientes en utilisant les applications et les logiciels pour le faire. Grâce à nos analyses, on s'est rendu compte que des améliorations étaient possibles et nous avons fait des propositions qui ont permis de modifier avec succès certaines des campagnes sur Internet.* »

Le candidat fait des efforts mais donne peu d'informations dont le jury se souviendra. Il aura droit à la fréquente question : « **vous pouvez nous donner un exemple ?** ».

Après que je lui ai présenté le *storytelling* et un peu d'entraînement, il me dira ceci : « *j'ai effectué un stage dans le service Marketing digital d'une société de vente en ligne de bijoux fantaisie. Des colliers à moins de 15 euros, des boucles d'oreilles "africaines"…* (Avec un geste de la main) *Nous étions chargés d'analyser le comportement de visite et d'achat des clientes (car les clients étaient très majoritairement des femmes). Grâce à Google Analytics, que j'ai découvert lors du stage, et aux cookies, nous avons obtenu des informations très utiles : les clientes se connectaient majoritairement à trois moments : très tôt le matin sur leur téléphone, très tard le soir quand elles étaient enfin "tranquilles"* (sourire) *sur leur tablette et, découverte que j'ai faite grâce à la géolocalisation, entre midi et deux sur leur téléphone, en groupe avec leurs collègues de bureau. Elles se concertaient souvent le midi, pour commander le soir !* ».

Incomparable, non ?

Le candidat va répondre aux questions ou demandes de précision que son récit, qui a intéressé le jury, va soulever. Dans un deuxième temps, il évoquera précisément les décisions qui ont été prises et auxquelles il a participé.

B. Des réponses trop vagues ou pas assez spécifiques aux questions du jury

Quelques exemples authentiques :

« Comment vous voyez-vous dans dix ans ? »

« *Je me vois marié, avec trois beaux enfants, après avoir bien commencé ma carrière de consultant RH.* »

Ce n'est ni marquant ni spécifique. Entre aujourd'hui et dans dix ans, vous ferez plein de choses : quatre ans d'École, des découvertes, des rencontres, des apprentissages nouveaux… Vous pouvez aussi utiliser ce genre de questions pour placer un de vos thèmes personnels.

« Quelle réforme préconisez-vous pour améliorer la société ? »

« *J'envisagerais une large évolution du système social.* »

« Comment pensez-vous relancer l'activité d'une entreprise qui périclite ? »

« *Je chercherais à proposer des offres innovantes qui créeront une nouvelle demande.* »

Je pense que vous avez compris. Ces réponses authentiques n'ont pas vraiment fait effet sur le jury.

Entraînez-vous à de meilleures réponses à ces questions.

IV NE PAS PARLER DE VOUS, NE PAS DIRE CE QUE VOUS AVEZ RÉALISÉ, NE PAS DIRE « JE »

« *Avec un groupe d'amis, en Terminale, nous avons organisé un voyage InterRail à travers l'Europe. On avait fait du baby-sitting pour le financer. Nous avons beaucoup aimé les villes d'Europe de l'Est que nous ne connaissions pas…* »

C'est pourtant le prétexte à une très belle histoire qui prêterait à plusieurs exploitations si le candidat parlait de lui et livrait des anecdotes : « *avec un groupe de six amis, en Terminale, nous avons organisé un voyage InterRail à travers l'Europe. Je me suis chargé des billets de train et de la coordination avec deux autres amis qui devaient nous rejoindre, l'un à Prague, l'autre à Bruxelles, venant de Copenhague pour l'un, d'Amsterdam pour l'autre.* (Pause) *Je me suis vite aperçu qu'InterRail, ça veut dire "horaires pourris et places limitées"* (sourire). *En plus, certains parents ne voulaient pas qu'on voyage de nuit… J'aurais mieux fait de m'occuper des hôtels !* (Sourire final) »

Dans cette version, il parle de lui avec humour, sans trop tirer la couverture à lui…

Dites toujours quel a été votre rôle dans le collectif car le jury ne saura pas en tirer suffisamment de conclusions personnelles.

V PASSER TROP VITE SUR VOS SUJETS OU MÉLANGER LES SUJETS

Je vais utiliser l'exemple précédent du « voyage InterRail ». Dans la première version, dans une seule phrase, le candidat utilise trois sous-thèmes possibles :

- l'organisation du voyage ;
- le financement du voyage ;
- les découvertes pendant le voyage.

Mon expérience me dit qu'au moins un des trois ne sera pas exploité car le jury va en choisir un qui va être développé puis changer de sujet ou « prendre le deuxième ». Le candidat qui n'a pas l'air bien préparé ne reviendra pas sur le sujet. C'est le baby-sitting qui, selon moi, passera à la trappe. Quel dommage !

La Méthode CAREL et les sous-thèmes vous éviteront de tout mélanger autour d'un thème.

Dans la seconde version, le candidat développe « l'organisation du voyage », ce qui lui permet aussi de présenter un *storytelling* efficace. Il pourra ensuite développer les autres thèmes, peut-être pas à la suite du premier sous-thème.

Évitez aussi d'utiliser plusieurs exemples à la fois dans une même réponse :

« Avez-vous eu l'occasion de travailler en équipe ? »

« *Oui, j'ai animé deux étés dans une colonie de vacances et je suis devenu animateur deuxième degré. Et pendant mon stage dans un cabinet notarial, j'ai…* »

Que va choisir le jury ? Quel sujet pourrait passer à la trappe ?

Le candidat avait deux possibilités, sans doute préparées autour de son point fort : le « travail d'équipe ». Il aurait dû en choisir une et préparer un meilleur *storytelling*. Il aurait nécessairement eu d'autres occasions de placer l'autre.

Piloter l'entretien, c'est décider à la place du jury quand vous le pouvez.

Enfin, grand classique du défaut : « déballer un catalogue ». Souvent, dans la « Présentation », vous énoncez plusieurs hobbies, plusieurs voyages, voire plusieurs associations de l'École.

Il est certain que le jury ne pourra pas tout « prendre » et vous aurez du mal à y revenir car vous aurez le sentiment que vos sujets n'intéressent pas le jury. Je me souviens d'une de mes élèves qui avait beaucoup de thèmes et qui, lors de sa première simulation d'entretien, avait tout « déballé » en deux phrases. Son « *voyage humanitaire au Vietnam* » ne revint jamais sur le tapis. Mais la « leçon » fut comprise.

Vous risquez d'épuiser trop vite vos thèmes, alors que ce sont des sujets qui présentent peu de risques et que vous maîtrisez. C'est dommage aussi car si vous ne parlez pas de vous, le jury lancera ses propres sujets, qui vous sembleront plus périlleux.

VI PARLER TOUT LE TEMPS D'UN MÊME SUJET

À l'inverse, il faut éviter de lasser le jury avec un même sujet. Vous pouvez exploiter un même sujet à condition que les sous-thèmes soient variés et suffisamment forts. Un de mes élèves que j'ai déjà évoqué n'a jamais eu moins que 18 à ses entretiens alors qu'il n'avait que très peu de thèmes, dont un très solide. Il appartenait à un mouvement de scoutisme, encadrait des enfants, formait des animateurs et allait diriger, juste après les entretiens, un camp d'été de trois semaines avec 80 enfants.

C'était quand même une stratégie un poil risquée malgré les multiples sous-thèmes possibles.

Trop insister sur un séjour en Afrique, une année d'études aux États-Unis, une réussite sportive, un stage… peut lasser le jury.

De même, les opinions politiques ou « sociétales » sont acceptées et les engagements militants appréciés à condition de ne pas être resservis systématiquement quel que soit le sujet évoqué.

J'ai rencontré ce cas avec un candidat militant politique et une autre militante antiraciste qui en parlaient systématiquement, quel que soit le sujet évoqué. C'est un peu lassant pour le jury, qui peut s'inquiéter (indépendamment de la valeur de la cause défendue) du caractère presque obsessionnel du candidat ou de la candidate.

VII TROP PARLER DE VOTRE SCOLARITÉ, NOTAMMENT EN TERMINALE OU EN PRÉPA

Quand vous arriverez sur le Campus pour les Oraux, respirez à pleins poumons la bonne odeur de l'École de commerce !

Vous entrez dans un autre monde, loin de la Prépa et du lycée, et c'est pour ça aussi que les entretiens ont lieu dans les Écoles.

Évitez les exemples trop scolaires qui n'intéressent pas du tout le jury, qui sait que vous êtes un bon ou une bonne élève puisque vous êtes admissible dans son École. Cette information est suffisante pour lui.

« Qu'avez-vous lu récemment qui vous a plu ? »

« Géopolitique de l'Asie, *collection "Nouveaux continents"*. »

Excellent livre de Prépa, certes.

Évitez des réponses du type : « Manon Lescaut », inspirées directement par le programme du Bac Français… Ça n'est pas du tout ce que les jurys veulent entendre.

Vous voulez parler du TPE comme travail en groupe ? Si vraiment vous manquez de thèmes et que vous avez réalisé une performance technique, artistique ou scénique extraordinaire. Mais il vaut mieux éviter selon moi.

Le stage de 3e ? La prof d'histoire au collège qui vous a marqué(e) ?... Non plus, selon moi.

Si on vous interroge sur une réussite, un échec, une expérience marquante, une fierté, une désillusion : évitez les exemples scolaires comme la remontée spectaculaire de votre niveau en espagnol, si vous avez mieux.

Bien entendu, si votre scolarité est spécifique (études à l'étranger, sport-études, horaires aménagés, raisons familiales ou de santé qui l'ont rendue particulière...), c'est tout à fait différent.

! Évitez des phrases naïves du type : « *j'ai "fait" de l'humanitaire en juillet dernier... C'était organisé par ma Prépa pour les entretiens !* ».

Enfin, concernant votre scolarité, certains détours sont inutiles et même néfastes :

– « *je m'intéresse beaucoup aux affaires internationales. J'ai tenté Sciences Po, que j'ai loupé à cause de l'entretien...* » ;

– « *j'aurais voulu être officier de marine mais je ne suis pas assez bon en physique et en chimie pour une Prépa scientifique. C'est pourquoi...* ».

VIII PARAÎTRE SOUS INFLUENCE

Il est normal que vous ayez été influencés, notamment par vos parents, professeurs et amis.

Mais n'abusez pas de la référence à vos parents, voire à vos parrains ou marraines. « *C'est un ami / mon parrain / ma mère parce qu'elle est passée par là... qui m'a convaincu de faire une Prépa.* » Si, comme c'est souvent le cas, vous répétez plusieurs fois la référence durant l'entretien, l'effet sera très mauvais sur le jury.

Comme je le dis souvent en préparation : « *on ne va pas faire entrer ta mère dans l'École avec toi* ».

Je me souviens d'un candidat qu'un même ami avait initié au tennis, invité à un séjour mémorable dans sa famille en Suède et convaincu d'entrer avec lui en Prépa...

Vous êtes des adultes, vous faites vos choix et vous les assumez.

IX NE PAS FAIRE ATTENTION AU JURY, NE PAS RÉPONDRE AUX QUESTIONS POSÉES

Une des erreurs les plus graves : être concentrés sur vous-mêmes et pas sur le jury. Vous n'êtes pas physiquement tournés vers eux par le regard, les gestes des mains, le sourire. Vous pensez à ce que vous allez dire, à ce que « vous avez prévu » et vous n'êtes pas vraiment dans la salle.

! Vous ne tenez pas compte de qui sont les membres du jury qui, pourtant, se sont présentés.

Vous parlez des enseignements de l'École : souriez au professeur. Vous avez donné des cours de soutien scolaire ou de musique : partagez des questionnements sur la pédagogie.

Vous voulez créer votre entreprise et la professionnelle en face de vous, qui dirige une société, fait évidemment le lien… Faites-le aussi par la parole, le regard, un geste ou un sourire.

Les jurys sont sympas et détendus, l'un fait une plaisanterie : souriez, ça lui fera plaisir (personne n'aime « prendre des vents ») et vous montrerez que vous avez compris son intention de vous détendre.

! Vous récitez ce que vous avez préparé et ne tenez pas compte de la réaction du jury.

Je me souviens d'un candidat en AST qui avait créé une association de philo dans sa Fac ; il en était visiblement très fier. Il en parle dans sa « Présentation », il en parle comme expérience marquante, il en parle comme activité extrascolaire et encore je ne sais plus à quelle occasion. C'est une erreur du type « vous évoquez toujours le même sujet ». Je change de sujet car je sens les autres membres du jury tout aussi agacés que moi et je lui pose une question : **« sans revenir à votre association, avez-vous déjà… ? »**.

Hélas, sa réponse commence par : « *justement, je voulais vous préciser, à propos de mon association…* ». Je ne me souviens pas avoir fait attention à la suite et, lors du débriefing, son incapacité à écouter l'a gravement pénalisé.

! Vous répondez « à côté », vous n'avez pas écouté la question ou vous l'avez « évacuée ».

En début d'entretien, une question du type **« pourquoi vous ? »** n'est pas **« présentez-vous »**. La question n'attend pas que vous vous présentiez comme vous l'avez prévu. Reprenez au moins les termes de la question si vous tenez absolument à vous présenter : « *afin de vous convaincre de me faire intégrer l'ESCP Europe, je vais me présenter à vous…* ». Et rapidement, énoncez une de vos qualités, valeurs, caractéristiques.

Une fierté n'est pas une expérience marquante, une personnalité historique n'est pas un événement historique. Vous pouvez « tordre » votre réponse pour apporter celle qui vous « arrange », mais faites le lien avec la question car le jury ne sera pas dupe.

X APPARAÎTRE SURPRÉPARÉ ET TROP FORMATÉ

La mission que je me donne en écrivant ce livre est que vous soyez préparés et que vous arriviez en confiance devant vos jurys d'entretien. Ma méthode, la Méthode CAREL, ne doit pas être comprise comme un tableau à double entrée pour « sortir » le bon thème, mais une manière de ne pas gâcher vos chances ou de les sous-estimer.

Je vous répète souvent de ne pas utiliser « tels quels » les exemples que je vous donne ici. Ce ne sont ni des modèles ni des vérités scientifiques.

Restez authentiques et n'en faites pas trop ; les Écoles placent la sincérité comme premier critère.

Je vous fais confiance ainsi qu'à vos professeurs de Prépa pour établir la bonne mesure.

Rappelez-vous Oscar Wilde : « *Soyez vous-même, les autres sont déjà pris.* » Attention à ne pas vous transformer en « machine à thèmes, à liens et à phrases toutes faites ». Il nous arrive de faire face à des candidats « trop formatés » et qui ne semblent pas sincères. Les jurys s'en aperçoivent très vite et le risque est grand d'obtenir une très mauvaise note.

Il m'est arrivé plusieurs fois d'interrompre des candidats et, dans un objectif de bienveillance, de les alerter sur le fait que je les trouvais surpréparés. J'ai toujours été soutenu immédiatement par un autre membre du jury alors que nous ne nous étions pas concertés. J'ai, à chaque fois, demandé au candidat ou à la candidate **« de sortir de la posture de candidat, et de sa carapace »**. Certains candidats ont compris et l'ont montré en nous disant des choses très personnelles ou inattendues, d'autres non. L'un m'a répondu, sur le même ton pompeux employé depuis le début de l'entretien : « *justement, votre remarque me rappelle la première séance du Conseil municipal des lycéens après mon élection… et bla-bla-bla…* ». Il a sorti son « *thème numéro 5* »… que personne n'écoutait plus. Lui non plus n'écoutait pas le jury.

Vous n'êtes pas authentiques, vous croyez qu'il y a des bonnes réponses connues d'avance ou attendues par le jury et vous récitez des réponses toutes faites.

Vous ne vous livrez pas, vous ne vous présentez pas réellement : attention, vous agacez le jury.

Donnez de vrais défauts, avouez vos erreurs, vos doutes…

XI NE PAS MAÎTRISER LES SUJETS QUE VOUS APPORTEZ DANS L'ENTRETIEN

Le grand classique qui m'a été rapporté par un jury de l'ESSEC : « *j'aimerais aller au Brésil, surtout que je suis excellent en espagnol* ».

Un candidat intéressé par le secteur de l'énergie : « *EDF va bien car le prix du baril de pétrole n'arrête pas de monter* »… alors que le directeur financier d'EDF venait de démissionner pour alerter les pouvoirs publics. Et que le cours du pétrole était historiquement bas.

« *Ce que j'aime, c'est visiter les musées et les expos… J'adore Madrid…* »

« Un musée qui vous a plu à Madrid ? »

« *Euh… non, je vois pas.* »

Parler d'un livre que vous n'avez n'a pas lu, mais le jury oui… (ceci est arrivé en entraînement à propos de l'excellent *Sapiens*, qui a été un succès de librairie) : ne jouez pas à ça !

Si cela concerne votre projet professionnel, les erreurs à surtout éviter sont, par exemple, de ne pas connaître une définition du Marketing, de la Finance de marché, les leaders mondiaux de votre secteur d'activité… De ne pas connaître les propriétaires des journaux français, qui sont souvent des industriels, si la presse vous intéresse.

XII NE PAS PARLER DE L'ÉCOLE, NI DE VOTRE FUTURE IMPLICATION

J'ai développé ce point dans la partie sur les Écoles. Il est tellement important que je vous le résume ici.

– Difficile à croire, mais cela arrive fréquemment : le candidat ne parle pas de l'École et/ou de sa motivation. Pourtant, le jury s'attend à ce que vous parliez de l'École et se sent valorisé quand vous le faites.

– Vous parlez très peu de l'École, très tardivement, pas de manière spontanée : vous attendez la question : « **pourquoi notre École ?** ».

– Vous dites « *votre École / une École de commerce* », mais vous ne dites pas le nom de l'École.

– Vous ne vous êtes pas renseignés sur l'École.

– Vous ne parlez pas des associations, et si vous en parlez, vous n'envisagez pas d'engagement futur : « *l'EDHEC est très réputée pour sa course de bateaux à voile* ». Et après ?

Rappel : si vous faites des simulations dans vos Prépas, « choisissez » une École !

XIII SORTIR DE LA SALLE AVEC DES REGRETS ET SANS AVOIR UTILISÉ VOS MEILLEURES « CARTOUCHES »

Vous vous préparez pour l'entretien et vous y arrivez avec vos principaux thèmes personnels, vos liens, votre projet professionnel et votre excellente connaissance de l'École.

Sans apparaître surpréparés ou trop formatés, vous avez l'objectif de les utiliser / exploiter / sortir / dégainer / placer à la première occasion, et vous savez tendre des perches au jury.

Il se peut que le jury ne vous pose pas de questions directes et aidantes, comme celles du questionnaire de l'ESCP :

« **Quels sont vos centres d'intérêt ou activités extrascolaires ?** »

« **Citez un projet, une réalisation ou une prise de responsabilités dont vous êtes fier/fière.** »

« **Décrivez une expérience marquante. Que vous a-t-elle appris sur vous-même ?** »

Hélas, il se peut aussi que vous perdiez le fil, que vous ne rebondissiez pas quand vous en avez l'occasion et que vous voyiez que le temps passe…

Cela ne doit évidemment pas vous arriver. Si vous avez quatre bons thèmes personnels, vous devez entrer dans la salle d'entretien avec l'intention ferme d'en parler. Vous avez une bonne mémoire, il s'agit de vous : vous ne pouvez pas les oublier.

Cela peut paraître surprenant mais combien de candidats qui avaient prévu d'en parler ne disent pas qu'ils ont étudié deux ans à Dubaï, qu'ils ont une double nationalité et qu'ils vont souvent au Maroc, qu'ils ont effectué un stage d'un mois, gagné une compétition, effectué des maraudes sociales, tenu des postes de la Croix-Rouge dans des festivals, font du parachutisme, qu'ils adorent le théâtre ou tel auteur, écrivent des poèmes, ont donné une représentation ou un concert...

S'ils l'évoquent et que le jury rebondit sur autre chose, ils ne tentent pas de le « placer » à nouveau.

Quand nous débriefons après une simulation, ils me disent : « *j'ai pas osé y revenir* », « *je n'ai pas trouvé le bon angle* », « *j'ai eu l'impression que ça ne vous intéressait pas* ».

L'entretien est déterminant pour votre admission et le jury est là pour vous écouter !

Vous devez absolument exploiter vos principaux thèmes. N'hésitez pas à forcer un peu le passage en faisant un lien un peu artificiel, cela vaut mieux que de ne pas évoquer un de vos bons thèmes.

Enfin, comme toujours, faites preuve de sincérité et de maturité : « *je m'aperçois qu'il nous reste peu de temps et afin que vous me connaissiez mieux / afin de vous convaincre de mes qualités pour rejoindre l'ESSEC, j'aimerais vous parler de...* ».

Une fois que vous serez sortis de la salle d'entretien, il sera trop tard.

La pire erreur, c'est de sortir avec des regrets...

10

Les questions qui vous inquiètent à tort

Rebonds du jury, actualités, sujets de débat

Nous l'avons vu, il existe deux types de sujets dans un entretien.

Tout d'abord, ceux que vous « apportez » autour de votre personnalité, de votre motivation et de votre projection, notamment professionnelle. Vous pouvez les préparer et arriver en confiance à l'entretien, nous l'avons vu précédemment dans le livre.

Ensuite, ceux que le jury « apporte » et que, par essence, vous ne pouvez pas prévoir. En conséquence, ils vous inquiètent un peu plus.

Nous allons passer en revue les grandes catégories de ces « thèmes du jury », et j'espère que vous arriverez à la conclusion qu'ils ne sont pas si inquiétants et qu'au contraire, **ce sont des opportunités pour augmenter votre note et majorer vos entretiens**.

I QUESTIONS ET REBONDS SUR VOS PROPOS

Le rôle du jury est avant tout de vous écouter et de vous poser des questions à propos de vos thèmes personnels et de votre motivation. Beaucoup de ces questions sont anodines et bienveillantes, et ont pour but de mieux vous connaître.

Certaines sont des rebonds très spontanés sur des mots que vous employez ou des choses que vous dites. Impossible de toutes les prévoir…

Un exemple que j'ai rencontré :

« *… c'est pourquoi je m'intéresse au secteur de la production audiovisuelle.* »

« Quelles sont vos séries préférées ? »

« Suits, Kaboul Kitchen *et* Narcos. »

« Vous seriez prête à vous expatrier en Afghanistan ou ailleurs ? »

Un autre exemple : « *j'habite une zone pavillonnaire. Afin de gagner un peu d'argent, j'ai eu l'idée de proposer de promener les chiens de plusieurs de nos voisins après mes cours et de m'en occuper quand ils n'étaient pas là* ».

Un membre du jury a immédiatement posé la question suivante : « **c'est important pour vous l'argent ?** ».

Sans même réfléchir, voici des questions inattendues que j'aurais pu poser au candidat :

« **Vous avez dit "un peu d'argent", beaucoup selon vous, c'est combien ?** »

« **Vous êtes plutôt lévrier ou bouledogue ?** »

« **Comment vous est venue cette idée ?** »

Inutile de vous angoisser, ni surtout de faire attention aux mots que vous employez car un jury pourra toujours vous poser une question inattendue. Rassurez-vous, généralement, les jurys laissent les candidats développer leurs thèmes. Les interruptions de ce type (dont je suis friand) interviennent plutôt après plusieurs thèmes, quand le jury est déjà convaincu et souhaite passer à autre chose. Ou pas tout à fait convaincu et fait évoluer l'entretien dans votre intérêt.

Nous verrons plus tard, dans cette partie, comment réagir aux questions inattendues.

II SUIVRE INTELLIGEMMENT L'ACTUALITÉ LA PLUS RÉCENTE

Il me semble évident et naturel que vous vous intéressiez à l'actualité.

Cela me semble impératif pour certaines disciplines des épreuves écrites comme la géopolitique, l'ESH, l'économie-droit-management, voire les langues. Impératif aussi pour votre futur professionnel.

Dans la suite, j'évoque plutôt la période avant les Oraux.

Ce principe est non seulement partagé par les jurys mais aussi par les Écoles.

Par exemple, l'ESSEC le dit clairement : « *en outre, le candidat doit être au fait de l'actualité récente* ». L'ESCP a, parmi ses critères principaux : « *culture et ouverture internationales* », ce qui inclut bien évidemment l'actualité internationale.

Votre intérêt pour l'actualité montre votre ouverture sur les autres, votre intérêt pour le monde qui vous entoure et, plus généralement, votre curiosité. Toutes les Écoles pour lesquelles vous postulez ont, parmi leurs objectifs, de vous transformer en « *manager agile et ouvert, capable de s'adapter et de relever les défis nouveaux qui…* ». Sans connaissance de l'actualité, cela ne semble pas possible.

Enfin, les entretiens sont courts et même à l'ESSEC, où il est un peu plus long, il est rare que plusieurs questions d'actualité soient abordées par le jury.

! Il vaut mieux ne pas vous louper sur la première, qui sera peut-être la seule.

A. Comment suivre l'actualité ?

Rappelez-vous que les membres de jury préparent aussi les entretiens, les professionnels sont bénévoles quand ils sont dans un jury et c'est un engagement qu'ils veulent honorer.

Il est très fréquent que les jurys lisent avec beaucoup plus d'attention et de régularité les journaux avant les entretiens.

Évidemment, entre les écrits et les oraux, vous devez impérativement les lire aussi tous les jours.

1. Quels journaux ?

De très nombreux journaux ou types de supports sont lus par les milliers de membres de jury, mais ceux que je vous recommande vous assurent de ne rien manquer.

Plutôt des journaux papier quotidiens, *Les Échos* ou *Le Figaro Éco* pour les questions économiques et business, *Le Monde* pour tout le reste. Attention, en ligne ou sur les applications, si vous n'êtes pas abonnés, vous n'aurez accès qu'à une partie des journaux.

Je vous recommande de lire au moins *Le Monde* **et** *Les Échos* : vous ferez ainsi mieux que les membres de jury et ne serez pas surpris par une de leurs questions.

Vous noterez que ce sont les principaux journaux que je vous recommande de lire à propos de votre projet professionnel, ce n'est évidemment pas une coïncidence…

Vous avez aussi accès à des podcasts, des replays… Utilisez tous les moyens à votre disposition. *Courrier international* est aussi un excellent outil.

Oui, vous avez le temps de le faire car, après les écrits, vous n'aurez rien de plus important à faire que de préparer vos entretiens. Selon moi, au vu des coefficients et de leur caractère inédit, ils méritent que vous y passiez plus de temps que sur les oraux de langues car votre niveau d'anglais, par exemple, ne va pas soudainement augmenter ou baisser.

2. Suivre quelle actualité générale ?

Rassurez-vous, je ne vous demande pas de lire intégralement les deux journaux. Par exemple, la partie « Informations générales » au début des *Échos* sera en partie redondante avec celle du *Monde*, le « Cahier Éco » du *Monde* sera en partie redondant avec *Les Échos*.

Suivez d'abord les gros titres des principales rubriques pour qu'un sujet important ne vous échappe pas. Parcourez ensuite toutes les pages, lisez les titres et les introductions des articles afin de savoir « de quoi on parle en ce moment ». Enfin, lisez des articles qui vous intéressent toutes les deux pages environ.

Choisissez au moins deux sujets internationaux et deux sujets français.

Pas nécessairement les plus visibles, mais ceux qui vous intéressent vraiment.

Ceux-ci, étudiez-les de plus près afin de pouvoir les utiliser pour répondre à une question très classique : « **quel sujet vous a particulièrement intéressé(e) récemment ?** ». Le jury précisera parfois « **en France** », « **dans le monde** », et vous serez prêts dans tous les cas. Pourquoi ce sujet vous intéresse, en quoi il est important pour vous, impactant…

Lisez *Le Monde* jusqu'au bout et jetez un œil sur les pages ou Cahiers « Culture », « Cinéma », « Livres »... Toutes ces choses dont votre Prépa vous a éloignés. J'y reviendrai.

Si le jury veut savoir si vous suivez l'actualité, il ne vous interrogera pas nécessairement sur les « gros sujets sérieux » que nombre de candidats auront certainement évoqués. En 2011, le Printemps arabe et les conséquences de Fukushima, plus tard la réélection de Barack Obama, le vote du Brexit ou, en 2017, l'élection du Président Macron et le bouleversement du paysage politique français.

Il pourra vous interroger sur des sujets moins importants mais qui font parler au printemps avant ou pendant les Concours (je n'ose employer l'expression ringardisante « faire le buzz », mais c'est bien l'idée), comme pour des sujets de mai/juin 2017 : **« ça vous gênerait de devoir travailler le dimanche ? »**, **« un statut de "*first lady*" en France !? »**, **« les députés sont-ils trop payés ? »**.

Ou, plus récemment : **« que pensez-vous du projet de service militaire universel ? »**.

Avant les Oraux, j'avais demandé aux candidats que je préparais : **« êtes-vous Covfefe ? »**. La moitié d'entre eux savait de quoi je parlais, l'autre moitié s'est pris une aimable « soufflante ».

De quoi s'agit-il ?

Donald Trump termine son dernier tweet dans la nuit du 31 mai par l'énigmatique terme « *Covfefe* ». Pendant deux semaines « Covfefe » inonde les journaux (aujourd'hui encore, il y a 4 millions d'occurrences sur Google !).

Le Monde du 1er juin : « "Covfefe" *ou le pouvoir d'attraction du compte Twitter de Donald Trump* »

Le *Huffington Post* du 3 juin : « *Donald Trump invente le* "Covfefe" *sur Twitter, et tout le monde se demande ce que ça veut dire* »

Plusieurs candidats se sont vu poser cette question en entretien, sur un terme créé par une erreur de frappe et qui avait passionné la presse... pendant deux semaines.

Continuez à lire les journaux pendant la période des Oraux, jusqu'à votre dernier entretien.

Des sujets peuvent apparaître à tout moment.

Enfin, je vous conseille de regarder au moins le début du *Petit Q*, ex-*Petit Journal*, qui a un grand talent pour donner des explications du dessous des choses mais surtout pour résumer les bons sujets du jour, même anodins, potentiellement exploitables par un jury. Il me semble que Yann Barthez avait même posé la question **« êtes-vous Covfefe ? »** aux personnes qui assistaient à son émission.

Lisez les journaux et suivez l'actualité en ayant en tête son usage possible par le jury.

3. Suivre quelle activité économique et professionnelle ?

L'actualité économique générale intéresse peu les jurys justement parce qu'elle est... générale. Elle offre peu de prises à la discussion, n'est pas très personnelle et fait craindre que la discussion porte sur un thème scolaire de Prépa.

Il peut arriver sur le tapis des sujets économiques récurrents qui réapparaissent régulièrement dans l'actualité, comme : « **doit-on imposer la parité dans les entreprises ?** », « **comment régler le problème des écarts de salaire entre les hommes et les femmes ?** », ou des sujets économiques et sociaux plus ponctuels. L'année 2018 en France sera certainement chargée de ce point de vue. « L'agenda économique et social du gouvernement » y pourvoira.

C'est votre connaissance de l'actualité « business », l'actualité professionnelle des entreprises qui intéresse le jury.

Vous devez suivre de la même manière les grands sujets généraux que vous trouverez en une des *Échos* et du « Cahier Éco » du *Monde* et développés dans un article, et vous intéresser à certains d'entre eux. Ils peuvent être très variés (plus que l'actualité internationale ou française). BFM TV propose un résumé quotidien de l'actualité économique. J'ai découvert récemment le site Business Insider France qui me paraît également très adapté.

Vous avez de multiples sources à votre disposition.

J'avais interrogé mes élèves peu avant le début des Oraux en 2017 : « **qu'est-ce qui vous intéresse dans l'actualité économique et des entreprises ?** ». Voici un court extrait de leurs nombreuses réponses :

– « *la décision du groupe Altice de devenir la marque commerciale de toutes ses sociétés* » ;

– « *le rachat de Havas par Vivendi* », « *la prise de pouvoir de Vivendi chez Gameloft* » ;

– « *l'action d'Amazon qui dépasse les 1 000 dollars* » ;

– « *la cristallerie Baccarat rachetée par des Chinois* » ;

– « *Conforama qui entre au capital de Showroomprivé* ».

Je vous cite ces exemples afin que vous compreniez que les élèves qui avaient proposé ces sujets étaient capables d'en parler avec un intérêt réel, uniquement grâce à la lecture d'articles en petit nombre et parfois quelques éclairages de ma part. Ils n'y connaissaient rien quelques semaines plus tôt. Vous pouvez y arriver aussi.

Vous devez évidemment suivre l'actualité de votre projet professionnel.

C'est très facile à faire aussi bien pour les secteurs d'activité que pour les métiers ou domaines de l'entreprise. Comme le sujet est précis, il vous suffit de chercher sur Internet et d'y être attentifs dans *Les Échos*. Les revues et les sites spécialisés seront particulièrement opportuns.

Cela vous permet de renforcer votre projet professionnel, de vous donner confiance et vous pouvez trouver d'excellents *storytellings*.

Par exemple, à propos de « *Conforama qui entre au capital de Showroomprivé* ». L'annonce a été faite mi-mai 2017. Les candidats qui s'intéressent à la distribution ou à l'e-commerce, aux fusions-acquisitions ou au conseil en stratégie y ont trouvé un sujet concret.

Ainsi, vous pouvez réfléchir aux questions suivantes : quel impact pour les clients ? Quel impact sur toute la logistique ? Qu'est-ce qui a poussé les deux sociétés à s'entendre ? Quel intérêt pour l'une et l'autre ? Qui apporte quelle compétence ou quel atout ? Comment leur chiffre d'affaires global va-t-il croître ?

J'espère que, comme mes élèves, vous serez convaincus que cela peut être passionnant… et vous rapportera des points.

Il est intéressant de remarquer qu'en janvier 2018, Carrefour a annoncé un partenariat stratégique avec Showroomprivé qui passera par le rachat des 17 % acquis par l'actionnaire de Conforama en difficulté dans d'autres domaines et contraint de vendre. Pour quelles raisons Carrefour s'interesse-t-il à Showroomprivé ?

Enfin, intéressez-vous à l'actualité économique des villes de province dont vous visez les Écoles.

Lyon, Lille, Nantes, Grenoble, il se passe certainement, peu avant les Oraux, quelque chose qui pourra être un facteur de motivation supplémentaire :

– mai 2017 : OVH, la fierté du Nord : « *Pour sa première apparition dans le Top 10 des fournisseurs de Cloud Public, OVH décroche la première place en Europe et se hisse à la 2e place du classement en Amérique du Nord* » (site OVH) ;

– mai 2016 : « *SEB signe ainsi la plus importante acquisition de son histoire. Le groupe d'Écully, près de Lyon, deviendra ainsi l'un des tout premiers industriels du secteur au monde* » (Le Monde.fr). Notez au passage que la ville d'Écully est la ville où se trouve l'EM Lyon encore pour quelques années.

Enfin, le classement des Masters du *Financial Times* paraît généralement en juin, surveillez sa parution.

Ce travail de lecture efficace dans le but d'une exploitation en entretien vous rapportera des points.

4. Les questions ne sont pas toujours directes à propos d'un sujet de l'actualité

Si vous avez suivi l'actualité, vous ne serez pas surpris par la forme de la question et vous saurez répondre.

Quelques exemples de questions d'actualité :

« Quelle personnalité vous a marqué(e) récemment ? »

« Qu'est-ce qui vous a plu, déplu, choqué, indigné… ? »

« Qu'auriez-vous fait à la place de… ? »

« Vous venez d'être élu(e) Président(e), quelle est votre première décision ? »

Il arrive souvent que les jurys procèdent par allusion. En voici un exemple sur un sujet souvent évoqué une certaine année pendant les entretiens : « **êtes-vous d'accord avec la proposition de légiférer sur le salaire des patrons ?** ».

Cette question est allusive car elle fait alors référence à la polémique publique qui, à l'époque, oppose depuis fin mai le patron de Nissan-Renault, Carlos Ghosn, au ministre de l'Économie de l'époque, un certain Emmanuel Macron.

Le jury attend nécessairement une réponse qui débute par quelque chose comme : « *vous faites certainement référence à la polémique qui…* ». Un point facilement gagné.

N'hésitez surtout pas à montrer que vous avez compris « l'origine de la question » si vous la connaissez. Si vous ne la connaissez pas, c'est dommage. Si vous n'avez pas entendu parler de la polémique en question, ce sera préjudiciable.

III LES QUESTIONS D'OPINION ET LES DÉBATS D'ACTUALITÉ

Il est possible que le jury vous interroge sur ce que j'appelle un « sujet de débat ». Le plus souvent, il s'agira d'un débat d'actualité, comme dans l'exemple « **êtes-vous d'accord avec la proposition de légiférer sur le salaire des patrons ?** ».

Je vous rassure sur le fait qu'il est peu probable qu'on vous interroge sur un sujet considéré comme « sensible », telles vos opinions politiques ou les questions de religion. En revanche, vous pouvez tout à fait évoquer ces sujets spontanément si cela vous paraît utile pour votre candidature. Dans ce cas, le jury rebondira, c'est son rôle !

Je vous rappelle aussi que « les membres de jury n'ont pas d'opinion ».

Quel que soit le sujet que l'un d'eux va lancer (le plus souvent, sans concertation avec ses collègues du jury, je vous le rappelle), ils n'ont pas d'opinion commune et surtout, elle ne devrait pas interférer.

Je vous conseille d'éviter les positions extrêmes, choquantes et les généralisations imprudentes.

Ne sombrez pas pour autant dans le politiquement correct, mais évitez une phrase comme celle que j'ai entendue en jury d'entraînement : « *on devrait supprimer les allocations-chômage, comme ça, tous les chômeurs qui profitent du système se mettraient enfin à chercher du travail* ». Vous avez le droit de le penser, mais cette phrase prononcée par un ou une jeune de 20 ans qui n'a sans doute pas été confronté(e) au chômage ne vous fera pas gagner beaucoup de points selon moi.

Notez au passage qu'en juin 2018, le sujet « du contrôle des chômeurs » pourrait être un bon sujet de débat d'actualité...

A. Comment répondre à une question d'opinion ou de débat d'actualité ?

« Faut-il dépénaliser le cannabis en France ? »

« Faut-il fermer les centrales nucléaires en France ? »

« Faut-il interdire les adblocks ? »

« Faut-il supprimer l'immunité parlementaire ? »

« Faut-il légiférer contre les *fake news* ? »

« Faut-il interdire les réseaux sociaux aux moins de 16 ans ? »

« Faut-il interdire les portables à l'école ? »

« Faut-il autoriser les statistiques ethniques ? »

Les sujets concernés sont nécessairement complexes et font l'objet de vrais débats dans la société et la presse.

Souvent dans le but de pousser à faire évoluer des législations ou des réglementations.

On ne vous interrogera pas sur des sujets qui ne sont plus des débats, comme le droit à l'avortement, mais peut-être sur l'euthanasie, surtout si un fait ramène le sujet dans l'actualité.

On ne vous demandera pas non plus si vous êtes favorables aux châtiments corporels dans les écoles primaires. La question n'est soulevée nulle part et votre avis sera le même que ceux des membres du jury.

Il n'y a donc évidemment pas de bonne réponse à ce genre de question !

B. Vous devez prendre position et donner votre avis

Les questions de débat vont souvent commencer par :

« Selon vous… »

« Que pensez-vous de… »

« Êtes-vous favorable à… »

« Faut-il… »

« Êtes-vous pour ou contre… »

Les jurys attendent ici que vous donniez un avis et ce serait une erreur, selon moi, de ne pas en donner un.

C'est la question qui vous est posée : répondez-y. Les membres du jury savent que la question est complexe et les avis généralement partagés.

Le jury n'évalue pas vos opinions mais votre attitude, votre cohérence, votre écoute. C'est aussi l'occasion pour lui de vous challenger sur un sujet qui n'est pas « vous », d'analyser votre capacité à argumenter, à dialoguer et à convaincre :

– « *le sujet est délicat, il m'a intéressé à propos de "l'affaire…" et je…* » ;

– « *on en a beaucoup entendu parler il y a quelque temps, et sans être un spécialiste, je…* » ;

– « *je comprends les arguments de ceux qui pensent que… mais je crois que… notamment parce que…* » ;

– « *si je devais prendre la décision, alors je pense que je… tout en faisant attention à… même si je sais bien que cela fera réagir…* » ;

– « *j'avoue qu'à ce sujet, je fais partie de ceux qui pensent que… et voici pourquoi…* ».

Toujours avec vos mots, prenez position soit de manière nuancée si, comme beaucoup de gens, vous hésitez ou que la réponse ne peut être que nuancée selon vous, soit de manière plus ferme si vous avez une opinion nette… tout comme beaucoup de gens également.

C. Le jury prendra systématiquement le contre-pied, « tenez la position ! »

Il est évident que si le jury vous pose la question, c'est qu'il souhaite débattre avec vous.

Il prendra donc nécessairement le parti inverse de celui que vous aurez pris, et pas toujours avec nuance.

Quand ils débriefent, sachez qu'il est rare que les membres de jury précisent leur véritable opinion car elle n'a aucune importance pour la notation du candidat ou de la candidate.

Vous n'aurez pas beaucoup de sujets de ce type pendant l'entretien et **je pense que vous ne devez pas changer d'avis car cela ferait mauvais effet.** En « s'opposant » à votre opinion, le jury cherchera à savoir si vous êtes capables d'argumenter, de justifier votre avis et de le maintenir. Vous êtes appelés à diriger des collaborateurs, vous devrez écouter, argumenter et assumer vos décisions. Ne dit-on pas « gouverner, c'est choisir » ?

Bien entendu, vous devez écouter et intégrer les arguments inverses qui sont sans doute excellents, mais c'est un sujet de débat complexe et personne n'a tort ou raison.

Selon mon expérience, je pense que changer d'avis après deux minutes de discussion sur l'unique sujet de débat de l'entretien n'est pas une bonne idée.

Évidemment, comme toujours, écoutez le jury et ses arguments.

À propos des exemples de questions posées en début de partie, vous pouvez les contester ou en « prendre » une partie :

– « *il me semble au contraire que dans l'État du Colorado...* » ;

– « *je suis d'accord avec vous concernant les portables à l'école primaire et durant les premières années du collège, mais...* » ;

– « *... peut-être alors uniquement sur les crimes ou délits de type...* » ;

– « *c'est vrai que les centrales nucléaires présentent un danger. Je pense qu'on peut le réduire en fermant les plus anciennes, en rénovant les récentes et en construisant de nouvelles beaucoup plus sûres* ».

Vous pouvez rappeler un argument évoqué par le jury mais dire que, pour vous, il pèse moins qu'un des vôtres :

– « *c'est vrai que des élus, rarement, peuvent abuser parfois, mais je crois quand même que le risque serait trop grand de...* » ;

– « *l'usage des portables au lycée est certainement pénible pour les enseignants, même peut-être en École de commerce* (sourire / geste vers le professeur), *mais je crois que les enseignants ont mieux à faire que la "chasse" aux téléphones...* » ;

– « *c'est vrai, les publicités qui envahissent mon écran de portable sont pénibles, mais ça dure deux secondes. Pour moi, ça n'a pas d'importance en comparaison avec le risque de fermeture des sites gratuits...* ».

Et vous concluez simplement : « *ce débat agite la société depuis des mois / années / décennies, et pas seulement en France. Il est difficile de donner un avis tranché... Je comprends ceux qui pensent que... et j'ai bien entendu, Madame, que... Mais comme vous me demandez si je suis d'accord / pour ou contre... alors oui, je...* ».

Il existe beaucoup de manières d'argumenter, c'est aussi une question d'entraînement.

Enfin, ne vous braquez pas si le jury vous contredit !

Pendant tout cet exercice, restez souriants et veillez bien à regarder les membres du jury qui n'interviennent pas.

D. Ne vous laissez pas influencer par la manière dont la question est posée

Le jury utilisera parfois volontairement des formulations induisant une réponse ou excessives.

Quelle que soit votre réponse, il faudra que vous nuanciez (avec le sourire) la formulation de la question.

« Trouvez-vous normal qu'il n'y ait pas de sélection pour entrer en Fac ? »

« Bientôt, on ne pourra plus fumer chez soi. On ne va pas trop loin là ? »

« Et qui va vérifier que les *fake news* sont des *fakes* ? Le futur ministère de la Vérité ? »

« Vous n'êtes pas choqué par le fait que les Banques centrales gagnent de l'argent sur le dos des Grecs ? »

« Vous ne pensez pas qu'on devrait retirer leurs enfants aux parents qui refusent de les vacciner ? »

« Une pétition de soutien à Tex ? Sérieusement... »

« Votre plombier est polonais ? »

« La vaccination élargie obligatoire ! Et pourquoi pas aussi l'obligation de coucher ses enfants à 20 h ? »

« Balance ton porc ! Ça allait cinq minutes, mais là... »

« Je suis certain que vous êtes du genre à faire la grève si le ministère interdit tous les WEI... »

« Aller jouer en Russie ! et au Qatar ! Sérieusement !? » Pour tous ceux qui vont parler de sport (notamment de football) et de business sportif, attendez-vous à des questions de ce genre, des questions sur le sport et l'argent, les salaires excessifs des joueurs. Les entretiens 2018 se passeront en pleine Coupe du monde de football.

Enfin, toutes les questions que vous venez de lire font référence à des actualités « vivantes » pendant les derniers entretiens et au moment où j'écris ce livre. Certaines le seront certainement encore en juin 2018...

Beaucoup de ces questions sont aussi posées sur un mode allusif. N'oubliez pas de montrer que vous avez parfaitement compris l'allusion.

Pour conclure, vous serez à l'aise pour répondre et argumenter uniquement si vous avez suivi l'actualité.

Dans *Le Monde*, regardez les thèmes de la page « Débats », cela vous sera utile. Sur de nombreux sites de journaux, vous trouverez des pages « Débats ».

N'hésitez pas à changer de point de vue ou à chercher d'autres décryptages de l'actualité, en lisant par exemple *Libération*, *Charlie Hebdo*, *Le Canard Enchaîné*, *Marianne*, *Causeur* ou *Valeurs actuelles*.

Les questions déstabilisantes ou pièges, inattendues…

… qui ne le sont pas.

I À QUOI SERVENT LES QUESTIONS DÉSTABILISANTES OU PIÈGES, INATTENDUES… ?

Ces fameuses questions font partie de la grande légende des entretiens.

Elles existent sans aucun doute, elles ne sont pas si fréquentes et peuvent rapporter des points.

Vous l'avez compris, je considère que ce sont des opportunités, à condition d'y réagir correctement.

Je dois vous rappeler à nouveau que les jurys sont bienveillants et cherchent avant tout à vous connaître.

Le jury ne cherche jamais à déstabiliser un candidat, qu'il soit en difficulté ou non.

Je reviendrai sur les qualificatifs « déstabilisantes ou pièges, inattendues ». Pour simplifier votre lecture, j'appellerai ces questions dans la suite du livre des « questions DOPI ».

Nous l'avons vu : l'objectif de l'entretien est de permettre à l'École de faire réellement votre connaissance. Les membres du jury vont vous laisser vous présenter et vous y aider par des questions simples et directes : « **avez-vous voyagé ?** », « **quelle connaissance avez-vous du monde du travail ?** », « **avez-vous une idée de projet professionnel ?** ». Beaucoup de ces questions sont anodines et bienveillantes et ont pour but de mieux vous connaître. Le jury va vous demander des détails ; bref, il va s'intéresser à vos thèmes.

Il va aussi vouloir en savoir plus sur votre personnalité, vos avis, votre motivation, votre projection dans le futur.

Ce sont aussi vos propos qui vont faire rebondir le jury (je l'ai évoqué à propos de vos « valeurs ») ou votre attitude. « **Le candidat est-il sincère ?** », « **Nous dit-il tout ?** », « **Oui mais, si je lui demandais…** », « **Je voudrais bien voir sa réaction si…** », « **Elle est vraiment top ! Je vais la pousser légèrement pour voir si…** »

Une question DOPI est une nouvelle porte ouverte, une main tendue, une nouvelle direction donnée à l'entretien.

C'est le moyen d'en savoir plus sur vous : est-il réactif ? créatif ? informé ? Est-elle convaincante ? Est-il ferme sur ses positions ? Est-elle rigide ? A-t-il de l'humour ? de l'autodérision ? Se braque-t-il ?…

C'est aussi souvent un moyen de challenger un bon / très bon candidat pour lui donner une très bonne note (16 ou plus) plutôt qu'une bonne note.

Si vous n'êtes pas l'objet d'une question DOPI (ce qui est tout à fait possible), n'en tirez pas la conclusion que vous n'avez pas été bons ni très bons. Ici aussi, pas de généralisation.

Un candidat mal à l'aise recevra le soutien clair du jury, qui ne s'aventurera pas à le mettre encore plus en difficulté (mais ne lui mettra sans doute pas une note exceptionnelle s'il ne se remet pas en selle).

C'est aussi parfois un moyen de percer la carapace ou de faire sortir de ses rails un candidat trop formaté ou trop préparé (j'ai évoqué le sujet dans « Les erreurs fréquentes… »).

Ou simplement une relance si le jury a un moment de fatigue ou de légère déconcentration en fin d'entretien. Cela arrive, les membres de jury sont des êtres humains… Essayez d'y être attentifs pour garder ou relancer l'attention.

Ça n'est en aucun cas une volonté de nuire. Pas de pervers polymorphe ni de piqueur d'aiguille dans une poupée au sein des jurys.

II IL N'EXISTE PAS DE QUESTIONS DÉSTABILISANTES OU PIÈGES

Aucune question ne cherche à vous déstabiliser ou à vous piéger.

Une question pourrait vous déstabiliser d'abord si vous pensez que c'est son objectif, mais ce n'est jamais le cas. Retirez cette idée de votre esprit.

Si vous ne vous êtes pas suffisamment préparés sur vos thèmes d'action ou n'avez pas assez réfléchi à vos thèmes personnels d'identité, vous serez moins spontanés (car moins prêts), peut-être moins performants, mais je l'espère pas déstabilisés et certainement pas piégés.

De même, si vous n'avez pas suffisamment préparé votre motivation pour l'École, votre projet professionnel, votre connaissance de l'actualité…

Mais dans ce cas, **le jury ne peut être tenu pour responsable de votre manque de préparation**.

Ne l'accusez pas d'avoir cherché à vous déstabiliser si vous n'êtes pas prêts (mais en suivant mes conseils et en vous entraînant, vous serez prêts !).

En juin 2017, un candidat ne connaissait pas le nom du Premier ministre pourtant nommé le 15 mai (c'est vrai, un prénom comme nom de famille, ça complique… mais quand même !), un autre restait silencieux après la question « archi bateau » : « **vous êtes plein de qualités… Citez-nous deux de vos défauts** » (il n'a pu s'en prendre qu'à lui-même). Les jurys sont bienveillants mais ils doivent départager les candidats.

Les questions DOPI sont variées et d'un nombre illimité, la seule limite à leur nombre étant celle de l'imagination humaine qui est connue… pour son absence de limites !

Fort heureusement, le cadre de l'entretien, la présence d'au moins deux membres de jury dont un professeur de l'École, et le respect de votre vie privée sont de vraies limites.

On peut essayer de catégoriser les questions DOPI ainsi :

– celles qui sont des rebonds sur vos propos, qui portent sur votre personnalité, vos thèmes, vos motivations, votre projet professionnel (les « passages obligés ») ; ce sont des questions classiques, elles peuvent être réfléchies en amont ;

– toutes les autres..., les « inattendues ».

Il existe en fait **deux catégories de questions** :

– **les questions classiques qui vous concernent et dont vous possédez vos propres réponses** ;

– **les questions réellement inattendues et parfois moins car elles circulent dans les Prépas**...

Pour conclure, combien de candidats que j'ai préparés me disent être en définitive déçus car ils n'avaient « *pas eu de question piège* » alors que, peu de temps auparavant, ils s'en inquiétaient !

Vous le verrez, ces questions deviennent souvent les « bons moments » des entretiens... Ce qui ne vous empêchera pas de vous amuser à « terrifier » les candidats de l'an prochain quand, intégrés ou intégrées, vous irez faire un tour dans votre Prépa...

III COMMENT RÉPONDRE À UNE QUESTION INATTENDUE ?

A. Il n'existe pas de bonne réponse

Soyez-en persuadé.

En effet, ce n'est pas votre réponse qui compte mais la façon dont vous répondez, façon qui doit être cohérente avec votre personnalité et qui sera nécessairement influencée par votre relation avec le jury. Une même question peut apparaître totalement différente selon la façon dont elle est posée et selon l'état d'esprit du jury.

La réponse a peu d'importance car c'est le fait que vous ne soyez pas déstabilisé et restiez serein qui compte, surtout pour les questions inattendues.

! Si on vous pose une question en anglais, ne demandez pas : « *euh... je dois répondre en anglais ?* ».

Ce type de questions apparaît d'ailleurs généralement à la fin de l'entretien, quand une relation a été nouée avec le jury.

Il n'existe surtout pas de réponse type, mais des réponses qui vous sont propres. Ne « préparez » pas de réponse à l'avance mais préparez-vous à répondre.

Enfin, vous pouvez, le cas échéant, faire le lien avec votre potentiel et votre motivation, mais ne forcez pas le trait, ce n'est pas vraiment l'objet de ce type de question.

! Attention : pas d'énervement, pas de connivence, pas d'attitude de défi ou de challenge envers le jury. Vous perdrez à coup sûr.

Et vous avez gros à perdre en braquant un membre de jury !

B. Trois principes de base quand une question de ce type vous est posée

Dites-vous : « voici des bonus à prendre ».
Prenez le temps de réfléchir.
Répondez toujours aux questions.

Commentaires :

– Dites-vous : « *voici des bonus à prendre !* » : ôtez-vous toute idée de question déstabilisante ou piège. Ne pensez pas que le jury cherche à vous nuire mais qu'au contraire, il vous propose de marquer des points. Ce type de question est rare : profitez-en !

– Prenez le temps de réfléchir : montrez que vous réfléchissez, montrez à la personne qui a posé la question que vous êtes un peu surpris(e) et embêté(e) par la question… mais que vous trouvez que c'est une bonne question. Le meilleur moyen : sortez votre sourire admiratif pas trop lèche-bottes qui dit : « *top la question ! Vous êtes forte Mme le membre du jury* ». Il ne reste plus qu'à vous entraîner au « sourire admiratif pas trop lèche-bottes »…

– Répondez toujours aux questions : il est inutile de préparer et encore moins de mémoriser des réponses car il y a peu de chances que vous tombiez sur une question que vous aurez préparée, et il ne faut pas vraiment le souhaiter, surtout pour celles qui sont vraiment inattendues : « **êtes-vous rouge ou bleu ?** », « **auriez-vous condamné Marie-Antoinette à mort ?** », « **pourquoi avez-vous mis une cravate aujourd'hui ?** ».

C. Mais pouvez-vous quand même refuser de répondre ?

Une règle a souvent une exception : peut-on refuser de répondre à une question ?

Il se peut tout simplement que vous ne puissiez pas répondre à une question comme : « **comment justifierez-vous l'amendement Molière auprès d'un plombier polonais ?** ». Pas parce que vous ne parlez pas polonais mais parce que la question ne vous dit rien… et sa réponse encore moins.

Pourtant, au printemps 2017, l'amendement Molière, surnom à un amendement régional qui visait à « protéger les ouvriers et soutenir l'emploi local », a eu les honneurs de l'actualité. Le plombier polonais vedette involontaire du référendum européen de 2005 est, encore aujourd'hui, le symbole des travailleurs des pays de l'est de l'Union européenne venant travailler dans les pays de l'ouest. Le fameux « travailleur détaché ».

Il apparaîtra des questions de ce type que nous ne pouvons anticiper ici.

! Si vous n'avez pas suivi l'actualité, vous serez bien ennuyé pour répondre.

Dans ce cas, avouez votre méconnaissance, demandez une explication que vous écouterez avec intérêt et proposez d'y répondre ensuite.

Il se peut aussi que la question sur « **un échec ou un moment difficile** » vous amène à penser à un souvenir si douloureux que, presque physiquement, vous ne pouvez pas y répondre. Faites-le comprendre au jury ou dites-le-lui. Il passera immédiatement à autre chose. Paradoxalement, il vous faudra montrer que vous repartez d'un « bon pied souriant » pour détendre l'atmosphère et replacer le jury dans des dispositions positives.

Ce genre de moment m'est arrivé deux fois en tant que jury et j'avoue que depuis, j'évite ce type de questions...

D. Il peut arriver que le jury vous demande de « faire quelque chose »

Faut-il accepter de « **surprendre** », « **faire rire** », « **chanter** », « **improviser** », « **danser** », « **écrire** »... « **tenter de vendre** » ?

Comme toujours, la réponse vous appartient et dépend de votre personnalité et du contexte de l'entretien. La question vous semble-t-elle vouloir vérifier un point, vous pousser à « sortir » de votre préparation ou vous aider à vous libérer ?

C'est un sujet sur lequel les avis des « experts de l'entretien » divergent le plus et on ne peut savoir qui a « raison ou tort ». Mais si vous me demandiez de prendre position sur « la question sur les questions d'action », je dirais que **rien ne vous interdit de répondre, essayez de répondre, sauf si vous ne le « sentez » vraiment pas.** « Le sentir ou pas » : une autre expression dont je ne suis pas fan mais qui est parfaite ici.

Je ne crois pas à une question posée dont le jury vous reprocherait ensuite d'y avoir répondu et d'être « prêts à n'importe quoi ».

Comme toujours, soyez sincères avec le jury et, après réflexion, si cela vous correspond, répondez : « *chanter... ça ne va pas me montrer sous mon meilleur jour... 20 secondes, pas plus, vous ne le supporterez pas... Vous devez la connaître, vous faites les chœurs si vous voulez ?* »

Ou : « *je suis conscient que je devrais essayer, mais je suis navré, je chante trop mal, je ne suis pas à l'aise... Je vous remercie d'être indulgent...* ». Une diversion possible : « *mais si vous voulez, je peux...* », et essayez de surprendre le jury en restant sur un thème décalé : une lecture, un film que vous proposez de leur raconter ou de « pitcher ». Ou lui dire votre ressenti après le décès de Johnny ou de France Gall. Cela n'est pas la réponse attendue mais vous aurez fait un effort et ne resterez pas sur une gêne ou un silence gênant pour tout le monde.

Si vraiment vous ne pouvez pas et que vous ne trouvez pas de diversion, dites-le avec sincérité.

C'est une discussion : dites au jury que vous espérez que cela ne vous sera pas préjudiciable et enchaînez : « *je suis un peu timide* (ou *inhibé*) *aujourd'hui vu l'importance de... mais je...* ».

! Ne critiquez pas directement la question : « *je crois que le fait que je n'arrive pas à vous raconter une histoire ne devrait pas interférer sur ma possibilité d'intégrer SKEMA...* ».

Les jurys ont horreur que les candidats critiquent ou commentent leurs questions.

En revanche, vous pouvez provoquer la question « d'action » habilement en évoquant vos thèmes personnels : « *je chante de la variété / des airs d'opéra avec une troupe* », « *j'adore Phèdre* (ou *Harpagon*), *dont j'ai joué le rôle plusieurs fois* », « *je joue des percussions sur n'importe quel support* », « *j'écris des poésies* », « *je dessine depuis que j'ai 6 ans* », « *je fais de la musique ou des bruitages avec ma bouche* »,

« je joue du piano, j'ai donné un concert... », « je suis un magicien », « mes amis disent que je suis drôle... », « j'ai monté un spectacle de mime avec des enfants en colonie de vacances... ».

Faites-le avec finesse, sans donner l'impression que vous espérez qu'on vous demande une démonstration. Rares sont les jurys qui ne vont pas se précipiter pour vous demander un petit échantillon !

Je crois que, dans le cas d'un thème personnel, vous devez répondre, à moins que vous ne soyez complètement bloqués et manifestement très timides. La timidité se reconnaît, ne jouez jamais les faux timides, ni aucun rôle « bidon ». C'est votre droit de ne pas y arriver, mais au moins, dans ce cas, essayez sincèrement... Le jury serait déçu et, bien pire, s'interrogerait sur la sincérité de votre thème... Et une fois que le doute est installé...

Après avoir montré réflexion et hésitation, déclamer une petite poésie, chanter un court air d'opéra (connu si possible), mimer un homme essayant de faire fonctionner un sèche-linge (*storytelling* toujours !), simuler un morceau de piano sur la table, tester un petit tour de magie sur le membre du jury qui vous a challengé ou sur celle qui a l'air de moins se dérider... en avant les points ! Et une nouvelle relation avec le jury qui restera marqué et qui sera, comme vous, bien plus détendu !

J'ai vécu en entretien ou en simulation toutes ces situations, je n'en ai oublié aucune.

Danser, faire une petite démonstration de gym..., si vous êtes à l'aise avec votre corps et si cela vous paraît possible sans échauffement, pourquoi pas (toujours après hésitation) ? Sinon, utilisez l'argument « échauffement »...

« **Vendez-moi un...** »

« **Essayez de me convaincre que...** »

Vous cherchez à entrer dans une École de commerce... et vous êtes là pour vous « vendre ». La démarche ne peut pas vous répugner.

Rassurez-vous (ou ne vous précipitez pas « tête baissée ») : les meilleurs vendeurs ne sont pas ceux qui ont du bagout et font l'article. Bien au contraire !

Les meilleurs vendeurs sont ceux qui écoutent leurs clients ou prospects (ça tombe bien encore, écouter le jury est un impératif).

Pour ce type de questions, avant d'argumenter, commencer à poser des questions au jury/client sur « *ses pratiques, son équipement actuel, ses freins à l'achat...* ». Même démarche pour une argumentation. Même si on ne vous laisse pas finir, c'est gagné, vous montrez que vous avez compris le principe.

À propos de « **faites-nous rire** », beaucoup vous diront de ne surtout pas le faire. Je ne suis pas d'accord. Tout comme vous chantez, si vous êtes drôles et que vous avez un stock de bonnes histoires « suffisamment politiquement correctes » que vous aimez raconter, allez-y !

Et comme pour tous ces sujets, ne l'acceptez qu'une fois. Le rappel est toujours décevant après un succès.

Évidemment, vous pourrez être tentés de faire des appels du pied au jury... Pourquoi pas, mais avec grande prudence, et sans donner l'impression « d'insister », le jury ne supportera pas de se sentir manipulé.

« **Surprenez-nous** » : si vous possédez un de ces talents ou d'autres, c'est le moment. Si ce n'est pas le cas, comme c'est plutôt une question de créativité et de réactivité, je crois aussi que vous devez répondre. Comme toujours, selon votre personnalité.

Des idées ? Elles doivent être les vôtres.

Voici la mienne : remerciez et profitez-en pour faire mine d'aller aux toilettes, c'est bien. Inutile de clamer « *ah ! ça fait du bien !* » en revenant dans la salle, ce serait trop.

Quelle est la vôtre ?

IV LES QUESTIONS « CLASSIQUES » QUI VOUS CONCERNENT...

... et pour lesquelles vous possédez alors vos propres réponses.

Je vous dresse ici une liste de questions avec parfois quelques « pistes de réponse et commentaires ». Ces pistes et commentaires sont « non contractuels, à prendre avec du recul » car les réponses dépendent :

- de vous, bien entendu ;
- de ce que vous avez déjà dit de vous et du moment où les questions arrivent ;
- de votre ressenti de la relation que vous avez créée avec le jury ;
- de l'ambiance « sérieuse / studieuse » ou « détendue » de l'entretien.

Certaines sont très courantes et souvent préparées avec vos Prépas. Il n'est pas nécessaire que je les commente toutes.

Si vous avez bien utilisé et compris « *Majorez vos entretiens* », vous en avez déjà croisé certaines ou avez bien compris comment répondre à d'autres, notamment avec la Méthode CAREL.

Enfin, j'ai « imaginé » certaines questions (qui vous ont vraisemblablement déjà été posées lors d'un entretien ou le seront en juin prochain) ; c'est un exercice de créativité très facile que je vous recommande.

Vous verrez que quelques centaines de membres de jury peuvent chaque année imaginer une multitude de questions !

Choisissez un thème et imaginez des questions. Faites-le avec des camarades de Prépa, ce sera encore plus riche.

Est-il nécessaire que je vous rappelle, en commentaire de chaque question, que les réponses vous appartiennent ? Avec vos mots.

Que le contexte et les relations que vous pensez avoir nouées avec le jury influeront sur vos réponses ?

Et d'être bien tournés vers le jury, souriants et tout regard dehors ?

A. Des questions sur votre personnalité

Pour commencer, « l'Oscar de la question la plus classique » : « quels sont vos trois qualités et vos trois défauts ? »

Cette question est considérée comme banale, voire galvaudée – preuve qu'elle est certainement souvent posée. Probablement un cercle vertueux : les jurys bienveillants la posent car ils savent que vous la préparez. Vous la préparez parce que vous savez qu'ils vous la poseront peut-être.

Je préfère que les jurys n'aient pas besoin de vous aider. Mettez spontanément vos qualités en avant avec ma chère Méthode CAREL, vous en trouverez plus que trois.

Vous travaillerez vos défauts avec votre Prépa. Il vous en faut de très sincères et « détendus »... Demandez à vos parents ou frères et sœurs. Vous savez qu'il faut éviter les faux défauts comme « *perfectionniste* » ou « *trop exigeant* » qui, au mieux, feront sourire le jury.

Vous trouverez sur Internet de nombreuses listes de défauts, par exemple sur : http://www.questionsdemploi.fr/2012/11/liste-de-187-d%C3%A9fauts-humains-comment-en-parler-avec-aisance-en-entretien-.html (www.nathan.fr/majorez).

Je préfère que vous évoquiez d'authentiques défauts car, très probablement, vous en avez. Tout dépend, comme toujours, du moment où la question vous est posée et de l'ambiance de l'entretien :

– « *quand il faut prendre une décision en groupe, j'ai parfois tendance à vouloir imposer ma solution, mais la responsable de mon asso... Et depuis, j'y suis plus attentif* » ;

– « *je suis un peu susceptible, j'ai tendance à prendre un peu trop personnellement certaines remarques, par exemple, celles des filles de mon équipe de natation synchronisée. Mais bon, ça ne dure pas longtemps* » ;

– « *je n'aime pas perdre, ça me met en rage...* » ;

– « *je suis un peu timide...* », « *je suis un peu bavard...* », « *vous vous en êtes certainement rendu compte...* » (sourire, bien entendu).

Soyez sincères et, selon l'ambiance de l'entretien, pensez à la vie de tous les jours, notamment pour le troisième défaut. Ça parlera aussi au jury :

– « *je suis accro à FIFA !* » ;

– « *je suis un peu* fashion victim... *la parfaite cliente pour ASOS* » ;

– « *si vous demandez à ma mère, elle vous dira que je ne range pas trop ma chambre* » ;

– « *on se partage des tâches ménagères avec mes frères et sœurs. J'ai un peu honte, mais il m'arrive d'arnaquer ma petite sœur en lui vendant mon tour d'aspirateur contre 50 centimes d'euro et la promesse de lui raconter une histoire ou de lui faire un gros câlin* ».

Montrez que vous cherchez à vous améliorer, surtout quand vous savez que le défaut peut poser problème :

– « *je suis plutôt anxieux, ce n'est pas toujours facile à vivre mais je me prépare au mieux à l'avance pour être en confiance et éviter de perdre mon sang-froid* » ;
– « *j'avoue que je suis un peu superstitieux. C'est un peu ridicule, je le sais, mais je crois que c'est le fruit de mon éducation. Avec le temps, je me suis débarrassé de ce qui devenait un peu contraignant, presque un TOC* » ;
– « *je suis un peu "diesel" : je démarre souvent un peu lentement mais je crois que j'arrive à reprendre le train en marche le plus souvent* » ;
– « *on me dit que je suis parfois un peu insouciante : j'essaie quand même de distinguer l'essentiel de l'accessoire... mais je n'ai que 19 ans, je ne peux pas être tout le temps sérieuse !* (sourire) » ;
– « *je ne suis pas très ponctuel. Mon professeur de musique me fait verser deux euros à chaque fois que je suis en retard. Ça me fait réfléchir !* »

Il est probable que le jury rebondisse, mais vous n'avez pas grand-chose à craindre, la sincérité paye toujours.

« Une expérience... marquante / qui vous rend fier / décevante / qui est un échec / à revivre / à refaire en mieux... ? » CAREL

« Un exemple de travail d'équipe / une prise d'initiative / une décision difficile / une galère / une déception / un grand jour ? » CAREL

Ces questions sont les perches tendues par le jury pour vous permettre de parler de vous, pas de souci pour vous.

« Quelle question ne voulez-vous pas qu'on vous pose ? »

Le jury cherche à mieux vous connaître ou à vous obliger à vous dévoiler.

Sans risque ni originalité, les questions portant sur votre famille, voire votre vie intime, vous gênent ? Précisez que vous êtes « *ouverts aux questions sur les autres sujets si le jury le pense nécessaire pour...* ». Si vous le « sentez », poursuivez par « *mais, comme Madame m'a déjà posé une ou deux questions bien pesées... j'attends de voir / je garde un joker si vous le permettez* » (sourire, évidemment).

Ou : « *la question que vous m'avez posée...* ». Réponse tentante mais faussement habile ou audacieuse. Vous pensez avoir bluffé le jury avec une réponse mille fois entendue. Et le jury avance un nouveau pion : **« ah oui, pourquoi ? »** : retour à la case départ... et vous faites moins le malin...

Il y a peut-être des questions d'un autre ordre qui vous gêneraient réellement : « *la religion a beaucoup d'importance pour moi, même si j'ai vu qu'il y a une aumônerie à KEDGE, je pense que c'est du domaine de l'intime* ». *Idem* pour une opinion politique.

Peut-être vous faut-il jouer la carte de la franchise, pour « préempter » un sujet qui risque d'apparaître de toute façon : « *je dois vous avouer que je n'ai jamais travaillé en entreprise mais...* ».

Ou une question déjà posée : « *je n'ai pas eu le temps de me renseigner sur l'environnement économique de Montpellier, et vous m'avez posé la question ! Je m'en veux et j'espère que...* ». Vous revenez habilement sur un sujet qui n'était pas en votre faveur.

Les questions qui suivent sont en partie celles que vous devrez travailler dans le cadre de vos thèmes d'identité personnels. Il n'y a évidemment pas de « bonne réponse » mais, au contraire, des réponses très personnelles.

N'hésitez pas à sortir du cadre de l'entretien et du monde professionnel.
C'est ce qu'attendent les membres de jury, surtout en fin d'entretien.

« Sincérité », « cohérence » et « créativité » sont les mots-clés des réponses à ces questions.

« Ce que vous aimez / n'aimez pas, ce qui vous fait réagir, vous choque, vous motive, vous anime… ? »
« Ce qui vous rend joyeux, ce qui vous fait vibrer, ce qui vous rend triste, ce qui vous effraie, ce qui vous révulse, ce qui vous révolte, vous démoralise ou vous rend optimiste et plein d'espoir… ? »
« Votre slogan personnel ? »
« Que souhaiteriez-vous comme épitaphe ? »
« Votre rêve le plus fou ? »
« Votre idéal ? »
« Votre grande angoisse ? »
« "Bakary, celui qui…", complétez… »
« "Alice, celle qui a…", complétez… »
« Que changeriez-vous chez vous ? »
« Quel superpouvoir pour un jour ? pour un an ? »

« Votre personnalité historique préférée / que vous auriez aimé être ? »
Souvent, les candidats, en guise de temps de réflexion, demandent au jury : « *une personnalité fictive vivante, morte ?* » Quel dommage de se fermer les portes…

« Avec qui voudriez-vous dîner en tête-à-tête ? »
Pour les réponses, à vous de voir…
Laissez-vous aller… Vous avez un faible pour une actrice ou en chanteur, dites-le !

« Vous pouvez inviter deux personnes de votre choix à dîner. Qui choisissez-vous ? »
Le choix est vaste des personnes avec qui vous aimeriez dîner… Mais écoutez bien la question et vous pouvez aussi tenir compte du fait que vous allez avoir l'occasion unique de réunir deux personnes qui n'en auront peut-être jamais l'occasion sans vous.

Rappel : testez votre créativité avec le Portrait chinois ; il vous faudra peut-être savoir justifier vos réponses mais il n'est pas du tout certain que le jury vous le demande.

B. Des questions sur votre parcours et l'École

« Si vous pouviez choisir de faire autre chose qu'une École de commerce ? »

Restez fermes sur votre choix, et particulièrement l'École pour laquelle vous passez l'entretien. Mais puisque vous devez répondre, profitez-en pour faire le lien avec un de vos thèmes personnels : « *j'aurais peut-être choisi une École de cuisine*

/ tenté de vivre de ma passion du golf ». Et faites un Lien avec l'École si vous ne l'avez pas fait déjà.

Évitez, comme on l'entend souvent (même sans que cette question soit posée) : « *en fait, j'ai loupé Médecine, alors je…* ».

« Qui vous a forcé(e) à aller en Prépa ? »

Sourire, « *personne ne m'a forcé…* », et développez succinctement vos motivations pour la Prépa, insistez un peu plus sur ce que ces années vous ont apporté (capacité de travail insoupçonnée, endurance, dépassement, rigueur, méthode de travail, connaissances sur le monde qui nous entoure) puis enchaînez sur le vrai centre d'intérêt du jour : l'École !

« Que pensez-vous des élèves qui entrent en Master en Admission Sur Titre (AST) après trois ans de Fac, quand vous entrez seulement en Pré-Master après deux ans acharnés en Prépa ? »

Le phénomène prend de l'ampleur et fait parfois grogner des Prépas. À vrai dire, vous n'êtes pas concernés car le nombre de places des Prépas ne baisse pas.

Et vous reprenez les points positifs acquis en Prépa de la question précédente.

« Avez-vous un plan B si vous n'êtes pas admis(e) dans une École de commerce ? »

Rassurez-vous, il est rarissime de n'intégrer aucune École… Restez fermes sur votre choix. Annoncez que « *[vous khûberez] sans hésiter. Qu'est-ce qu'une année par rapport à mon projet de vie ?* »… Si vous êtes khûbe, peu de chances que vous n'intégriez pas une École.

Cette réponse vous convient ? Vous en êtes certains ?

Si oui, vous semblez oublier que vous êtes là pour convaincre le jury de vous faire intégrer Audencia et vous commencez déjà à admettre que vous n'y arriverez pas… alors qu'il ne tient qu'à vous. Vous en êtes si proche…

Vous oubliez de dialoguer avec le jury : « *je compte bien intégrer une École et tout particulièrement Audencia car en plus de… j'ai trouvé les admisseurs formidables / le Campus fantastiquement équipé… Je vous confirme ma motivation.* » Puis, en souriant, sans montrer d'inquiétude : « *votre question me turlupine… et j'espère que vous n'essayez pas de me faire comprendre que…* (Pause) ».

Et vous embrayez sur un nouveau thème ou vous posez une question qui vous permettra de convaincre le jury.

« Quelles sont vos autres admissibilités ? Quelle École choisirez-vous ? »

Ne mentez pas sur vos résultats, ça se verrait et je vous déconseille toujours de mentir.

Qui sait d'ailleurs s'il vaut mieux majorer ou minorer vos admissibilités, et comment généraliser ?

Ceci dit, je trouve cette question particulièrement pénible et injuste pour vous.

Et je me permets de penser que les membres de jury qui la posent n'ont pas réfléchi aux implications pour vous. Et ne se sont pas demandé quel est l'intérêt de la question (et donc de la réponse).

Cette question fait débat et vous en discuterez sans doute dans votre Prépa (écoutez plutôt vos professeurs que les Anciens et les parents, sauf s'ils sont membres de jury). Et allez voir le résultat des « duels SIGEM ».

Je me souviens avoir participé à une discussion très vive entre membres de jury lors d'une formation organisée par un École du Top 6. Un beau sujet de débat !

Pour vous rassurer, **certaines Écoles, comme l'ESCP Europe, ont strictement interdit à leurs jurys de la poser**. Dans ces Écoles, si un membre de jury passe outre ou n'a pas vu la consigne et pose la question, le professeur le recadre poliment et, comme dans les films policiers : « **le candidat ne tiendra pas compte de la question** ».

Mais elle est parfois posée et la réponse est problématique : « **vous êtes admis(e) à GEM et à l'ESCP, laquelle choisirez-vous ?** » vous demande-t-on ? À GEM, bien entendu (je prends l'exemple de GEM mais il est valable pour toutes les Écoles moins bien classées que l'ESCP).

– Réponse 1 : « *bien sûr, je choisis GEM parce que ci, parce que ça, parce que la montagne, la qualité de la vie, parce que l'écologie, pour la Majeure… et les possibilités d'échanges à…* ».

Bravo ! vous venez de faire étalage à tout le jury de votre habileté à mentir avec conviction tout en sachant que personne ne vous croit. Beau résultat, merci pour la question…

D'après le dernier « tableau des duels SIGEM » que j'ai trouvé, celui de 2016, fourni par Major-Prépa, combien d'élèves ont fait le choix d'aller à GEM plutôt qu'à l'ESCP ? Zéro ! Et pour info, l'EM Lyon plutôt que l'ESCP ?… Quatre !

https://i2.wp.com/major-prepa.com/wp-content/uploads/2016/07/TableauSIGEM2016.png (www.nathan.fr/majorez)

– Réponse 2 : « *alors, je suis vraiment très motivé par GEM parce que… mais l'ESCP est nettement mieux classée… Alors, vous comprenez… quoi… Mais sinon GEM, top, hein !* ».

Pauvre candidat qui ne connaît pas ses classements d'admissibilité et ne sait pas où il sera admis… Il sent bien que ça ne plaît pas trop au jury (au moins au membre qui lui a posé la question). Et comme il a raté Maths EDHEC et n'est pas admissible… il ne veut pas « se griller » à GEM.

Puis il va essayer d'atténuer en s'enfonçant un peu plus : « *mais comme je suis parisien, pour des raisons économiques… Et c'est plus pratique…* ». Et il ajoute un gros bobard. Alors qu'il habiterait Voiron, près de Grenoble, il choisirait aussi l'ESCP !

« *Et vous, vous auriez fait quoi à ma place ?* » Comprendre : « *pas trop de regrets, vous, les diplômés de GEM, sérieusement ?* »

Mon avis est de ne pas mentir (et de manière si évidente) et de dire combien la question vous met mal à l'aise et pourquoi en rappelant vos motifs précis de motivation.

Je pense que vous bénéficierez au moins de la mansuétude des autres membres de jury et que l'honnêteté paye toujours en entretien.

C'est mon avis…

Nous avons vu dans la partie sur les Écoles que pour les Écoles dont les classements sont plus proches, vous pouvez jouer la carte argumentée de l'École moins bien classée en mettant en avant ses avantages pour vous plutôt qu'en « démolissant » l'autre École : « *si je suis admis à GEM et Audencia ? J'aime GEM car… !* ». Cette fois, ce sera du miel aux oreilles du jury grenoblois.

« Pourquoi notre École ? »

Toujours prêts ! Cette question est sans problème pour vous. Si vous appliquez bien la Méthode CAREL, elle ne vous sera pas posée et vous pourrez « déposer » en contexte et de manière plus convaincante et crédible vos motivations.

« Qu'attendez-vous de notre École ? »

Nous l'avons vue également. N'oubliez pas : « j'attends » **ET** « j'apporte ».

« Vous nous apporterez quoi ? »

Vous l'avez préparée cette question : vos qualités, votre volonté d'apprendre et, pour chaque École, vos engagements, notamment associatifs, au sein de l'École. Si un sujet vous tient à cœur, vous trouverez aussi sans doute des associations « en ville ». Piste intéressante à creuser en partenariat avec l'École.

« Quel sera votre rôle dans l'association qui vous intéresse ? »

Difficile de ne pas dire que vous ne voulez pas prendre de responsabilités : « ben, moi, je vais assister régulièrement aux spectacles et donner un coup de main si besoin. On pourra compter sur moi ».

Un peu léger…

Si vous le pouvez, renseignez-vous sur la façon dont se déroulent les élections des membres et responsables de l'association qui vous intéressent (au moins président, trésorier, secrétaire) et des principales associations de l'École. Je crois savoir que ça se passe de manière plus animée que des élections municipales…

Comme le jury vous chatouille comme il le peut, il pourrait vous rétorquer :

« Alors, vous ne voulez pas être un anonyme ? »

« C'est important d'être le boss ? »

« C'est le devant de la scène qui vous intéresse » ?

Pas très difficile de répondre, la question est une main tendue : des responsables d'association sont évidemment nécessaires, les Écoles insistent elles-mêmes sur l'importance de ces responsabilités et ce sera une manière pour vous de vous former au travail en équipe, à l'organisation, au management… ou de consolider vos compétences, que vous n'oubliez pas de rappeler au passage *via* vos réalisations ;

et comme ce sont des élections, à vous et à votre team d'être convaincants envers les votants.

Un conseil : ne vous lancez dans une phrase aussi longue et sans pause que celle que vous venez de lire. N'oubliez pas de vous intéresser au jury et de rester en contact avec lui.

« Racontez-nous votre vie à KEDGE Marseille. »

Vous êtes dedans, vous avez réussi. Vous avez visité le Campus et les meilleurs endroits de la ville avec les admisseurs. Vous avez « préparé KEDGE ».

Visualisez, souriez et en avant le *storytelling*, incluant par exemple l'échange à Porto Alegre, Shanghai ou, bien entendu, l'OM !

N'oubliez quand même pas de parler des cours : vous entrez dans une École, les élèves l'oublient parfois… et il y a un professeur qui pèse dans le jury…

« Comment vous voyez-vous dans un an ? »

Comparée aux questions de projection à 5 ou 10 ans, celle-ci est moins compliquée… à première vue.

Évidemment : « *je viendrai de finir ma première année à l'ESSEC* ».

Le jury va tester votre connaissance de l'École et de ce que vous aurez acquis la première année. Il vous faudra donc être précis. Si le stage à l'étranger ou la possibilité de faire vos études à Rabat ou Singapour, qui figurent parmi les motivations que vous avez préparées, ne sont pas offerts aux élèves de première année, vous ne saurez quoi répondre.

Étudiez particulièrement la première année : vous y serez moins de trois mois après l'entretien, c'est l'année de la découverte de l'École, de la vie étudiante, des engagements associatifs, des rencontres. Le jury sait que vous allez changer en un an…

« C'est la proximité de Paris qui vous intéresse chez nous ? »

Pour les Parisiens, c'est en partie vrai, et pour beaucoup de provinciaux à qui il ne déplaît pas de vivre non loin de Paris aussi.

Les Écoles à environ deux heures de Paris mettent elles-mêmes cet argument en avant.

Évidemment, c'est l'objet de la question, vous n'allez pas rentrer en semaine chez vous à Paris mais plutôt profiter des soirées de travail studieuses à Audencia ou l'EDHEC… (je plaisante, rassurez-vous).

En revanche, veillez à préciser que si vous êtes membre d'une association, vous savez que vous resterez volontiers certains week-ends à Rouen ou Reims.

« Vendez-nous Lille… »

Si vous avez bien étudié les sites de l'EDHEC et SKEMA, vous vous en sortirez.

Si vous avez pu bénéficier des informations des admisseurs, vous pourrez citer quelques lieux festifs et pourquoi pas culturels.

Si, comme je vous le conseille, vous vous êtes renseignés sur Lille, le Nord et les Hauts-de-France (n'hésitez pas à élargir), vous marquerez des points !

N'oubliez évidemment pas de citer l'EDHEC ou SKEMA comme facteur d'attractivité.

C. Des questions projection / projet / business

Les questions sur votre projection dans le temps vont toucher à votre Projet pro, donc à votre connaissance du business et de l'économie.

« Comment vous voyez-vous dans cinq ans ? »

Question plutôt classique. Comme je vous l'ai indiqué, pour tout ce qui concerne votre « projection » dans le futur, n'oubliez pas d'évoquer votre dimension personnelle. Le jury cherche tout autant à vous connaître qu'à vérifier que vous connaissez bien l'École et le sérieux de votre projet professionnel.

Le CV projectif exigé par SKEMA est aussi, à mon avis, un excellent exercice d'entraînement à ces questions.

« Dans cinq ans », ça veut dire un an après l'École (trois ans d'étude + une année de césure). Il est probable que vous ayez commencé à travailler.

Qu'avez-vous vécu pendant votre scolarité qui embrasse beaucoup de champs ? Quel premier emploi avez-vous trouvé ou créé ? Où ?

Qu'avez-vous découvert ? Qu'est-ce qui vous a marqués ? Avez-vous des amis pour la vie (Les Relous, les potes de la JE, du BDE…) ? Avez-vous perfectionné votre troisième langue ? amélioré votre classement au tennis ? repris le théâtre ? commencé un engagement associatif… ?

Le jury sait que vous allez changer en cinq ans…

« Comment vous voyez-vous dans dix ans ? »

Il est peu probable que le jury vous interroge successivement sur un, cinq, dix ans. Il est possible qu'après « cinq ans », il enchaîne sur « dix ans ». Reprenez les mêmes thèmes que pour « cinq ans ». Vous aurez environ 30 ans, il est probable que vous soyez en couple et parent. Ne parlez plus de « projet professionnel » mais de « carrière professionnelle » car celle-ci aura décollé : où en êtes-vous ? Par quelles étapes êtes-vous passés ? Inspirez-vous de vrais profils LinkedIn et soyez ambitieux, vous serez diplômés de la grande École qui vous reçoit en entretien !

« Avez-vous un projet professionnel ? » / « Quel est votre projet professionnel ? »

Reprenez la partie sur le projet professionnel. Si vous êtes prêts (et il serait impardonnable que vous ne le soyez pas), pas de souci.

« Comment l'idée vous en est-elle venue ? »

Dans le cadre de votre préparation, vous trouverez nécessairement un élément fondateur (*cf.* « Les pistes pour trouver l'idée d'un projet professionnel ») : un article, une rencontre, une publicité, un centre d'intérêt…

Le jury cherche, là encore, à vérifier la crédibilité et la cohérence de votre projet professionnel. Rassurez-le et enchaînez.

« C'est Maman ou votre prof de CG en Prépa qui a trouvé votre projet professionnel ? »

Sourire. Dites d'où vous est venu votre projet professionnel et enchaînez. Mais tenez compte de la question en indiquant bien que « *personne n'a trouvé [votre] projet professionnel* » mais qu'il est normal que vous ne rejetiez pas l'influence de vos parents ou d'un enseignant de Prépa qui vous aurait aidé.

« Comment avez-vous préparé votre projet professionnel ? »

Oui, vous avez préparé votre entretien (voir la partie « Des questions sur l'entretien » ci-dessous) et notamment votre projet professionnel. Un sujet vous a intéressés (comment : voir ci-dessus), vous avez cherché à en savoir plus pour conforter votre intérêt ou vérifier sa viabilité et sa compatibilité avec les Écoles que vous visez en général et l'École qui vous reçoit en particulier.

Et vous avez la main pour parler de votre projet professionnel, faire le Lien avec l'École…

« Désolé mais je ne suis pas convaincu… »

« *C'est moi qui en suis désolé…* » Ne recommencez pas votre argumentation. Cette question ressemble à une question du type « **vendez-moi** » : interrogez le jury sur ce qui ne l'a pas convaincu et pourquoi.

« Quels sont les missions et le quotidien d'un ou d'une… ? »

Vous connaissez bien votre projet professionnel, ces questions ne doivent pas vous perturber. C'est l'occasion de marquer des points.

Je vous rappelle que vous avez UN projet professionnel à travailler, qui sera très probablement abordé en entretien. Donc, informez-vous.

« Vous n'avez pas de projet professionnel, c'est ennuyeux… »

Ne montrez pas que la question vous embarrasse. Le jury ne pense probablement pas ce qu'il vous dit mais il attend que vous montriez un intérêt pour un sujet qui pourrait déboucher sur un futur projet professionnel. Il attend que vous argumentiez (reprenez la partie « Vous avez le droit de ne pas avoir de projet professionnel… »).

« L'argent, c'est important ? »

L'argent… une question phare des entretiens qui gêne les candidats, comme beaucoup de Français.

Oui, l'argent est important, ne le contestez pas. Vous entrez dans une École de commerce (coûteuse) pour en sortir avec un diplôme dont un des intérêts est de vous permettre d'espérer une bonne rémunération qui vous facilitera la vie. La plupart des Écoles annoncent en bonne place, sur leur site, le salaire moyen de leurs diplômés pour attirer les candidats (n'hésitez pas à l'évoquer). Les membres de jury face à vous, y compris l'enseignant qui est généralement plutôt bien payé (et peut mener des missions ou des recherches pour des entreprises), ont fait le même type de choix et pour les mêmes raisons.

Quel que soit le type d'entreprise ou d'organisme où vous allez travailler, vous parlerez budget, chiffre d'affaires, investissement, marge, salaire, augmentation. Et c'est pourquoi les cours des Écoles sont truffées de questions relatives à l'argent.

Vous devez être honnête, préciser ce que vous voulez faire de votre argent à court et plus long terme sans paraître vénal.

« Quel est le salaire à la sortie de notre École ? cinq ans après ? »

Renseignez-vous à ce sujet et montrez que vous avez les pieds sur terre. À propos d'argent, il m'est arrivé de croiser des candidats issus de milieux très aisés qui semblaient déconnectés de certaines réalités : « *mais comment ils peuvent vivre avec 2 000 euros par mois ?!* ». Le niveau de revenu de vos parents n'est pas un critère de sélection mais attention à ne passer pour un « gosse de riche ».

Vous devez connaître le niveau du SMIC, du RSA, du « minimum vieillesse ».

« Qui va payer vos études ? » / « Vous trouvez normal que ce soit vos parents qui payent vos études ? »

Les frais de scolarité des Écoles sont élevés (renseignez-vous) et augmentent en raison de la baisse de leur financement par les chambres de commerce et d'industrie (CCI). Cela devient un problème croissant pour nombre d'élèves.

Vos parents investissent dans votre éducation mais beaucoup d'élèves utilisent les prêts étudiants remboursables après l'obtention du diplôme. Ces prêts sont proposés par les banques locales et généralement négociés par les Écoles, qui vous en informent dès votre inscription.

« Vous refuseriez un emploi qui vous fait rêver si le salaire vous paraît insuffisant ? »

Selon moi, oui, tout particulièrement en début de carrière. Un emploi mal payé ne vous fait pas rêver... Et il est générateur de frustrations qui vous rendront moins efficaces et heureux. Votre diplôme futur et vos qualités personnelles vous donnent le droit de ne pas renoncer d'avance... C'est mon avis...

« Vous allez gagner 2,5 fois le SMIC en sortant de l'École. Vous trouvez ça normal ? »

Vous saurez le justifier, sans condescendance, par la sélection, le niveau de votre formation, la création de valeur et d'emplois, votre potentiel d'évolution que vous espérez apporter à votre entreprise. Mais ne restez pas insensibles aux questions sociales.

« Réussir dans la vie, c'est quoi, selon vous ? »

Une question plus large bien sûr que celle sur l'argent...

« Quelle est votre place dans un groupe ? » / « Vous ne prenez pas trop de place dans un groupe ? » / « Avez-vous du mal à vous faire une place dans un groupe ? »

Le jury cherche à savoir quelle sera votre place dans l'École ou dans une entreprise en tant que futur manager. S'il pose une de ces questions, surtout les deux dernières, c'est qu'il a un doute : il se demande si vous n'êtes pas un peu

« encombrant » ou, au contraire, un peu « effacé ». Il sait aussi que les types de leadership sont extrêmement variés.

Ne forcez pas votre nature, souriez et soyez sincère (d'autant plus que le jury ne se trompe sans doute pas, même s'il exagère le trait dans sa question). Et reparlez ou placez un de vos thèmes personnels, mais sans faire « la machine à thèmes » :

– « *j'avoue que mes amis m'ont fait la même remarque pendant notre tour de l'Alsace à vélo. Je suis de nature un peu expansive et volubile. Mais mes amis me disent aussi que je sais être attentive aux autres. Je suis très consciente que, pour les travaux en groupe que promeut NEOMA, je devrais...* » ;

– « *dans un nouveau groupe, je préfère observer les personnalités et aborder les gens individuellement. Mais lors de la première réunion des animateurs du centre aéré de Champigny, où j'ai travaillé deux étés, je n'ai pas hésité à intervenir quand des animateurs laissaient entendre qu'ils comptaient "ne pas trop se fatiguer car à cet âge-là, les gosses s'amusent tout seuls". Je pense aussi que la rareté de prise de parole permet de garder son efficacité...* ». Vous pouvez aussi répondre directement sans nécessairement « placer » un thème.

« Quelles sont les qualités d'un bon manager, selon vous ? » / « Qu'est-ce qui vous fait penser que vous serez un(e) bon(ne) manager ? »

Ces deux questions sont quasiment identiques, elles vous demandent de définir ce qu'est un bon manager ou un cadre et de vous étalonner avec cette définition. Il existe de nombreuses définitions du « bon manager ou cadre ». Cherchez-en une, notez les caractéristiques et qualités, faites le lien avec les vôtres et vos thèmes... Évoquez les cours de management de l'École qui vous aideront certainement.

« Qu'est-ce qu'un chef ? »

Variante de la question précédente. Ramenez la question à « manager » mais n'oubliez pas l'aspect autorité, charisme du chef. Enfin, le chef n'est pas que chef d'entreprise, il peut être chef d'État, politique, militaire, cuisinier...

N'hésitez jamais à élargir vos réponses, ce qui montrera votre curiosité, votre ouverture et votre culture.

« La marque, l'entreprise... que vous aimez, où vous aimeriez travailler ? » / « Le patron... que vous admirez ? »

Ces questions ne doivent pas vous surprendre, vous devez les préparer. Les réponses sont les vôtres, cohérentes si possible avec votre personnalité et votre projet professionnel.

Si vous manquez d'inspiration, jetez un œil sur les classements des entreprises préférées des étudiants ou jeunes diplômés... mais vous risquez alors de manquer d'originalité (*cf.* la partie sur « le projet professionnel »).

Prévoyez alors le « **pourquoi ?** » et sachez en parler.

Je vous recommande de faire preuve d'originalité. La presse économique hebdomadaire (ou les suppléments « week-end » des quotidiens) regorge notamment de belles histoires de personnes et d'entreprises.

Récemment, *Les Échos* ont rapporté l'extraordinaire histoire de la famille italienne Del Vecchio, leader mondial des montures de lunettes, dont la société Luxottica est considérée comme le « L'Oréal de la monture ». Sa fusion en 2017 avec le leader mondial de l'optique ophtalmique est un excellent exemple pour comprendre et expliquer les stratégies des entreprises et les fusions.

Je n'en avais jamais entendu parler auparavant, mais je m'y suis réellement intéressé et je saurais en parler. Vous le pouvez aussi.

« Amazon ou Apple ? LVMH ou Hermès ? L'Oréal ou Danone ? Pepsi ou Coca ? HSBC ou BNP ? Disney ou Accor ? »

À vous de décider et d'argumenter…

« Une campagne de pub qui vous a marqué(e) ? »

Je vous en ai déjà parlé, c'est un impératif de prévoir cette question, même si votre projet professionnel n'est pas dans le domaine du marketing.

D. Des questions sur l'entretien

Ce type de questions a été évoquée dans la partie « Conclure avec panache ».

« Qu'avez-vous pensé du jury ? »

« Une de vos amies, qui vous attend dehors et qui va aussi passer devant nous, va vous demander : "alors… ils sont comment ?" Qu'allez-vous lui répondre ? »

« Quelle note pensez-vous mériter ? »

« Qu'avez-vous pensé de cet entretien ? »

« Avec quel membre du jury partiriez-vous en vacances ? »

« Avec quel membre du jury aimeriez-vous travailler ? »

« Lequel de nous trois vous semble le plus favorable à votre entrée dans l'École ? »

À ces questions souriantes sur les membres du jury, il vous faudra répondre… mais vous risquez peu.

« Avez-vous préparé cet entretien ? » / « Comment avez-vous préparé cet entretien ? »

Reprenez le même type de réponse que pour la question sur le projet professionnel.

E. Des questions inattendues

Les possibilités de questions sont infinies mais certaines reviennent régulièrement. Elles sont si nombreuses qu'un livre entier n'y suffirait pas. En voici quelques-unes auxquelles vous pouvez réfléchir.

On ne vous posera au mieux (pas au pire car vous vous en sortirez et vous ne devez pas craindre ces questions) qu'une ou deux questions tout au plus lors d'un même entretien. Ou aucune, ce qui est aussi fréquent.

Ces questions viennent parfois de la volonté du jury de clarifier un point à votre sujet et, parfois, le plus souvent, sans arrière-pensée et en fin d'entretien.

! Je ne vais pas vous donner de réponse, mais parfois des pistes car ce serait une erreur de vous orienter vers ce qui serait mon style de réponse, d'autant plus que je ne vous connais pas personnellement.

Dans la plupart des cas, il n'y a ni bonne ni mauvaise réponse.

J'avoue que je n'ai pas idée de certaines réponses mais c'est aussi le privilège des jurys de poser des questions dont ils ne connaissent pas la réponse ou ne peuvent pas la prévoir !

Au contraire, je vous conseille de chercher vos pistes de réponse, ce sera un excellent entraînement.

Vous avez le droit de proposer vos réponses inattendues à des questions inattendues, c'est le moment !

« Seriez-vous prêt(e) à enfreindre la loi pour sauver votre entreprise ? »

Ici, je vous donne un élément de réponse : non, en aucun cas, et ne vous laissez pas influencer par le jury. Regardez le film *Carbone*, qui vous montre une dérive extrême d'un patron qui veut sauver sa boîte.

« Êtes-vous en train de jouer un rôle ? »
« Pourquoi lavabo ? »
« Quelle est la hauteur de ce bâtiment à 1,80 mètre près ? »
« Si j'étais un animal, je serais… ? »

Je vous ai recommandé de vous préparer au Portrait chinois, un membre du jury peut tout à fait retourner la question vers lui ou vers un autre membre.

« Lisez-moi les lignes de la main. » / « Imaginez mon horoscope. »

Montrez que vous avez écouté le membre du jury et permettez-vous de dire : « *il me semble que vous être très réactive / vous travaillez aujourd'hui dans le marketing mais attendez-vous à…* ». On peut aussi vous demander « **vos lignes de la main** », « **votre horoscope** ».

« Préférez-vous un emploi très bien payé mais ennuyeux, ou l'inverse ? »

« Sérieux ?! »

« Vous êtes…

- **… vanille ou chocolat ? »**
- **… rond ou carré ? »**
- **… Laurel ou Hardy ? »**
- **… nuit ou jour ? »**
- **… chien ou chat ? »**
- **… Lima ou Bangkok ? »**
- **… hyène ou mouton ? »**
- **… PSG ou OM ? »**
- **… Norman ou Cyprien ? »**

« En streaming, vous regardez des films ou des séries ? » … « vous ne savez pas que c'est illégal ? » Attention, téléchargement illégal, contrefaçon… nuisent au business et sont interdits.

« Pourquoi les Bretons ont-ils des chapeaux ronds ? »

« Les Bretons ont des chapeaux ronds, et les Ch'tis, ils ont quoi ? » (À l'EDHEC ou SKEMA vraisemblablement)

« Quelle question auriez-vous voulu qu'on vous pose ? »
« Racontez-nous une histoire pas drôle. »
« Votre vrai gros mot préféré ? »
« Avez-vous un plan B ? »
« Vous dansez ? »
« Pourquoi vous ? »
« Vous avez mis une cravate, pas moi. Ça vous choque ? »
« Quel est le prix de la scolarité dans notre École ? »
« Racontez-nous un gros mytho. »
« Posez-moi une question très personnelle. »
« Pourquoi les maths pour sélectionner les candidats et pas la littérature ? »
« Salauds de pauvres ! »
« Qu'est-ce qui vous choque ? »
« Pourquoi avoir mis ce costume aujourd'hui ? »
« Être ou paraître ? »
« Que pensez-vous du piston ? »
« Faites ma description. »
« La dernière fois que vous avez menti ? »
« Les footballeurs sont-ils trop payés ? »
« Ceinture dorée ou bonne renommée ? »
« Racontez-nous la dernière fois où vous avez menti. »
« Le Père Noël est-il vraiment une ordure ? »
« Trump ou Poutine ? »
« Faut-il limiter les salaires ? »
« Vous trouvez ça juste ? »
Silence du jury…
« Votre rêve le plus fou ? »
« Le pays où vous ne voulez pas aller ? »
« Combien y a-t-il de coiffeurs à Paris ? »
« Combien de balles de ping-pong dans un Airbus A320 ? »

Ces deux dernières questions sont de type « entretien de recrutement de consultant en stratégie » et sont de plus en plus courantes. Le jury attend de vous non pas une réponse exacte (qu'il ne connaît évidemment pas) mais une méthode créative ou pragmatique pour arriver à la solution.
Surtout : réfléchissez à haute voix et partagez vos réflexions avec le jury.
À vous maintenant d'imaginer les vôtres !

11

Stratégies et techniques de l'entretien…

… ultimes conseils pour piloter l'entretien.

Nous avons passé en revue, dans « *Majorez vos entretiens* », les passages obligés et passages imprévus des entretiens.

J'aimerais vous rappeler et vous dévoiler des points qui me paraissent fondamentaux.

I ENTREZ EN ENTRETIEN AVEC UNE STRATÉGIE

! Ne devenez pas une machine à sortir des thèmes personnels d'action et d'identité.

Je vous remets en garde avant de poursuivre : vous devez être bien préparés mais tout en restant spontanés.

Pour cela, pensez toujours, pendant votre préparation, que vous ne serez pas seuls dans la pièce et que le jury peut intervenir à tout moment et comme il le souhaite.

Ceci étant bien compris, vous devez entrer dans la salle avec une stratégie, elle est simple.

A. La stratégie pour exploiter vos thèmes personnels d'action et d'identité

Avec ma Méthode CAREL, vous savez quels thèmes personnels vous souhaitez aborder et vous les avez classés en trois catégories de priorité.

Vous savez ce que chaque thème personnel va prouver au jury et quels liens vous pouvez faire le cas échéant.

Vous ne connaissez pas l'ordre dans lequel le jury va aborder tel ou tel sujet spontanément : « **avez-vous voyagé ?** », « **pourquoi notre École ?** », « **que pensent de vous vos amis ?** », « **quelle expérience avez-vous du monde du travail ou associatif… ?** ». Des questions de ce type vous permettront de placer facilement un thème si vous en avez au moins un qui correspond.

Vous ne savez pas dans quel ordre vos thèmes pourront être exploités. Je vous rappelle que cela n'a pas d'importance, mais vous n'avez que peu de temps pour « placer » vos thèmes. Je vous rappelle aussi que le jury sait que vous avez prévu des sujets et ne vous en voudra pas de faire un peu de forcing.

Vous disposez de quatre moyens pour les introduire dans l'entretien.

– Votre présentation et, le cas échéant, le questionnaire qui est une introduction dans laquelle le jury choisira probablement le premier thème de l'entretien. C'est la plus naturelle mais l'effet n'en est pas durable.

– Vous pouvez tendre des perches au jury. Par exemple, quand vous estimez avoir bien exploité un thème ou que vous sentez une lassitude, vous lancez une allusion à un autre : « *ce sentiment d'isolement quand je me suis retrouvé seul devant le rideau de fer du magasin qui ne se fermait pas me rappelle mon immersion scolaire en Australie…* ». À manier avec des pincettes quand même. Tout comme l'usage de mots-valeurs forts à la limite de la tentative de manipulation. Un peu risqué face à trois membres de jury expérimentés.

– Vous pouvez simplement y aller « franco », surtout en fin d'entretien : « *si vous me le permettez, j'aimerais vous parler de…* ».

– Vous pouvez vous appuyer intelligemment sur la Méthode CAREL et l'effet sur le jury sera excellent.

Il sera facile de répondre à une question du jury en rapport direct avec un de vos thèmes, comme vu précédemment.

Pour chaque question moins directe, au moins dans les deux premiers tiers de l'entretien, vous devez tenter de placer un de vos thèmes (tout en tenant compte de la façon dont se déroule l'entretien, il n'y a pas de règle).

Pour cela, vous devez maîtriser vos thèmes/sous-thèmes personnels d'action et d'identité et prévoir de multiples moyens de vous en servir.

Comme je l'explique à mes élèves, imaginez que chacun de vos thèmes est un Rubik's Cube.

Quelle que soit la face – verte, jaune, bleue… – par laquelle vous regardez un Rubik's Cube, c'est toujours le même Rubik's Cube.

Prenons pour exemple le cas d'un thème relatif à une collecte alimentaire organisée dans votre lycée en faveur de Haïti. Je ne rédige pas en détail l'exploitation CAREL du thème et de ses sous-thèmes, ce n'est pas nécessaire ici.

Contexte général : Haïti

« À la suite de l'ouragan Matthews qui a dévasté Haïti, avec trois amis, j'ai organisé une collecte d'aide alimentaire pendant une semaine dans mon lycée. »

Sous-thème 1 • Idée, recherche d'informations, contact avec une association locale.

Actions / Anecdotes :	*À détailler.*
Résultats / Qualités :	Solidarité, engagement, curiosité, esprit d'initiative, travail en équipe.
Évolution :	Découverte du monde associatif humanitaire
Liens avec l'École :	Association caritative de l'EDHEC
Liens avec le Projet pro :	–

Sous-thème 2 • Accord du lycée, mobilisation d'enseignants mais difficultés à mobiliser d'autres élèves, préparation de la logistique, mise en place des messages et canaux de communication vers les élèves et les familles.

Actions / Anecdotes : *À détailler.*

Résultats / Qualités : Engagement, force de conviction, capacité à organiser la communication, esprit d'équipe, esprit pratique, créativité.

Évolution : Sous-estimation des questions logistiques.

Difficultés à mobiliser : Déception et expérience marquante, fierté de la mise en œuvre, « chacun cherche à se mettre en avant ».

Liens avec l'École : BDE sous l'angle de l'activité de « mobilisation » des étudiants.

Liens avec le Projet pro : Communication / Marketing.

Sous-thème 3 • Les trois jours de collecte, le tri, la logistique. Difficultés et réussites.

Actions / Anecdotes : *À détailler.*

Résultats / Qualités : Capacité à réussir, apaisement des tensions entre les organisateurs / diplomatie (revers de l'exaltation et de la fatigue), fierté, expérience marquante.

Évolution : Capacité à régler les problèmes qui apparaissent comme les difficultés logistiques ou devenir des produits frais non prévus mais reçus en quantité (consigne mal formulée / mal comprise ; regrets car gâchis).

Pérenniser le soutien à Haïti par les élèves en accord avec l'association locale.

Liens avec l'École : Mise en relation École et association de la ville, ayant pignon sur rue.

Liens avec le Projet pro : *Supply Chain* le cas échéant, aspects logistiques des métiers.

Comment allez-vous introduire et exploiter le thème en fonction des questions ou des sujets abordés ?

On vous pose une question sur :

« Vos qualités ou vos valeurs ? »

Vous visualisez mentalement votre thème et ses sous-thèmes sous leurs différents angles, comme les faces du Rubik's Cube, et vous avez l'embarras du choix du sous-thème que vous allez choisir. Par exemple, vous lancez le sous-thème 2 avec les qualités « *engagement et force de conviction* ».

« Une expérience marquante ? »

Les sous-thèmes 2 et 3 sont des expériences marquantes, l'une déceptive, l'autre une réussite.

Vous pouvez ainsi lancer le sous-thème 2 si vous ne l'avez pas fait auparavant.

« Avez-vous pris une initiative ? » / « Une expérience dont vous êtes fier/fière… ? »

Même fonctionnement : vous tournez les faces du Rubik's Cube qui composent votre thème ou vos sous-thèmes, vous lancez un sous-thème pour répondre à la question.

Ensuite, vous l'exploitez au maximum : « *ça a été une déception de voir que des élèves de ma classe se sont complètement désintéressés et parfois même se sont moqués de nous. Mais quelle fierté de voir que beaucoup d'élèves ont participé et que même des parents se sont proposés pour…* ».

C'est toujours le même thème ou sous-thème mais vous l'introduisez dans l'entretien par une des faces.

En fonction de la question qui vous sera posée, vous devez vous entraîner à choisir avec spontanéité le thème que vous allez utiliser (et le temps de réflexion que vous prendrez vous y aidera). Vous déciderez sereinement en fonction du contexte, de la question et de celui qui vous la pose (souvenez-vous de l'exemple sur le travail d'équipe dont le thème choisi varie selon que c'est le professeur ou un professionnel qui vous la pose).

« Avez-vous vécu une expérience marquante ? »

Le candidat, en pensée : « *quel thème a sur une de ses faces une expérience marquante ?* ».

Deux possibilités de réponse s'offrent à lui :

– « *la fois où j'ai participé à la confection de paquets-cadeaux au profit de mon association humanitaire pendant deux week-ends consécutifs avant Noël, c'était crevant et je l'avoue décevant : peu d'argent, peu de considération et beaucoup de gens pas sympas du tout avec nous…* » ;

– « *je n'ai pas évoqué mon job d'été dans la boîte d'assurances ; il me permet de faire le lien avec mon Projet pro…* ».

À vous de choisir…

Vous devez connaître parfaitement vos thèmes et sous-thèmes pour les utiliser en tous sens.

C'est ce qu'on appelle « piloter l'entretien » !

B. Il n'y a pas que la Méthode CAREL dans votre vie

Vous pouvez aussi raconter une anecdote car elle était pour vous un souvenir que vous voulez faire partager au jury et que cela sera un moment détendu dans l'entretien. Moment marquant, nécessairement :

– « *la fois où j'ai travaillé comme Père Noël pour le centre commercial de ma ville* (marquant car visuel), *et j'ai des anecdotes amusantes à raconter dont vous vous souviendrez, d'autant que j'ai bien galéré* » ;

– « *la fois où, avec un ami, je me suis retrouvé (pas volontairement, je l'avoue, on avait tiré au sort et nous avons perdu) à nettoyer la fosse pleine d'excréments des éclaireurs. On ne l'avait pas creusée assez profondément* » (VAKOG visuel et olfactif, résultat assuré !) ;

– « *ma tentative de nouvelle couleur de cheveux avant les oraux du Bac, ou la veille des fiançailles de ma sœur...* ».

Quand vous avez la parole, vous pouvez aussi capter l'attention en débutant par une question ouverte, un exemple, la référence à un article que vous avez lu, voire une citation.

II TECHNIQUES DE L'ENTRETIEN : QUELQUES CONSEILS

A. Sachez gérer le temps qui passe

Il n'y a rien de choquant à ce que vous jetiez de temps en temps un œil sur votre montre.

! Évidemment, vous ne venez pas sans montre et vous ne sortez pas votre téléphone (éteint).

Vous pouvez la retourner sur votre poignet, à condition que vous ne passiez pas votre temps à la regarder ; c'est un geste mature que de gérer le temps de votre entretien.

Il peut arriver qu'une discussion longue se déroule sur un sujet. Pas de problème si la discussion est agréable, positive, équilibrée et que vous vous sentez à l'aise. Rappelez-vous, c'est un entretien, pas une interview ou un interrogatoire. Veillez à ce que la discussion ne se transforme pas en dialogue avec un seul membre du jury.

Ce moment marquera favorablement le jury. Il vous faudra être plus directs et rapides pour la suite.

B. Des erreurs à ne pas commettre dans la conduite de l'entretien

Je vous recommande de répondre directement à la question posée sans chercher à expliquer votre stratégie.

Évitez : « *je comptais d'abord vous présenter mes principales réalisations avant de vous exposer mon projet professionnel* » ou même « *si vous me le permettez, je souhaiterais d'abord...* ».

Il arrive souvent que des candidats agissent ainsi car ils restent accrochés à leur logique ou, pire, à un plan d'entretien. Selon moi, vous faites dans ce cas preuve d'absence d'agilité plutôt que de maturité.

Comme beaucoup de membres de jury, il m'arrive de changer de sujet « sans préavis » car je perçois bien ce que le candidat cherche à démontrer avec tel thème personnel. Avant de m'ennuyer, je lui tends une perche pour passer à autre chose.

Je n'aime pas trop quand le candidat n'en tient pas compte ou résiste inutilement : « *mais euh... j'étais en train de...* », voire « *je vais d'abord finir...* ».

Pour revenir à l'exemple du projet professionnel ci-dessus : quand sera venu le moment de l'aborder, le jury qui s'était fait « refouler » ne l'aura pas oublié et risque d'être moins bienveillant, voire un peu taquin : « **ah enfin ! votre projet professionnel !** ».

Évitez d'interrompre le jury quand il vous parle et n'anticipez pas la fin d'une question, comme on le voit souvent.

Les jurys ont horreur que les candidats critiquent ou commentent leurs questions, vous le faites parfois sans vous en rendre compte.

C. Reconnaissez quand vous ne savez pas

Ce conseil est simple à comprendre et à appliquer, et ne mérite pas un commentaire particulier.

Un souvenir : lors de mon premier entretien d'embauche dans l'édition, spécialisée dans… les Prépas, le PDG de la société et le secrétaire général me parlent d'une diversification dans le « parascolaire », terme peu utilisé à l'époque (au XXe siècle). J'acquiesce (comme j'avais appris à le faire en préparant mes entretiens quelques années plus tôt) et laisse passer l'occasion de dire : « *vous pouvez me préciser exactement ce qu'est le parascolaire ?* ».

On passe dix minutes sur le sujet, je comprends qu'il s'agit des annales, des livres d'exercices d'entraînement. Je fus recruté quand même… mais je me souviens encore que j'avais perdu ma confiance et qu'il me semblait que je suais à grosses gouttes.

Vous ne savez pas : dites-le.

D. Soyez capables de sortir de votre préparation

Cela vous sera d'autant plus facile que vous serez préparés et que vous aurez « placé » vos principaux thèmes.

Vous vous souvenez des candidats trop préparés ?

Voici un excellent exemple issu d'un entretien de jury AST :

Le candidat était excellent, jovial, juste sûr de lui, il avait réalisé plein de choses. Il était plein de charme et je m'étais permis de plaisanter, au détour d'une question, sur son côté « beau gosse ».

Comme il me semblait presque « trop parfait », je l'avais interpellé pour pouvoir décider de lui donner une excellente note (*cf.* « Les erreurs fréquentes ») : « **Dites-nous quelque chose que vous n'aviez pas prévu de nous dire** ».

Sa réponse : « *je vous ai dit que j'avais travaillé pour la marque Abercrombie et que j'étais allé en Chine pour la marque…* (Hésitation manifestement sincère) *Je ne vous l'ai pas précisé, mais si vous connaissez les magasins Abercrombie, vous savez qu'il y a des jeunes garçons et filles en maillots de bain à l'entrée de chacun d'eux. Comme vous avez dit, Monsieur, que j'étais "beau gosse"* (sourire gêné), *eh bien, c'était mon rôle chez Abercrombie… Il circule maintenant des milliers de selfies de moi à moitié nu avec des jeunes Chinoises partout sur Instagram et Facebook… et aujourd'hui mes amis ne manquent jamais de me chambrer avec ça* ».

Magnifique et sincère, non ?

III SINCÉRITÉ ET MENSONGE

A. La première qualité que recherche le jury est la sincérité

Elle est facile à montrer et à déceler.

Si vous n'êtes pas sincères, au moins un des membres du jury le verra. Il vous poussera et les autres le verront aussi. Au moment du débriefing, l'un d'eux dira : « *je ne l'ai pas trouvé très sincère* ». Pas de très bonne note, voire de bonne note envisageable…

Son contraire est encore plus aisé à détecter par le jury.

L'exact contraire de « sincérité » est « insincérité », qui est peu utilisé. Voici d'autres antonymes : « fausseté, hypocrisie, imposture, simulation, bluff, comédie, déloyauté, dissimulation ». Évitez qu'un jury ne vous applique un de ces termes.

Rappelez mon autre citation fétiche, celle d'Oscar Wilde : « *soyez vous-même, les autres sont déjà pris* ».

B. Ne pas mentir, enjoliver ?

Un mensonge est un danger mortel en entretien et il se voit comme « le nez au milieu de la figure ». Deux ou trois membres de jury reconnaîtront aisément un Pinocchio. Et pas seulement ceux qui auront visionné la série *Lie to me*.

Peut-on enjoliver ? Je devrais vous répondre que non et non, mais nombre de candidats le font, plus ou moins consciemment. Et les CV des professionnels sont aussi parfois de bons exemples en la matière.

Je ne suis pas certain néanmoins de l'utilité d'allonger d'une semaine la durée d'un stage ou d'un séjour, le montant gagné en vendant du muguet pour une association, ou de vous rapprocher de la finale du tournoi, d'exagérer les félicitations de votre employeur…

Mais vous l'avez peut-être déjà testé comme des élèves que je connais.

À vous de juger mais ne mentez pas, n'inventez pas de situations qui n'ont pas existé.

C'est dangereux et, du point de vue éthique, c'est inacceptable.

12

Conseils pratiques pour majorer les entretiens spécifiques

Comme nous l'avons vu au début de l'ouvrage, les Écoles font varier les modalités de leurs entretiens. Heureusement, vous êtes le point fixe de vos entretiens.

Rappel :

Les Écoles recherchent avant tout la sincérité. Une bonne préparation doit vous permettre d'être spontané.

Quels que soient les entretiens que vous passez, les principes généraux de préparation pendant les entretiens restent évidemment valables. Il s'agit toujours de marquer et convaincre les jurys de la qualité de votre candidature et de la motivation pour leur École.

Commencez, bien sûr, par vous renseigner sur les sites des Écoles, qui donnent souvent des consignes et conseils précieux pour la préparation.

Consignes et conseils d'autant plus précieux qu'ils sont communiqués aux membres de jury et que les professeurs de l'École y sont tout particulièrement attentifs.

Bien entendu, lisez de manière approfondie tous les documents qui vous seront adressés quand vous serez admissibles.

! Enfin, n'attendez pas la veille au soir pour remplir vos questionnaires.

Cela vous paraît évident d'anticiper et pourtant, combien de candidats se retrouvent dans cette situation inefficace et inutilement stressante !

Pour les principales Écoles, je vous donne ici mes conseils pratiques qui vous guideront afin de vous préparer. Ils vous aideront pour vos séances d'entraînement, si vous en avez la possibilité.

Vous trouverez facilement, sur les sites des Écoles, les modalités de leurs épreuves ; il ne me semble donc pas nécessaire de les détailler ici. Avant de lire mes conseils pour chaque type d'entretien, recherchez toutes les informations sur l'entretien que vous donnent les Écoles.

Nous traiterons successivement :

- le Triptyque HEC ;
- les entretiens avec questionnaire : ESSEC, ESCP, TBS, NEOMA, KEDGE, RENNES, STRASBOURG, MONTPELLIER, TELECOM… ;
- les mises en situation : ESSEC ;
- la nouvelle épreuve 2018 en deux parties de l'EM Lyon (inspiré du concours AST) ;
- l'épreuve de l'EDHEC en trois parties ;
- les entretiens avec exposé : Audencia, GEM, TBS, RENNES… ;
- l'épreuve de créativité et l'entretien inversé de GEM ;
- le CV projectif de SKEMA.

Le Triptyque HEC

Avant toute chose, je vous recommande de lire les derniers rapports des jurys d'HEC.

Ils sont d'une grande utilité mais c'est aussi un vrai plaisir de les lire car ils sont remarquables !

Vous y trouverez de longues listes de sujets posés depuis des années. Certains réapparaissent parfois. Ils doivent être pour vous une source de réflexion : « *que puis-je dire à ce propos ?* ».

Un sujet de triptyque quotidien, voilà un bon exercice...

Les rapports donnent d'excellents conseils et pointent chaque année les mêmes erreurs qui se répètent.

« *Nous choisissons, cette année [2016], de présenter un rapport court, les commentaires de l'épreuve formulés depuis plusieurs années, et particulièrement en 2015, restant malheureusement d'actualité quant aux erreurs les plus couramment commises* » (extrait du rapport 2016).

file:///C:/Users/User/AppData/Local/Temp/Annales_Triptyque_2016-1.pdf

www.nathan.fr/majorez

Comme j'ai une expérience de sa préparation, je vais vous fournir quelques conseils à son sujet.

Je me souviens toujours avec fierté, des décennies après, que j'ai obtenu un 18 à cette épreuve à l'époque toute nouvelle.

Auparavant, le Triptyque s'appelait « le face-à-face ».

Selon moi, ce changement de dénomination vous donne deux indications importantes :

– il ne s'agit pas systématiquement pour vous de montrer un désaccord. Notez dès à présent qu'il ne s'agit pas non plus d'arriver à un consensus fictif ;

– le rôle d'observateur pèse aussi dans la note et ne doit pas être sous-estimé dans votre préparation.

Je n'ai pas évoqué le fameux triptyque dans « *Majorez vos entretiens* » car il ne s'agit pas d'un entretien, même si les deux épreuves en partagent plusieurs aspects :

– le Triptyque, comme l'entretien, comporte une évidente composante de communication et la part du non-verbal est extrêmement importante (*cf.* « Le non-verbal est un atout ») ;

– le *storytelling* y est également fondamental, notamment pour le convaincant et le répondant ;

– il s'agit bien ici de marquer les autres candidats et le jury, et de savoir argumenter, débattre et surtout écouter ;

– il n'existe aucune « bonne réponse » ;

– enfin, HEC précise que le Triptyque permet de déceler les « qualités de manager » des candidats. Nous ne sommes pas loin de l'entretien…

Notez qu'on ne teste pas votre motivation mais vos qualités, notamment : « rigueur, réflexion, créativité ».

Je vais passer en revue les trois rôles.

Sans évidemment donner de « corrections » ou me substituer à votre futur travail de réflexion immédiates, je vais vous donner des interprétations de sujets ou des pistes de réflexion **qui me sont totalement personnelles**. Elles peuvent être contestées ou complétées. Ne vous privez pas, ce sera un excellent entraînement.

I LE CONVAINCANT EST LE RÔLE LE PLUS CLASSIQUE ET LE PLUS SIMPLE

Dites-vous bien, en découvrant le sujet, que celui qui l'a conçu et le pose de cette manière a certainement une intention…

Au moment où vous découvrez le sujet, n'oubliez pas vos grandes compétences en analyse de sujet et de recherches de problématiques.

Ce qui suit concerne également le répondant et l'observateur qui auront à commenter le sujet et à s'engager.

A. Bien comprendre le sujet et ne pas faire de contresens

Vous devez, en premier lieu, vous assurer que vous comprenez bien le sujet et ne pas vous lancer trop vite. Les sujets sont parfois volontairement posés de manière « tordue ».

Exemple : « **"Un fils est un créancier donné par la nature", écrit Stendhal dans *Lucien Leuwen*. Qu'en pensez-vous ?** »

Vous devez d'abord définir ce qu'est un créancier : c'est celui à qui on doit quelque chose. Les jurys rapportent que des candidats ont compris l'inverse…

En clair, selon moi : les parents doivent à leur enfant, ils ont une dette et/ou une responsabilité (deux mots qui n'ont pas le même sens) envers lui. Ennuyeux, si vous vous trompez.

Dans ce cas, je recommande au répondant de « tendre la main » au convaincant et de l'aider plutôt que de chercher à « l'enfoncer » (ce qui n'est jamais payant, ni éthique).

Exemple : « **l'abeille brusque-t-elle le jasmin ?** ».

Comment je le comprends : la mission de l'abeille (polliniser) est si importante que la manière n'est pas si grave.

Certes, il y a intrusion mais c'est une fécondation de la fleur. Pour simplifier : « *c'est pour son bien. Mais que ressent le jasmin ?* ».

Dans « brusquer », il y a évidemment du péjoratif et du négatif *via* la violence de l'abeille envers le jasmin. Vous pourriez chercher une analogie qui vous aiderait à comprendre le sujet : « *peut-on réellement reprocher à quelqu'un de… alors que… ?* ».

B. Tenez compte du libellé du sujet

La façon dont le sujet est posé doit influer sur votre réponse. Le jury qui ne découvre pas le sujet en même temps que vous y sera très attentif.

Le répondant et l'observateur doivent aussi être attentifs à votre prise en compte du libellé du sujet : « *le convaincant n'a pas exactement répondu au sujet qui lui demandait de…* ».

Pensez aussi à reprendre les termes du sujet dans vos développements, voire votre conclusion.

Exemples :

– « **Voyager est le paradis des sots. Qu'en pensez-vous ?** » Beaucoup de sujets vous demandent « *ce que vous pensez de…* » : il vous faut ouvrir votre esprit et donner votre avis, qui peut être nuancé. Les sujets du type « *pour ou contre* » ont disparu pour laisser place à la nuance ;

– « **"Je suis ce que je suis." Que vous inspire cette affirmation ?** » Cette formulation « Que vous inspire... », est beaucoup plus ouverte et vous incite à l'expliquer et l'illustrer. Vous pouvez, bien entendu, donner un avis ;

– « **Lanceurs d'alerte : héros ou criminels ?** » Vous allez devoir vous « mouiller ». Le libellé du sujet vous l'impose ;

– « **Nos sociétés modernes ont-elles encore besoin de livres ?** ». Bien entendu, vous avez repéré le « *encore* »… ;

– « **Faut-il travailler le dimanche ?** » Beaucoup tourne autour du « *faut-il* » ;

– « **À quoi servent les vieux ?** » Vous ne pouvez pas laisser passer « *les vieux* », qui est volontairement choquant.

C. Recherchez les nombreuses possibilités de réflexion et de thèmes à développer

Le principal reproche récurrent des jurys envers les répondants est le suivant : « *on ne saurait trop répéter aux candidats que la première question à se poser quand on leur propose un sujet est toujours : pourquoi ce sujet ? Quel intérêt y a-t-il à me confronter à cette question ?* » (extrait de rapport de jury HEC).

Quand je prépare des préparationnaires au Triptyque, je commence par leur donner un sujet réel qui paraît bien abscons : « **l'abeille brusque-t-elle le jasmin ?** », « **faut-il avoir peur du gendarme ?** », « **"Indulgence envers le loup est injustice envers le mouton", selon un proverbe scandinave. Qu'en pensez-vous ?** ».

Leur première réaction est un mélange d'abattement et de fou rire… : « *Olivier, c'est quoi ce sujet… ?!* »

Je leur demande de réfléchir isolément dix minutes en silence à des questions du type : « **qu'est-ce que ce sujet vous inspire ?** », « **quelles pistes de développement vous viennent à l'esprit ?** », « **quels rivages peut-il aborder ?** », « **pensez à l'actualité récente…** ».

Puis je leur propose de lancer collectivement leurs idées et de les partager.

Il est rare qu'on ne remplisse pas au moins une feuille de paperboard d'idées qu'il sera facile de classer et de développer ensuite.

Vous l'avez compris, mon objectif est de vous démontrer que la recherche d'idées n'est pas si compliquée quels que soient les libellés des sujets.

Faites l'exercice avec vos camarades de Prépa, « ça marche à tous les coups ».

Revenons à « **l'abeille brusque-t-elle le jasmin ?** ». Quelques idées me sont venues : « *Des parents qui forcent leur enfant à...* », « *un enseignant qui impose à ses élèves de...* ».

Des analogies sont toujours possibles.

Prenons l'actualité : au moment où j'écris ces pages, la « polémique #MeToo » à propos de la tribune de 100 femmes célèbres (dont Catherine Deneuve) dans le journal *Le Monde* fait rage.

Pourrait-on accepter qu'un homme « brusque » même légèrement une femme pour lui montrer son désir ?

Les fleurs, dont les odeurs, formes et couleurs ont pour but d'attirer les insectes pollinisateurs, ne sont-elles pas « consentantes, voire demandeuses » ? Peut-on vraiment les comparer aux femmes ?

C'est un excellent terrain, selon moi, pour un débat entre convaincant et répondant.

Et la nouvelle vaccination obligatoire ?

Pour le Triptyque, le suivi des débats d'actualité vous sera très précieux. Il ne s'agit pas d'un oral de culture générale, même si elle comptera dans cet exercice.

Il existe aussi dans ce sujet une dimension plus philosophique autour de la Nature, et une dimension relative à l'exploitation de la planète par l'Homme...

Revenons à : « **"Un fils est un créancier donné par la nature", écrit Stendhal dans *Lucien Leuwen*. Qu'en pensez-vous ?** ».

L'enfant est-il vraiment « donné par la nature » ? Il est voulu le plus souvent... donc cela implique-t-il une responsabilité ?

On trouve aussi dans cette phrase l'idée que les enfants sont des « tyrans exigeants »... car le bébé n'est absolument pas autonome (« on naît trop tôt physiologiquement »).

Et les enfants capricieux ? Les enfants « à qui tout est dû », les « enfants-rois » consommateurs.

Le Droit de la famille rappelle que les titulaires de l'autorité parentale sont garants du bien-être de leurs enfants. Leurs obligations et leurs devoirs sont étendus : devoir d'entretien, garde, surveillance, éducation et santé.

À l'époque de Stendhal (qui n'est pas cité sans raison dans le sujet), il est probable que les droits des femmes et des filles soient limités. Le fils, lui, est en droit d'exiger un héritage, d'autant qu'il transmettra le nom, ce qui a de l'importance au XIXe siècle. Quant à la fille, on ne lui doit rien ? Elle « n'existe » pas ?

Alors, Stendhal a raison ?

Il existe certainement des arguments inverses… à vous de jouer !

D. Sachez argumenter

Utilisez toute la panoplie du non-verbal, votre culture générale et vos compétences acquises en organisation des idées, en argumentation.

N'hésitez pas à utiliser des exemples, à utiliser à bon escient une citation, à utiliser vos connaissances (sans en faire un oral de CG, de Géo Po ou d'Éco), à débuter par une question…

N'hésitez pas à utiliser l'humour si c'est votre nature. Détendre le Triptyque vous sera favorable.

Il n'est pas nécessairement besoin d'un plan en deux ou trois parties, ni d'une introduction trop détaillée qui prendra trop de temps et sera redondante avec votre développement.

Annoncez vos idées, vos enchaînements et la logique de vos propos.

Si possible, gardez pour vous des idées complémentaires ou nouvelles qui viendront embellir votre discussion avec le répondant.

Notez aussi les contre-arguments à votre position qui vous viennent à l'esprit et, éventuellement, préemptez-les…

Concluez et annoncez toujours votre conclusion afin de capter l'attention de tous et de lui donner l'importance qu'elle mérite.

Enfin, minutez précisément votre temps de parole car si vous poursuivez au-delà de quatre minutes, vous serez « *arrêté par le jury sans pouvoir conclure et votre évaluation s'en trouvera minorée* » (rapport de jury).

II LE RÉPONDANT A UN RÔLE PLUS DIFFICILE

Il doit écouter, réfléchir à l'argumentation du convaincant, rechercher des points d'appui tout en préparant son argumentation.

Le répondant doit être prêt à être convaincu : « *écoutez ce qui est dit, pas nécessairement être d'accord, ni chercher à s'affirmer, ou s'affronter. Reconnaissez un bon argument et prolongez-le ou utilisez-le* » (extrait d'un rapport de jury).

Les jurys regrettent « *un manque de recul, d'envergure, d'imagination, d'originalité* » et un choix « *par principe* » de la position inverse de celle défendue par le convaincant sans expliciter ce qui fonde ce choix (raisonnement, lecture historique et théorique, principes ou valeurs personnels).

Mes conseils :

– N'oubliez pas les techniques de l'entretien : regardez bien au fond des yeux le convaincant quand il a terminé, souriez-lui, attendez deux secondes pour capter l'attention de tous… et démarrez.

– Mes conseils pour le « non-verbal » concernent également le répondant. L'humour n'est également pas interdit.

– Retenez l'idée ou la thèse principale du convaincant et mentionnez-la. Vous vous appuierez sur elle pour donner la vôtre.

– Si la thèse du convaincant n'est pas claire, dites-le, ce sera aussi un point d'appui. Dans ce cas, reformulez cette thèse (attitude très positive de votre part) et énoncez clairement la vôtre (évitez de « copier » le défaut du convaincant, ce serait d'autant plus pénalisant que vous l'avez remarqué et signalé).

– Si vous pensez que le convaincant a mal compris le sujet, dites-le (avec humilité).

– Donnez rapidement un avis, une opinion : cela servira de guide à votre débat et aura le mérite de la clarté.

– Quand vous avez la parole, votre première intervention ne doit pas être trop longue. Vous devez débattre, pas jouer au « convaincant *bis* » en présentant un nouveau développement.

– Ne perdez pas de temps à énoncer platement les arguments du convaincant. Vous êtes admissibles à HEC, on suppose que vous savez prendre des notes. Quand vous citez un argument, vous devez le réfuter, le conforter, l'élargir, le nuancer, le conditionner. Vous pouvez aussi y adhérer franchement si vous êtes globalement d'accord avec le convaincant ou, à l'inverse, l'accepter comme une « concession » et rebondir sur un contre-argument.

– Le cas le plus fréquent est que vous ayez entrevu des pistes que le convaincant n'a pas vues. Servez-vous-en, que vous soyez d'accord ou non. Si vous avez des éléments fiables pour contester un argument du convaincant, utilisez-les.

– Ne jetez pas tous vos arguments trop rapidement, gardez-en pour la fin de la discussion, ils seront d'autant plus marquants.

– Il est fréquent qu'un répondant passe une partie du débat à poser des questions au convaincant. Il ne s'agit pas d'une interview. Cela ne vous fera pas marquer des points. Au contraire, cela mettra en valeur le convaincant (et l'observateur qui ne manquera pas de le remarquer).

– Vous devez aboutir à une conclusion établissant les principaux points de réflexion et un constat sincère d'accord, de désaccord… Ne cherchez pas le consensus à tout prix.

– Selon moi, c'est vous, le répondant, qui devez conclure la discussion.

– Enfin, attention au temps qui passe, je pense que c'est au répondant d'y être particulièrement attentif.

III L'OBSERVATEUR DOIT ÊTRE SINCÈRE ET PRÉCIS

HEC écrit à propos de l'observateur : « *ne soyez pas trop stratège, ne mentez pas, soyez sincère…* ».

Quand vous parlez des autres candidats, essayez d'utiliser leurs prénoms, ce sera plus simple et plus parlant.

On va vous demander de noter les candidats que vous avez observés : faites-le avec sincérité et justifiez-le. Utilisez des qualificatifs clairs : il a été très franc, sincère, lucide, hésitant, confus, drôle, sûr de lui, passionné, curieux, bienveillant, agressif…

Ne vous laissez pas influencer par le jury qui va chercher à vous faire modifier vos notes et tester votre sérieux ou votre sincérité.

Prenez aussi en compte la posture, le langage corporel, la recherche du contact visuel, le sourire, le volume de la voix, son débit, la qualité de la prononciation.

Réfléchissez aussi aux sujets et prévoyez des questions du jury qui s'intéressera à votre opinion.

Si vous avez d'autres arguments que ceux évoqués ou des réfutations solides, notez-les précieusement et utilisez-les autant que possible.

Notez bien la position de chacun, celle du répondant au début, et si elle évolue, ou celle du convaincant.

Notez les chiffres, les citations, les exemples, les anecdotes… Ils sont faciles à retenir et le jury vous interrogera à leur sujet.

Préparez-vous à répondre à des questions de ce type :

« **Qui a été le plus constructif / collectif / convaincant / à l'écoute / clair… ?** »

« **Quels arguments vous ont semblé les plus pertinents ?** »

« **Quel argument vous a paru contestable ?** »

« **Pensez-vous que le répondant a fait preuve d'originalité / de recherche… ?** »

« **Que pensez-vous de la conclusion à laquelle ils ont abouti ?** »

Si le temps de parole n'a pas été respecté et que le jury ne l'a pas relevé, dites-le. Cela fait partie des critères de notation.

Bien entendu, la qualité et l'organisation de vos prises de notes seront un atout majeur pour votre réussite.

Pour conclure, dites-vous que vos « acolytes » d'un jour durant le Triptyque sont vos alliés.

Un débat de qualité, une vraie coopération (sans pour autant arriver nécessairement à un accord), un lien qui se crée sont dans l'intérêt des deux candidats.

Un observateur honnête qui se réjouit à bon escient de la qualité du convaincant et de celle du répondant et leur attribue de bonnes notes assumées en tirera profit.

Les questionnaires sont vos alliés

ESSEC, ESCP, TBS, NEOMA, KEDGE, RENNES, STRASBOURG, TELECOM, EM…

De nombreuses Écoles vous demandent de remplir un questionnaire qui sera remis au jury avant l'entretien, c'est une des modalités les plus courantes.

Soit vous le remplissez sur place (comme à l'ESSEC), soit vous le remplissez chez vous et l'apportez au jury juste avant l'entretien (comme à l'ESCP).

Dans tous les cas, vous ne pouvez pas être surpris car ces questionnaires sont connus et diffusés par les Écoles elles-mêmes sur leurs sites.

Une fois de plus, il s'agit de vous connaître, de vous faciliter la tâche et celle du jury, certainement pas de vous piéger.

Ces questionnaires changent plus ou moins chaque année selon les Écoles ; il faudra que vous les recherchiez sur les sites des Écoles pour être parfaitement informés.

Évidemment, chaque réponse vous appartient. Il n'y a pas de « bonne réponse » ou de « mauvaise réponse » mais une stratégie personnelle adaptée à chaque questionnaire.

I ON TROUVE DANS LES QUESTIONNAIRES LES THÈMES AUXQUELS VOUS ÊTES PRÉPARÉS

Les questionnaires ne sont pas identiques et les formulations varient. Elles sont simples et directes.

Si vous suivez mes conseils, vous ne serez pas surpris par ces questions.
La Méthode CAREL est particulièrement adaptée aux questionnaires.

Voici, de manière non exhaustive, les principaux thèmes qui y sont abordés. Vous verrez qu'ils sont sans surprise.

Vos centres d'intérêt, vos activités extrascolaires, vos participations ou engagements dans une association

ESSEC, ESCP, TBS, NEOMA, KEDGE, RENNES, MONTPELLIER, STRASBOURG…

À l'ESCP : « **quels sont vos centres d'intérêt ou activités extrascolaires ?** »

À KEDGE : « **vous êtes-vous déjà engagé(e) dans un projet, une association, une activité… ? Expliquez.** »

MONTPELLIER a conçu une épreuve originale où le candidat choisit de terminer des phrases : « **j'ai organisé un évènement** »

À STRASBOURG, on vous demande d'amener un « support » qui caractérise une de vos passions ou un de vos centres d'intérêt.

Vos expériences marquantes, réalisations, motifs de fierté…

ESCP, NEOMA, KEDGE, RENNES, MONTPELLIER…

À l'ESCP : « **Décrivez une expérience marquante. Que vous a-t-elle appris sur vous-même ?** »

À NEOMA : « **Développez une expérience dans laquelle vous vous êtes investi(e) et dont vous êtes particulièrement fier/fière** ».

Vos voyages, vos séjours à l'étranger, votre intérêt pour les autres cultures

ESSEC, ESCP, NEOMA, RENNES…

À l'ESSEC : « **Avez-vous séjourné outre-mer ou à l'étranger ? Dans quel pays ? Combien de temps ? Et pour quelles raisons ?** »

À l'ESCP (qui attache beaucoup d'importance à ce sujet) : « **Quelles sont vos expériences de différentes cultures ?** »

À NEOMA : « **Développez vos éventuelles expériences à l'étranger.** »

Votre connaissance du monde du travail

ESSEC, ESCP, TBS, RENNES, MONTPELLIER…

À l'ESSEC : « **Avez-vous déjà effectué un travail rémunéré ? Lequel ?** »

À MONTPELLIER : « **j'ai obtenu ce stage…** »

Votre projet professionnel

TBS, KEDGE, RENNES, STRASBOURG…

À TBS : « **Quel est votre projet professionnel ? Si celui-ci n'est pas précisément défini, par quelle activité ou par quel secteur êtes-vous attiré(e) ? Pourquoi ?** »

(J'aime beaucoup cette formulation, dont chaque mot est parfaitement pesé.)

Votre projection dans l'École et dans le futur

NEOMA, KEDGE, RENNES, STRASBOURG…

À NEOMA : « **Quelle contribution pensez-vous apporter à votre École durant votre futur parcours ?** »

À KEDGE : « **Qu'imaginez-vous vivre dans notre École ?** », « **Qu'aimeriez-vous avoir accompli dans cinq ans ?** »

Autour de votre personnalité

ESSEC, NEOMA, KEDGE, STRASBOURG…

À l'ESSEC : « **À quelle valeur croyez-vous le plus ? Justifiez brièvement votre réponse.** »

À KEDGE : « **Si vous étiez un animal / un monument / un personnage historique ?** »

À STRASBOURG : « **Trois qualités, trois défauts.** »

Autour de l'actualité

TBS, KEDGE, STRASBOURG…

À TBS, on vous demande de choisir un article parmi plusieurs journaux, puis de le commenter.

À KEDGE : « **Si vous pouviez porter à la connaissance du monde entier un événement qui est, selon vous, passé trop inaperçu dans les médias, lequel choisiriez-vous ?** »

Des questions ouvertes sur les thèmes que vous souhaitez aborder… ou pas !

ESSEC, ESCP, KEDGE

À l'ESSEC : « **De quels sujets désireriez-vous vous-même parler plus particulièrement ?** », « **… ou ne pas parler ?** »

À l'ESCP : « **Quelles autres informations souhaitez-vous communiquer au jury ?** »

Des questions plus spécifiques

ESSEC, TBS, NEOMA, KEDGE…

À l'ESSEC : « **Aimeriez-vous poser des questions au jury ? Lesquelles ?** »

À TBS : « **Vous êtes l'élu(e) en charge des questions Jeunesse de votre ville. Quelles sont les actions prioritaires que vous souhaitez mettre en place ?** »

À NEOMA : « **Sur quoi seriez-vous prêt(e) à vous mobiliser ?** »

Vous le voyez, nous retrouvons généralement dans les questionnaires les « passages attendus » des entretiens que nous avons passés en revue dans « *Majorez vos entretiens* ».

II À QUOI SERVENT LES QUESTIONNAIRES ?

Pour les Écoles, ils ont deux objectifs :

– aider le jury à mieux vous connaître et, éventuellement, orienter ses questions ;

– vous aider à préparer l'entretien.

L'ESCP l'explique parfaitement : « *ce questionnaire d'entretien a un double objectif : vous aider à préparer l'épreuve d'entretien et offrir des pistes de thèmes au jury pour mener l'entretien* ».

Je vous rappelle que les membres de jury ont peu de temps pour faire passer les candidats et les noter.

Les questionnaires ne sont pas remis à l'avance aux jurys (à l'ESCP, le candidat ou la candidate remet son questionnaire au jury trois minutes avant l'entretien), cela exigerait une logistique de diffusion complexe et sans doute inutile. C'est en effet l'entretien et la relation que vous allez créer avec le jury qui comptent (rappelez-vous : c'est pour cela que les Écoles organisent des entretiens).

Les jurys lisent rapidement les questionnaires, parfois « en diagonale ».

! Ce qui ne veut pas dire qu'il faut sous-estimer l'importance du questionnaire.

Au contraire, ceci vous impose de faire ressortir rapidement vos points forts et d'attirer l'attention du jury par vos réponses.

Les jurys noteront quelques mots-clés avant votre arrivée ou entoureront quelques points et s'en serviront pour relancer l'entretien, changer de sujet ou demander une précision. Autant que ce soit à propos d'un « bon » sujet.

Comme à l'oral, vos réponses tendent des perches bien choisies au jury.

Si le jury ne fait pas référence au questionnaire, ça n'est pas un problème. Bien au contraire, c'est que vous l'avez suffisamment intéressé par vos propos. Tout comme la présentation, le questionnaire est une introduction de vos thèmes, de votre personnalité, de votre motivation et, le cas échéant, de votre projet professionnel. Il n'est pas un objectif en soi.

De votre côté, pendant l'entretien, faites comme si le questionnaire n'existait pas.

Chassez le sentiment de vous répéter parce que vous avez évoqué un thème dans le questionnaire. **Parlez de vos thèmes comme si personne n'avait lu le questionnaire.** N'en parlez pas au jury. **Évoquez directement vos sujets sans faire référence au questionnaire.**

Un jour, en tant que jury, j'ai vécu ceci lors d'un entretien : « **avez-vous une expérience du monde du travail ?** »

« *Oui, c'est dans ma réponse à la deuxième question* », me répondit le candidat en montrant le questionnaire.

« **Ah oui, effectivement… excusez-moi** ». Puis un gros blanc…

Et un autre membre du jury a lancé un autre sujet. Nous n'avons évidemment jamais reparlé du sujet (dommage, un beau CDD !) et le candidat ne pouvait plus y revenir.

Cet exemple est extrême, mais toute mention au questionnaire (« *comme je le dis dans le questionnaire…* ») donne le sentiment que vous reprochez au jury d'avoir mal ou pas lu votre questionnaire.

En revanche, je vous conseille de vous inspirer des questionnaires pour compléter votre préparation et vous entraîner à répondre à différentes questions. Même si vous ne visez pas une École, répondre à ses questions vous sera utile.

Enfin, les questionnaires peuvent vous rassurer si vous craignez d'oublier d'évoquer un sujet important ou de ne pas en avoir le temps (ce qui est évidemment à proscrire) : un des membres du jury aura repéré le thème et pourra l'introduire. Je vous le rappelle, les jurys sont bienveillants.

En clair, un questionnaire bien rempli ne peut qu'améliorer votre note plutôt que la baisser.

III MARQUEZ LE JURY ET MARQUEZ DES POINTS AVEC VOTRE QUESTIONNAIRE

Je suppose ici que vous réfléchissez aux questionnaires après vous être préparés comme je vous le conseille dans « *Majorez vos entretiens* ».

A. Agissez en stratège

Avant de commencer à répondre aux questions, vous devez, bien entendu, avoir lu l'ensemble du questionnaire.

Procédez ensuite comme s'il n'y avait pas d'entretien avec un jury mais seulement un questionnaire sur lequel se joue votre admission.

Cela vous permettra de définir une stratégie toute simple :

- « *Que voudrais-je que le jury retienne de moi, notamment mes différentes qualités ?* »
- « *Quels sont les thèmes personnels d'action ou d'identité que je tiens à évoquer ?* »
- « *Quelle question me permet le mieux d'évoquer tel ou tel thème ?* »
- « *Comment vais-je montrer ma motivation pour l'École ?* »
- « *Comment introduire mon projet / intérêt professionnels ?* »
- « *Comment vais-je organiser mes réponses ?* »

Vous pouvez tout à fait ici mélanger deux thèmes dans la même réponse : « *mes amis prétendent que j'ai toujours quelque chose à dire. Pourtant, je suis restée bouche bée devant la splendeur de la baie d'Along* ».

S'il n'y a aucune question sur l'École, pensez bien à faire des liens avec elle (deux liens seront suffisants, selon moi).

Votre objectif : montrer avec sincérité des qualités ou points forts différents et votre motivation pour l'École dont vous répondez au questionnaire.

B. Marquez le jury par vos écrits

Une fois votre plan de réponse établi, il ne vous reste plus qu'à répondre clairement et de façon concrète en utilisant le *storytelling* qui s'applique parfaitement à l'écrit.

Pas de réponse vague ou générale, utilisez les contextes de vos thèmes et sous-thèmes, et tirez-en une conclusion sur vous-même si possible.

« Avez-vous déjà travaillé ? »

« *J'ai effectué un stage d'un mois en Marketing digital dans une filiale de Publicis. J'ai réalisé… et j'ai appris…* »

« Un projet, une réalisation ? »

« *Avec deux camarades de Terminale, nous avons eu l'idée d'organiser le premier Forum de l'Orientation de mon lycée. J'étais chargé de…* »

« Un centre d'intérêt ? »

« *J'adore cuisiner. Ma spécialité est une recette que j'ai inventée : le clafoutis à la banane flambée. Je dois beaucoup à mes deux petits frères qui m'ont servi de cobaye…* »

Un peu d'humour !! Les questionnaires sont souvent si plats et sérieux. Pensez au jury !

« Quelque chose à ajouter ? »

« *J'ai toujours été sensible au stress. J'ai décidé de le combattre car il me handicapait trop. Sans trop y croire, je me suis inscrit à un cours de yoga…* »

De la franchise !

Pensez au jury : ne remplissez pas toutes les lignes de toutes les questions. Quand nous voyons arriver un questionnaire entièrement rempli sans aucun espace, nous poussons un petit soupir…

Au contraire, variez les longueurs, cela sera moins monotone. Les réponses courtes ont plus de chances d'être lues intégralement, les débuts de réponses longues aussi.

Répondez à toutes les questions : c'est une consigne impérative, encore plus qu'à l'oral. Vous avez tout le temps de réfléchir à vos réponses et de demander un avis. Si vous ne répondez pas, le jury ne le comprendra pas et se précipitera sur la question.

Répondez précisément à la question posée (tous les candidats ne le font pas) :

« **Expliquez** » : vous expliquez.

« **Qu'avez-vous appris ?** » : votre réponse doit contenir « *j'ai appris* ».

« **Dans cinq ans / dans dix ans ?** » : cette question appelle deux réponses.

« **… en quelques mots** » : pas en dix lignes.

« **… dont vous êtes fier/fière** » : ne commencez pas par « *une expérience qui m'a marqué(e)* », surtout sans dire qu'elle vous a rendus fiers.

« **… la valeur** » : ce ne sont pas trois valeurs.

! Restez sincères comme toujours et n'écoutez pas n'importe quel conseil.

Je me souviens d'un candidat très détendu, optimiste et plein de joie de vivre, décidé à prendre la vie du bon côté sans trop s'embarrasser de contraintes dans l'immédiat (ce ne sont pas des défauts). Avec humour, il ne cachait pas son souhait de « *bien profiter de la vie de l'École* ». Quand j'ai lu son questionnaire avant qu'il n'entre, je m'attendais à voir un « moine soldat » austère, rigoureux et discipliné (ce ne sont pas des défauts non plus). Il avait été visiblement mal conseillé et avait cru bon de devoir écrire « *ce qui plairait au jury* ».

N'hésitez surtout pas à faire preuve d'originalité, voire d'humour si cela vous ressemble et que vous « l'assumerez » en entretien.

Vous dessinez : pourquoi pas un petit dessin ?

Vous êtes poète : un petit quatrain ?

C. Attention à la forme

Bien entendu, faites des phrases, pas de *bullet points* ni de tirets.

Choisissez un stylo de qualité avec lequel vous êtes à l'aise.

Si vous avez une écriture peu lisible (je sais de quoi je parle…), faites de gros efforts et remplissez votre version définitive en plusieurs fois pour maintenir un niveau de qualité homogène. Ne faites pas de réponses trop longues…

Je pense que vous pouvez (pour l'ESCP, par exemple) faire des copies couleur de bonne qualité, le jury ne vous en voudra pas. L'original doit être parfait et propre car les copies accentuent les défauts.

En revanche, je ne me souviens pas avoir vu de questionnaire tapé. Si c'est un vrai souci pour vous, interrogez les services « Concours » qui sont très obligeants avec les candidats et répondent à vos questions.

Vérifiez le nombre d'exemplaires que vous devez apporter à la main plutôt et prévoyez un exemplaire de plus... pour vous ! Vous le relirez avant l'entretien afin que vos réponses orales soient cohérentes avec votre écrit. En revanche, ne l'utilisez pas pendant l'entretien.

Les fautes d'orthographe et de français sont strictement interdites !

Elles font un effet épouvantable sur les membres de jury qui, comme moi, entourent les fautes au stylo en levant les yeux au ciel. Cela donne une très mauvaise image de vous. Et notamment, une impression de désinvolture.

Relisez et faites relire votre questionnaire car personne n'est parfait en ce domaine.

Dernier point : ne remplissez pas vos questionnaires au dernier moment.

Vous pouvez y penser avant vos résultats d'admissibilité. Chaque année, des élèves me demandent de relire leur questionnaire la veille du jour où ils doivent le remettre !

Ce qui devrait être un atout devient un motif de stress, mal rempli à la va-vite.

Je conclus sur cet avertissement car, si vous êtes bien préparés, les questionnaires ne présenteront pas de difficultés particulières. Au contraire, ils vous permettront de marquer plus de points.

Tolérance au stress et mise en situation à l'ESSEC

En 2017, l'ESSEC a fait évoluer ses épreuves orales, notamment son entretien de 45 minutes.

Vous trouverez d'excellentes explications en suivant ce lien :
http://m.essec.edu/media/programmes/msc-in-management/admission/presentation-nouvelles-epreuves.pdf (www.nathan.fr/majorez).

Je vous présente ce qui, pour ce qui concerne les entretiens, me semble le plus important.

A. Une partie libre classique moins « punchy »

La partie « libre » de l'entretien, et la plus longue (environ 35 minutes), est un entretien « classique » qui peut s'appuyer sur le questionnaire que vous aurez rempli à l'ESSEC pendant la journée de tests.

Sur la partie traditionnelle (qui vise à évoluer « motivations, qualités, actions passées, projets »), l'entretien de l'ESSEC n'est donc pas beaucoup plus long que celui de l'ESCP, par exemple, qui dure 25 minutes et doit être préparé de la même manière.

L'exigence de sincérité est très forte aussi à l'ESSEC, qui réfute toute notion de profil type.

L'entretien de l'ESSEC était réputé « punchy ».

Or, une indication forte a été donnée à l'occasion de l'évolution de l'épreuve : « *l'évaluation de la "tolérance au stress" (qui peut entraver l'évaluation d'autres compétences) n'est pas spécifiquement évaluée lors de l'entretien* ».

Vous comprenez bien, je suppose, ce que veut dire « *tolérance au stress* »...

À ce propos, dans une interview, Hugues Contant, directeur des admissions de l'ESSEC, déclare : « *cela fait plusieurs années que l'ESSEC, avec d'autres, ne se focalise plus sur cet objectif, qui avait tendance à prendre le pas sur les autres. Nous cherchons à les [les candidats] mettre aussi à l'aise que possible afin d'engager un réel échange, et d'évacuer toute anxiété de la communication pour un dialogue bienveillant* ».

La consigne fortement communiquée au jury « *de ne plus trop stresser les candidats* » est une bonne nouvelle pour vous, même si les habitudes ne disparaîtront peut-être pas facilement.

B. Une nouvelle partie, dite « structurée » à partir d'une ou deux situations

Cette épreuve, tout à fait innovante en classe préparatoire, repose sur une ou deux mises en situation qui visent à évaluer des compétences telles que : « *sens des valeurs et intégrité, compétences collectives, capacités entrepreneuriales (capacité de décision et de gestion de l'incertitude), capacités d'organisation et créativité* ». Ces pratiques sont plus courantes en entretien d'embauche.

L'ESSEC donne six exemples ; je vous en cite deux issus d'univers différents :
– « *Vous devenez trésorier/trésorière d'une association de l'ESSEC dont l'objectif est d'organiser des activités de soutien scolaire. Vous constatez que le trésorier précédent s'est fait rembourser des notes de frais illégales et que la divulgation de ce fait risque d'affecter grandement l'image de l'association, voire d'entraîner sa disparition. Comment gérez-vous cette situation ?* »
« *Cette situation vise à évaluer votre sens des valeurs.* »
– « *Vous êtes chargé de reprendre la conception d'un spot télévisé pour vanter l'intérêt de la consommation d'insectes lyophilisés dans une région de France plutôt attachée à une cuisine traditionnelle. La précédente campagne a été un fiasco, entraînant une diminution de la consommation régionale de ces insectes. Quelle formule proposez-vous pour le nouveau spot ?* »
« *Cette situation vise à évaluer votre créativité.* »
Bien évidemment, ici encore, il n'existe pas de « bonne réponse » et je me garderai bien de vous orienter. C'est une épreuve originale, totalement personnelle.

Je vous donne un exemple avec une autre situation : « *vous êtes capitaine d'une équipe de rugby, vous avez une demi-finale à jouer dimanche prochain. Vous apprenez par des joueurs de l'équipe que deux de vos titulaires ne viendront pas car ils ont l'opportunité d'un week-end à Barcelone.* »
Que faites-vous ?
Je vous laisse y réfléchir…

J'ai discuté de cette situation avec trois personnes, et leurs approches sont totalement différentes.
L'un m'a dit : « *c'est trop grave, j'informe l'entraîneur, il saura les convaincre, quitte à les menacer* ».
Un autre : « *je leur propose de me retrouver un soir, je leur dis que je suis au courant et je les convaincs de renoncer à Barcelone en jouant sur la solidarité de l'équipe* ».
Un autre enfin : « *je vais voir les deux remplaçants qui sont nettement moins bons, je les informe et je leur dis qu'ils ont une chance unique et que je leur fais confiance pour nous qualifier pour la finale* ».
À chacun sa vision des choses.

Pendant l'entretien, il vous faudra sortir du rôle de candidat, et entrer dans celui de la mise en situation.
Prenez le temps de la réflexion, prévoyez d'amener de quoi noter et ne vous lancez pas « bille en tête ».

Dans tous les cas, il faudra montrer un sens des réalités et un sens pratique.

Il vous faudra surtout réfléchir à haute voix, dialoguer avec le jury et tenir compte de ses remarques et de ses conseils car vous ne serez pas seuls dans la salle.

Vous avez tout à fait le droit d'hésiter…

Une amie, membre de jury, m'a donné quelques idées de situations pour vous (merci Emmanuelle !) :

« *Vous êtes une femme. À la cantine d'entreprise, une collègue des RH vous apprend que votre collègue homme occupant le même poste que vous gagne 20 % de plus que vous. Que faites-vous ?* »

« *Il est plus de 19 h, votre patron vous dit qu'il voudrait vous voir individuellement, ainsi que deux autres de vos collègues. Vous aviez prévu d'aller au théâtre à 21 h. Il fait entrer un de vos collègues et cela s'éternise. Il est 20 h, votre patron réapparaît pour chercher un document. Vous êtes encore deux à attendre pour le voir. Que faites-vous ?* »

EM Lyon, une nouvelle épreuve 2018 totalement différente

L'EM Lyon a décidé de mettre en place une nouvelle épreuve orale pour les classes préparatoires en juin 2018.

Que nous dit l'École ?

« *L'oral d'EM Lyon Business School évolue pour que nous puissions repérer de manière plus efficace les* Early Makers *de demain. Ce nouveau format permet également aux candidats de retrouver leur spontanéité.* »

Comme la plupart des Écoles, l'EM Lyon cherche à limiter l'effet d'une préparation mal comprise, entraînant un manque de spontanéité, voire de sincérité : « *il n'y a pas de portrait idéal ni de profil type, c'est pourquoi le jury apprécie les candidats qui apprennent à réfléchir sur leurs expériences (exemples précis dans le cadre scolaire, familial, associatif, sportif ou autres), sur leur avenir en cherchant à bien se connaître et en s'informant sur ce que propose l'École, plutôt que de se construire un personnage conforme à des stéréotypes imaginaires* ».

Cette nouvelle épreuve a été mise en place en 2017 pour le Concours AST. J'ai préparé des étudiants pour ce Concours et « des retours d'expérience » existent.

I QU'EST-CE QUE LA NOUVELLE ÉPREUVE ?

L'entretien dure 25 minutes et comporte deux parties. La partie des quatre questions (15 minutes) et un entretien (10 minutes seulement) avec deux personnes, dont une peut être issue du monde professionnel.

A. Première partie : la plus innovante

Le candidat a jusqu'à 15 minutes pour répondre à quatre questions. Il pioche lui-même une question au hasard dans chacun de ces quatre thèmes. Les exemples de questions sont fournis par l'École.

EXPÉRIENCE (E) : « **Quelle est votre expérience la plus marquante ?** »
PERSONNALITÉ (P) : « **Quel personnage historique vous intrigue le plus ?** »
CRÉATIVITÉ (C) : « **Vous avez un superpouvoir pendant une heure. Que faites-vous ?** »
PROJET (Pr) : « **Idéalement, quel serait votre premier stage ?** »

Vous êtes libres de choisir le temps et l'importance que vous souhaitez consacrer à chacune des questions ainsi que l'ordre dans lequel vous répondrez.

L'EM Lyon précise qu'il n'y a ni mauvaise réponse ni question piège. Vous y êtes maintenant habitués.

B. Comment vous y prendre ?

Vous n'aurez pas de temps de préparation. Vous tirez les quatre questions et l'épreuve commence. Aucun doute, il vous faudra être réactifs !

Deux alertes :

! Ne dépassez le temps prévu, vous seriez arrêtés.
N'oubliez pas de répondre à une des questions.

Si vous avez décidé de répondre par une simple phrase à une des questions, ne la passez pas en quatrième position : c'est trop risqué.

Même si le jury peut intervenir pendant que vous répondez ; préparez-vous à parler pendant 15 minutes (ou un peu moins mais au moins 12 minutes, selon moi). Utilisez le *storytelling* et surtout pensez à votre « non-verbal ».

Adressez-vous à un jury, ce n'est pas un monologue. Ne parlez pas trop vite, faites des pauses, variez votre manière de parler et souriez…

Cette épreuve va vous permettre de (ou vous contraindre à) montrer votre réactivité et votre créativité.

Ne perdez pas de vue qu'elle doit aussi vous permettre de faire connaître aux jurys vos qualités, vos atouts et votre motivation car il vous restera peu de temps ensuite.

Soyez stratège.

Utilisez les questions « expériences » et « projet » pour évoquer au moins deux thèmes forts.

Le projet peut être un projet professionnel qu'il faudra très bien préparer mais la question peut porter sur un projet ou un vœu très personnel.

Les autres questions vous permettront aussi d'avancer vos points forts, notamment la question de « personnalité ». N'oubliez pas les aspects « humains » que le jury cherche à connaître !

! N'en faites pas trop ! La question de créativité, notamment, n'attend pas toujours une réponse « rationnelle ».

C. Je vous conseille de vous entraîner à ce format inhabituel

Il ne s'agit pas, bien entendu, « d'apprendre par cœur des réponses », ce serait à la fois contre-productif et impossible.

Ce format est original et nouveau, et l'École très attractive ! Elle mérite que vous essayiez de vous familiariser avec la vitesse de décision et la stratégie qu'elle exige… et que vous vous entraîniez à parler seul un quart d'heure sans notes !

Je sais d'expérience, pour l'avoir pratiqué, qu'un peu d'entraînement vous aidera et vous rassurera.

Jouer au Portrait chinois vous donnera de l'agilité.

Je vous donnerai ci-dessous quelques exemples de questions. Il en circulera bientôt sur Internet. Vous pouvez aussi vous « amuser » à inventer des questions.

Vous en trouverez également sur le site www.nathan.fr/majorez.

Et n'oubliez les dimensions de spontanéité et de sincérité qui sont au cœur de cette nouvelle épreuve.

D. La deuxième phase de l'entretien

« *Elle permettra au candidat et aux deux membres du jury d'échanger librement sur tout autre sujet qu'ils souhaiteraient aborder.* »

En clair, un très court entretien qui démarrera à partir de vos réponses aux quatre questions.

Soyez audacieux et tentez d'évoquer d'autres thèmes importants afin de vous valoriser.

II HABITUEZ-VOUS À L'ÉPREUVE

Voici des exemples de questions que j'ai inventées et des questions posées au Concours AST l'an dernier. Je mélange volontairement l'ordre des questions.

C : « **Que faudrait-il changer dans l'Union européenne ?** »

E : « **Une expérience qui vous a fait progresser ?** »

Pr : « **L'entreprise de vos rêves ?** »

P : « **Qu'est-ce qui vous fait peur ?** »

Pr : « **Pour votre premier cours à l'EM Lyon, vous avez le choix entre "apprendre à développer une appli" et "apprendre à parler en public". Que choisissez-vous ?** »

C : « **Que faites-vous si vous pouvez tout voir pendant deux heures ?** »

P : « **Quelle qualité aimeriez-vous avoir ?** »

E : « **Racontez-nous une expérience collective.** »

E : « **Croyez-vous vraiment que l'échec fait grandir ?** »

Pr : « **Quels sont les trois cours que vous aimeriez suivre dans notre École ?** »

P : « **À qui demandez-vous conseil avant de prendre une décision importante ?** »

C : « **Que vous inspire *Neverland* le pays de Peter Pan ?** »

E : « **Quelles expériences vous ont le plus et le moins apporté ?** »

Pr : « **Pensez-vous être apte à l'entrepreunariat ?** »

P : « **Pour quelle raison quitteriez-vous un groupe ?** »

C : « **On vous annonce que votre voyage au Japon est annulé. On vous propose un voyage au Tchad à la place.** »

C : « **Choisissez une personnalité pour partir en vacances, une pour monter un projet entrepreneurial.** »

E : « **Dans l'organisation d'une kermesse associative, quel est votre rôle ?** »

Pr : « **Qu'est-ce qui fait un entrepreneur ?** »

P : « **La grande société où vous avez effectué un stage, a triplé votre indemnité par erreur. Que faites-vous ?** »

L'épreuve en trois parties de l'EDHEC

L'EDHEC a radicalement modifié son entretien en 2017.

Selon une interview d'Emmanuel Métais, directeur de l'École : « *il fallait trouver un moyen de recruter des étudiants possédant les valeurs et les* soft skills *que les entreprises recherchent, et tout particulièrement la capacité à travailler en groupe* ».

Il met également en avant trois valeurs de l'EDHEC : l'engagement, l'impact et l'innovation.

C'est une épreuve originale (et, à mon avis, très pertinente) qui dure deux heures et vous demandera beaucoup de concentration.

Vous passerez ces deux heures avec cinq autres candidats et candidates que, normalement, vous ne connaissez pas.

Sans que cela vous stresse, sachez qu'un des trois membres du jury aura l'œil sur vous et un autre candidat en permanence. Ne l'oubliez pas.

C'est avec lui seul que vous aurez un court entretien.

Le nouveau format se compose de trois phases que nous allons étudier successivement.

A. Prise de parole en public (individuel)

Objectif : savoir communiquer et convaincre.

Durée totale de la présentation incluant le thème d'improvisation : 3 minutes.

Vous allez préparer une « *présentation classique* » dans laquelle vous introduirez, à votre gré, un thème d'improvisation tiré au sort « *sans que le thème ne soit prédominant* ».

Une fois le thème connu, vous aurez 2 minutes pour vous préparer. Vous vous présenterez face au jury en présence des cinq autres candidats et candidates (rassemblés, le plus souvent, derrière vous).

Je vous ai déjà donné des conseils sur le contenu de votre « Présentation », mais à l'EDHEC, vous êtes certains que vous ne serez pas interrompus. De plus, l'entretien qui suivra en fin d'épreuve avec un seul membre de jury sera court. Exploitez le mieux possible ces 3 minutes, selon votre personnalité.

Voici mes conseils spécifiques pour la présentation de l'EDHEC :

– **Énoncez vos points forts, vos principaux thèmes d'action et votre motivation pour l'École.** Le cas échéant, annoncez votre projet professionnel. Il ne s'agit plus d'une introduction à l'entretien, mais bel et bien d'une « Présentation ». Vous pouvez, comme toujours, faire un autre choix et, par exemple, insister sur votre principal point fort.

– **Évitez la monotonie du « catalogue » et incluez dans tous les cas du *storytelling*.**

– **Pas de « par cœur » : vous êtes préparés mais spontanés.**

– **Appliquez-vous : saluez, captez l'attention, soyez toniques, et faites attention à votre « jeu de jambes ».** Si vous n'êtes pas habitués à parler debout en public, entraînez-vous impérativement.

Voici les thèmes d'improvisation de l'an dernier (pas d'information à ce jour sur de nouveaux thèmes, mais ce serait possible) : « *Livre / Peinture / Musique / Recette / Cinéma / Danse / Fleur / Design / Entreprise / Valeur / Sentiment / Ami / Proverbe / Enfance / Ville / Paysage / Histoire / Mode / Publicité / Crise / Voyage / Lumière / Corruption / Cause / Argent / Liberté / Théâtre / Richesse / Poésie / Photographie* ».

Comme les thèmes sont annoncés d'avance, il ne s'agit pas d'une totale improvisation et aucun conseil de ma part ou de vos professeurs ne vous empêchera d'y réfléchir préalablement.

Les règles ne sont pas précisées mais j'estime que vous devez consacrer au moins 30 secondes au thème d'improvisation. Je pense qu'il faut que vous citiez au moins une fois le mot tiré au sort dans votre « Présentation » en le liant réellement à votre « Présentation ». Évitez de commencer et surtout de terminer par le thème d'improvisation, ce n'est pas dans l'esprit de l'épreuve.

Tout est possible néanmoins, un candidat qui a tiré « *Publicité* » a commencé en annonçant le thème et s'est présenté comme une publicité de lui-même. Drôle et culotté… Cela lui ressemblait !

Un événement d'actualité récente peut être utilisé et montrera le caractère improvisé de votre « Présentation ».

Soyez bien entendu créatifs ; par exemple, remarquez que certains thèmes ont plusieurs sens possibles, comme « *Mode* ». N'oubliez pas qu'une des trois valeurs de l'EDHEC est l'innovation !

! Vous auriez tort de préparer trop en détail « 30 présentations + improvisation » car votre absence de spontanéité se verra.

B. Prise de décision (collectif)

Objectif : coopérer et donner le meilleur de soi au sein d'un groupe.

Durée : 50 minutes.

« *Par l'intermédiaire de la présentation vidéo d'une entreprise, l'exercice repose sur une question ouverte en relation avec une problématique de l'entreprise, pour laquelle trois pistes de réflexion sont proposées. La recherche d'informations sur une interface PC non connectée amène à une prise de décision commune et à la rédaction d'une argumentation collective.* »

L'EDHEC précise qu'aucune connaissance de l'entreprise n'est nécessaire.

La question qui vous est posée est accompagnée de documents et de propositions de solutions. Il vous faudra en choisir une. Bien entendu, aucune solution n'est parfaite ou complète.

Vous l'avez compris, la décision que vous prendrez n'a aucune importance.

C'est votre comportement et votre participation à l'organisation du groupe et à la prise de décision qui comptent.

Considérez que les cinq autres élèves sont vos alliés et pas vos concurrents : coopérez !

Même si vous êtes notés individuellement, vous aurez plus de chances d'avoir une bonne note si d'autres candidats ou candidates de votre groupe en ont aussi une.

Pour autant – et c'est toute la finesse exigée par l'exercice –, vous devez vous distinguer personnellement sans chercher à briller ou, pire, à écraser les autres (ce qui vous vaudra une très mauvaise note).

Vous devez participer à la « vie du groupe » en veillant à ne pas en faire trop :

- donner des idées d'organisation ;
- recentrer les débats si nécessaire ;
- veiller sur le temps qui passe ;
- aller toujours dans le sens de la recherche de solutions ;
- proposer une méthode de prise de décision en cas de blocage.

Vous devez être bienveillants et pratiquer l'écoute active.

- Prenez des notes.
- Intéressez-vous aux autres candidats et candidates.
- Montrez votre accord.
- Rebondissez, amplifiez, complétez, affinez une proposition d'un participant en y faisant référence.
- Aidez ceux qui ne prennent pas la parole ou qui semblent en difficulté.
- Le cas échéant, avec sourire et sans agressivité, intervenez si un candidat en fait trop, est agressif ou négatif. Tout le monde vous en sera redevable (et le jury aussi).

! Les comportements à éviter

- Ne soyez pas négatifs, ne contrez pas systématiquement les autres propositions.
- Ne restez pas « accrochés » à vos idées, acceptez (en l'assumant) de changer d'avis, d'évoluer ou de rejoindre une autre idée.
- N'interrompez pas les autres participants.
- Ne soyez pas trop bavards.
- Ne répétez pas inutilement ce que disent les autres.
- Ne restez pas silencieux trop longtemps.
- Ne dialoguez pas avec un seul membre du groupe, interagissez avec tous.
- Ne vous vexez pas, ne vous braquez pas.

Souriez, riez, faites rire : une réunion en entreprise ou en association se passe rarement sans au moins un moment de détente.

Si vous pouvez vous entraîner au moins une fois, ce serait parfait, ces principes généraux étant applicables dans tous les cas.

Dans son interview, Emmanuel Métais explique, à propos de l'épreuve collective : *« cela se passe forcément assez différemment selon la façon dont sont constitués les groupes. C'est précisément cette part d'imprévu qui rend les étudiants plus authentiques et permet au jury de mieux discerner les profils. Dans un groupe, on peut par exemple être timide sans forcément être défavorisé. Ce qu'il faut, c'est être confiant et authentique, bien comprendre qui sont les autres candidats autour de la table et comment on peut innover ensemble* ».

C. Prise de recul (individuel)

Objectif : défendre sa candidature au cours d'un entretien, à partir de la découverte d'une entreprise et d'une décision collective.

Durée : 15 minutes.

Vous aurez un entretien avec un unique membre du jury, celui qui vous aura « scruté(e) » pendant les deux premières parties de l'épreuve.

Cette partie s'appelle « prise de recul » et vous serez d'abord interrogé(e) au début sur la façon dont s'est déroulée l'épreuve collective. On vous demandera probablement de décrire et d'évaluer votre comportement. S'il vous semble que vous avez commis des maladresses, bien entendu, dites-le. Vous ferez preuve de lucidité et de sincérité.

La suite de la discussion sera plus classique. Le jury démarrera sans doute par un des thèmes que vous aurez annoncés lors de votre présentation. Ou pas… Il est souverain.

À cette phase est associé un questionnaire de personnalité que vous remplirez en ligne (pendant que votre binôme est interrogé par le même jury que vous). Remplissez-le avec sérieux, mais il n'intervient absolument pas dans l'épreuve, ni dans la notation.

L'exposé d'Audencia, GEM, TBS, Rennes, TBS… Une introduction à l'entretien

Plusieurs Écoles ont choisi de commencer leur entretien par un exposé introductif que vous aurez le temps de préparer.

Audencia et Rennes vous proposent de tirer un sujet au sort, TBS de commenter un article de journal que vous aurez choisi parmi plusieurs revues qui vous sont proposées.

L'exposé est une introduction à l'entretien, c'est l'occasion de faire « bonne première impression ».

Respectez la consigne du temps d'exposé : 5 minutes pas plus, et à mon avis, pas moins de 4 minutes.

A. L'exposé est aussi un exercice de communication

Ce sera votre premier contact avec le jury et votre « première impression ». Cet aspect est fondamental, même si l'entretien qui suivra permettra de corriger le tir si besoin.

Beaucoup de candidats restent trop scolaires et trop concentrés sur le contenu au lieu de se tourner vers le jury.

! Surtout : ne fixez pas votre brouillon et ne lisez pas.

Les règles du *storytelling* et du non-verbal s'appliquent tout particulièrement à l'exposé.

Surtout, veillez à capter et garder l'attention : pause, regard, sourire.

B. N'oubliez pas que l'exposé n'est pas une khôlle de CG

Il est très probable que le jury se sera présenté ; si ce n'est pas le cas, demandez-lui de le faire (nous l'avons vu déjà).

Vous aurez affaire à un professeur d'une discipline de l'École : Marketing, *Supply Chain*, Management… et à un ou deux professionnels qui se sont extraits de leur entreprise / organisation pour vous écouter.

! Ce ne sont pas des profs de philo !

Je vous rappelle que le jury découvre le sujet au moment où vous le lui annoncez. Ce ne sont pas des spécialistes comme vos professeurs ou les khôlleurs.

Ce sont des gens cultivés, motivés et intéressés par vous, mais évitez les concepts abstraits, et ne systématisez pas les références au programme de CG et les développements qui ont si bien marché à l'écrit.

C. Étudier le sujet et toutes ses ouvertures possibles

Vous pouvez exploiter un thème de philosophie mais vous devez rechercher ce que le sujet vous inspire dans de nombreux domaines : actualité, économie, business, publicité, sociologie, lecture, film, œuvres d'art, histoire, science, technologie et tous domaines… Et, bien entendu, mettre en avant ce qu'il VOUS inspire personnellement.

Un sujet comme « **Ordre et désordre** » a évidemment des aspects philosophiques, mais aussi économiques, voire psychologiques et climatiques… et bien d'autres.

Vous ferez preuve de culture, de curiosité et d'ouverture.

Ne traitez pas le sujet à la légère : étudiez-en chaque terme, appuyez-vous sur l'auteur si c'est une citation, répondez à la question si c'est une question, donnez un avis si on vous le demande.

D. Des exemples, des exemples…

On retrouve ici une règle du *storytelling*.

Appuyez-vous sur du concret et recherchez des exemples dans les domaines que j'ai évoqués. N'avancez pas d'idée ou d'argument sans l'illustrer par un exemple qui attirera l'attention du jury et qu'il retiendra.

Humour et imagination sont également recommandés.

E. Choisissez un plan simple qui vous convient

Oubliez la théorie et les conseils sur les plans en deux, trois, quatre parties ou analytique, synthétique, thématique, chronologique…

Les membres du jury n'ont généralement pas d'avis à ce sujet, et certainement pas d'avis commun. Votre type de plan n'influera pas sur votre note.

F. Préparez votre introduction et soignez vos transitions

L'introduction sera votre première prise de parole.

Veillez (comme pour les entretiens) à sa forme : tonique et souriante.

Travaillez votre accroche (exemple, question, interpellation, référence à un article…) pour capter l'attention du jury.

Expliquez comment vous avez compris le sujet, donnez votre opinion si le sujet l'exige et annoncez rapidement les grandes lignes de votre plan. Ne détaillez pas trop sinon vous allez vous répéter immédiatement après.

Les transitions vont vous servir à guider le jury, à lui dire où vous en êtes et à relancer régulièrement son attention. Il arrive qu'un sujet inspire peu un membre de jury, qu'un candidat soit monotone et penché vers sa feuille. Des transitions annoncées clairement et à haute voix permettent « d'embarquer » tout le monde.

G. Très important : concluez et annoncez la conclusion

Pause… « *pour conclure* », « *en conclusion* », « *pour terminer* »… pause.

La conclusion vous permettra de préciser votre pensée, et de la résumer.

Elle annonce la fin de votre exposé. J'ai vu des candidats, au plan peu visible, s'arrêter soudainement alors que le jury n'avait pas compris qu'il avait terminé. Affreusement gênant...

Elle est aussi un signal pour le jury : « *attention, c'est à vous* ». Vous verrez alors, même physiquement, les membres du jury se tourner vers vous et se préparer à prendre la parole.

H. Parlez de vous et de l'École

N'oubliez pas que vous êtes là pour vous présenter.

Il n'y a rien de choquant à parler rapidement de vous pendant l'exposé. Une ou deux fois grand maximum, comme un « teaser », sans développer et avec finesse. Vous pouvez faire référence une fois à l'École si le sujet s'y prête.

Ce seront des perches qui pourront être utilisées par le jury.

I. Et l'entretien démarre...

Le jury vous posera quelques questions ou vous demandera des précisions sur votre exposé, dialoguera avec vous puis enchaînera. Il est rare qu'il vous demande ensuite de vous présenter car vous l'avez déjà fait *via* l'exposé.

Il pourra saisir une de vos perches ou faire un lien avec un de vos exemples pour vous poser une question sur vous.

Le jury est souverain... Tout est possible.

QUELQUES EXEMPLES DE SUJETS D'AUDENCIA

Souvent une citation, une expression ou un mot :

« **Participer.** »

« **Avoir de l'expérience.** »

« **Le luxe est-il toujours un luxe ?** »

« **La sincérité** »

« **Avoir faim.** »

« **Le respect** »

« **Ordre et désordre** »

« **L'art de plaire est l'art de tromper.** »

« **L'art face au temps** »

« **Plus on connaît, plus on aime.** »

« **L'habit fait-il le moine ?** »

« ***Celui qui n'a pas d'objectifs ne risque pas de les atteindre.* (Sun Tzu)** »

« ***Tout le succès d'une opération réside dans sa préparation.* (Sun Tzu)** »

Projet innovant et entretien inversé de GEM

GEM propose un entretien en trois parties : un exposé de 5 minutes (avec 30 minutes de préparation), une interview d'un membre du jury (« entretien inversé ») de 10 minutes, puis un dialogue avec le jury de 15 minutes.

GEM accorde une très grande importance au respect des consignes de temps.

La partie « exposé "traditionnel" » est traitée dans le chapitre précédent et n'a rien de spécifique.

Je vais vous donner ici mes conseils pour « le projet innovant » et « l'entretien inversé ». Je m'appuie sur les retours de plusieurs membres de jury et candidats.

I LE PROJET INNOVANT : UN BEL EXERCICE DE CRÉATIVITÉ

Il n'y a aucune hiérarchie entre les sujets mais je pense que celui qui va vous mettre le plus en valeur est « le projet innovant ». Il marquera le jury et créera un lien fort. Vous allez tirer trois cartes avec une cible (ados, seniors, professeurs), un objet (lampe, bavoir, fauteuil) et une caractéristique (imperméable, lumineux, doux…).

Vous devez ensuite inventer un produit et le présenter.

Exemples :

« *bague, flottant, policier*

foulard, capteurs électriques, travailleurs en situation de risque

brosse à dents, électronique, chien »

Vous pouvez aisément imaginer un ou plusieurs produits.

A. Rien ne vous empêche d'ajouter des caractéristiques

Cela vous permettra de vous distinguer et de ne pas choisir une solution trop évidente, comme dans le cas « *brosse à dents, électronique, chien* ».

B. Situez-vous

Posez un contexte créatif : devons-nous nécessairement être en France en 2018 ? Qui êtes-vous ? Pourquoi présentez-vous ce produit ? (Éventuellement : à qui vous adressez-vous ?)

C. Pensez marketing !

À la fois pour trouver des idées autour du produit, et pour en faciliter la présentation, pensez aux 4P.

Produit – Prix – Place – Promotion

– Exprimez le besoin auquel répond le produit.

Qui sont vos clients ? Pensez au grand public mais aussi aux intermédiaires et professionnels. Quels sont ses caractéristiques, son aspect, son emballage… ? Imaginez des produits dérivés. **Trouvez-lui un nom, et pourquoi pas un slogan pour marquer le jury.**

– Réfléchissez à son prix. C'est une composante à ne pas omettre.

– La distribution est résumée par « *place* » en anglais.

Pensez « distribution, diffusion, modes de commercialisation, magasins, sites… ».

– Enfin, pour la promotion, la communication, la publicité : je ne doute pas que vous trouverez un maximum d'idées.

Cet exercice vous permettra de marquer des points. Ici aussi, l'humour peut être un atout.

II L'INTERVIEW D'UN MEMBRE DU JURY OU « L'ENTRETIEN INVERSÉ »

L'épreuve se déroule en 9 minutes d'interview puis une minute de synthèse. Faites bien attention au temps. Comme toujours, le jury doit s'être présenté, c'est impératif.

C'est une épreuve inhabituelle et plutôt difficile.

Elle repose sur deux exigences : votre capacité à vous intéresser réellement à autrui et la qualité de votre écoute.

Ce n'est pas vraiment un « entretien inversé » car il ne s'agit pas d'un dialogue.

A. Le choix du membre du jury à interroger

Ne vous « prenez pas la tête » à ce sujet. Les membres que vous ne choisirez pas ne vous en voudront pas ! Choisir le professeur est possible, tout comme un professionnel.

Choisissez celui ou celle qui pourrait vous intéresser le plus, que ce soit par son métier, son secteur, la discipline enseignée… Pendant votre exposé, il est possible aussi qu'un lien se soit créé, tirez-en profit.

Pensez à regarder les autres membres du jury et à leur sourire de temps en temps car ils sont en train de vous évaluer…

B. Préparer des questions mais pas un plan de questions

Ne partez pas à l'inconnu sans vous être préparés.

Vous pouvez prévoir des grands thèmes et envisager des questions… que vous ne poserez peut-être pas.

Vous pouvez démarrer en faisant un lien avec votre exposé et interroger le membre du jury ou lui demander un avis en tenant compte de qui il est, bien entendu.

Vous pouvez réfléchir à des questions sur des thèmes :

– chronologiques : projet professionnel, études, parcours, choix, stages, étranger… ;

– professionnels : parcours, business, forces et faiblesses, qualités d'un manager, son équipe, réflexion pédagogique, opportunités/menaces, développement, numérique… ;

– d'actualités : pourquoi pas, mais n'abusez pas. L'idéal est de rebondir sur ses propos pour introduire une question d'actualité ;

– personnels : tout en respectant son intimité (goûts, centres d'intérêt, voyages, associations…).

Vous noterez qu'en vous préparant comme je vous l'ai conseillé, cela vous donnera beaucoup d'idées.

C. Écoutez et rebondissez

C'est le but de cette épreuve. Chaque réponse peut vous amener à plusieurs questions différentes. Le jury vous tendra des perches *via* des mots ou des détails qu'il glissera dans certaines phrases.

Par exemple :

– « *vous avez dit tout à l'heure : "mais ça n'est pas toujours simple". À quoi faisiez-vous référence ?* » ;

– « *les difficultés que vous avez évoquées, elles étaient dues au marché en général ou elles étaient spécifiques à votre entreprise ?* » ;

– « *ah oui ? Qu'est-ce qui vous a déplu en Pologne ?* ».

Notez ces perches et prenez-les !

Votre prise de notes est évidemment fondamentale mais essayez de ne pas laisser de blancs pendant que vous écrivez. Ne notez que des mots-clés et des informations principales.

D. Réceptionnez certaines réponses

« *Je ne comprends pas… Pouvez-vous ?* »

« *Je comprends oui… mais… ?* »

« *Oui, bien entendu.* »

« *J'entends ce que vous dites, mais…* »

E. Créez du lien

Souriez, regardez, utilisez vos mains, riez le cas échéant…

F. Des erreurs à éviter

Ne restez pas attachés à un plan d'entretien : ce serait l'échec assuré.

Évitez les questions en « rafale » et trop de questions qui appellent à des réponses fermées.

N'interrompez pas l'interviewé.

N'insistez pas si, manifestement, le sujet n'intéresse pas l'interviewé : il n'a pas d'avis sur tel sujet d'actualité, il n'aime pas le rugby… N'insistez pas !

G. Faire la synthèse

Ce n'est pas un résumé. Vous devez dire ce que vous en avez retenu et ce qui vous a intéressé, car vous devez vous être intéressé.

Vous pouvez insister sur un point particulier et dire ce que ça vous a appris. Vous pouvez faire un Lien avec l'École car l'interviewé en aura vraisemblablement parlé. Ce sera une excellente transition vers l'entretien.

H. Entraînez-vous une fois

Trouvez une personne qui acceptera de jouer le jeu. Un collègue de vos parents, un voisin, le père ou la mère d'un camarade de Prépa (que vos parents aideront également).

L'entretien que vous passerez à GEM ne sera évidemment pas le même, mais vous aurez au moins vécu cette situation inhabituelle.

Le CV projectif SKEMA : une épreuve originale et utile

Le support de l'entretien de SKEMA est un CV projectif.

Ce CV projectif est celui que vous aimeriez avoir dans dix ans. C'est-à-dire cinq ou six ans après votre sortie de SKEMA ; vous serez alors presque trentenaires...

C'est une manière de vous pousser à réfléchir sur vos projections personnelles et professionnelles. C'est aussi un exercice de créativité.

SKEMA vous dit : « *vous devrez imaginer ce que vous serez en construisant un parcours cohérent, faisant apparaître vos ambitions, vos rêves, votre projection de carrière* ».

Le mot « *rêves* » vous permet de vraiment « fantasmer ».

En dix ans, beaucoup de choses peuvent se passer dans votre vie, votre environnement et dans le monde. L'iPhone, premier téléphone mobile tactile, est apparu en Europe il y a à peine dix ans ! Et le mot « start-up » était quasi inconnu.

Plus que jamais : pas de « bonne réponse » mais un CV totalement personnel.

Pour mémoire, les rubriques classiques d'un CV sont les suivantes :
PARCOURS PRO
FORMATION
COMPÉTENCES (langues, informatique, autres nouveautés dans dix ans ?)
CENTRES D'INTÉRÊT

A. Commencez par la fin : quel poste ? dans quelle entreprise ? à quel endroit ?

Soyez ambitieux, l'École vous y incite.

Vous devez montrer votre motivation pour l'École qui passe par le fait que vous êtes persuadés qu'elle vous facilitera une belle carrière. N'hésitez à « passer » par des entreprises connues car cela facilitera la discussion (rien d'obligatoire, bien entendu).

Soyez cohérents avec votre personnalité et vos centres d'intérêt. Il s'agit de parler de vous !

Si vous voulez être réalistes ou si vous manquez d'idées, utilisez LinkedIn et recherchez des parcours de trentenaires qui vous séduisent (il ne s'agit pas de copier mais de vous donner envie et de vous inspirer).

Tout découlera « naturellement » de votre choix de poste dans 10 ans.

Vous n'aurez plus ensuite qu'à « dérouler » à l'envers.

Dans dix ans, vous êtes Directeur ?
Auparavant, vous étiez Directeur adjoint ou Responsable.

Dans dix ans, vous êtes Directeur commercial Asie ?
Auparavant, vous étiez Directeur Commercial Europe de l'Est.

Vous êtes Chef de groupe Marketing ?
Vous étiez Chef de produit.

Vous êtes Consultant manager ?
Vous étiez Consultant…

B. N'oubliez pas votre projection personnelle

Soyez aussi ambitieux à votre sujet : vous avez voyagé, appris une troisième ou une quatrième langue, progressé en tennis, découvert la pratique d'un instrument de musique…

Montrez que vous voulez apprendre.

Vous vous êtes engagés et avez pris des responsabilités associatives. Le cas échéant, vous êtes père ou mère de famille.

C. Parlez de l'École

Votre scolarité, vos choix de cours, de stage, de Campus « influent » sur votre carrière. C'est l'occasion de montrer de la cohérence et de vous intéresser à SKEMA.

Vos engagements dans l'École et pourquoi pas, à l'association des Alumni… Pensez-y !

D. Pensez aux détails

Votre adresse, vos compétences annexes, votre mail… Tout est l'occasion de vous poser des questions et de « fignoler » votre CV.

E. Attention à la forme

Votre CV doit être conçu et imprimé en deux couleurs : une pour le passé et le présent (jusqu'aux Oraux), une pour vos projections.

Évitez les autres couleurs, le foisonnement de formes, encadrés et pictogrammes. Vous avez 30 ans…

Votre CV doit être propre, les données cohérentes (un seul format de date, de noms d'entreprise…), les items bien alignés.

Et sans aucune faute d'orthographe.

F. N'oubliez pas l'entretien

Le CV est un support. Vous devrez être capables de parler des métiers, secteurs, pays que vous « apportez » dans l'entretien *via* votre CV projectif.

Vous trouverez, sur le site de SKEMA, des exemples (pas des modèles) de CV projectifs.

Je vous en propose deux autres également en deux couleurs sur le site
www.nathan.fr/majorez

13

Mes conseils pour les aspects pratiques des entretiens

Vos Prépas vous conseilleront sur la manière de vous organiser pendant la période des entretiens.

Voici les conseils pratiques qui me paraissent importants.

I VOS DÉPLACEMENTS ET VISITES AVANT LES ENTRETIENS

A. Optimisez vos déplacements

– **Inscrivez-vous dès que possible aux entretiens des Écoles où vous êtes admissibles.** Vous pourrez mieux choisir vos dates et ordres de passage.

– Prenez très rapidement vos billets de train ou d'avion, si possible modifiables (le train offre plus de facilités de ce point de vue). Le train est aussi généralement plus reposant et moins stressant (c'est mon avis, il se discute).

– **Passez au moins un entretien dans une École qui vous intéresse peu.** Cela vous mettra en situation et vous permettra de vous tester avant les Écoles qui vous intéressent. Préparez-la quand même : cela vous entraînera à parler de l'École.

– Ne surestimez pas vos capacités physiques : « *je dors à Grenoble, je passe mes Oraux, je rentre le soir. Le lendemain, je pars le matin à Strasbourg, je passe mes Oraux l'après-midi, je rentre le soir. Le lendemain après-midi, je pars à Nantes, je passe mon Oral le lendemain matin* ». Vous serez épuisés en arrivant à Nantes, mauvais calcul.

Les Oraux sont nerveusement fatigants, les déplacements aussi – surtout en pleine chaleur, comme souvent en juin. Enchaîner les entretiens ne sert à rien et va au contraire vous fatiguer.

B. Les admisseurs

Inscrivez-vous aux visites pendant les Oraux si les Écoles en proposent. Les admisseurs sont formidables et feront tout pour vous mettre à l'aise et vous donner envie de les rejoindre. Ils sont aussi un facteur de motivation. Le site Major-Prépa tient même à jour en direct le « classement de l'ambiance des Oraux » !

Les admisseurs sont briefés par les Écoles et vous fournissent des informations officielles (que vous connaissez sans doute déjà si vous êtes bien préparés). Ils vous aideront à affiner votre connaissance d'une association (le nom du Bureau des Arts, l'action d'éclat du BDE) ou la compréhension de l'École (comment se font les attributions des Campus universitaires d'échange).

Deux points d'attention à propos des admisseurs :

– ils étaient à votre place un an plus tôt. Ils ne participent ni aux entretiens ni aux délibérations des jurys. Malgré leur volonté de vous aider, n'écoutez pas leurs conseils ou « scoops » sur les jurys ou les entretiens. Ne changez pas de stratégie au dernier moment ;

– couchez-vous tôt ! Vous aurez l'occasion de faire la fête ou d'approfondir vos relations avec les admisseurs à la rentrée.

C. « Appropriez-vous » le Campus et la ville

– Des Écoles de province organisent leurs Oraux à Paris pour des raisons pratiques. Je pense que, pour vous, les entretiens perdent un peu de leur « sel » et que les passer sur place, si vous le pouvez, est un atout.

Dormez sur place la veille pour les Écoles que vous visez. Un problème de transport est toujours possible, cela limitera vos risques. Vous arriverez décontractés et à l'heure. Cela vous permettra de faire connaissance avec l'École et la ville.

– Prenez le temps, dans tous les cas, d'aller sur le Campus et de vous « l'approprier ». Vous en ferez un élément supplémentaire et concret de votre motivation : « *j'ai pu visiter la bibliothèque complètement numérisée... / on m'a montré les possibilités du Lab avec ses imprimantes 3D ! / j'avoue que j'ai adoré la cafétéria et que je m'y vois vraiment !* ».

Un des candidats que j'ai préparés a pu communiquer au jury son enthousiasme sincère pour l'incubateur de l'EM Lyon. Il est actuellement à Lyon, sa meilleure admissibilité.

Si vous vous sentez déjà à l'aise dans l'École, cela se verra durant l'entretien.

– Pour les Écoles de province, faites un tour au centre-ville et renseignez-vous sur les principaux sites touristiques, culturels, étudiants et, si vous le pouvez, rendez-vous-y. Cela vous détendra et vous pourrez aussi vous en servir. Entre deux Écoles concurrentes, la qualité de vie des deux villes est un argument. Vous en parlerez mieux en ayant vu les bords de l'Erdre à Nantes, le musée des Confluences à Lyon ou la place Saint-Pierre à Toulouse, royaume des étudiants.

II TENUE, HYGIÈNE DE VIE, PONCTUALITÉ

Pour les garçons, je recommande le port du costume cravate.

Même si certaines Écoles disent ne pas attacher d'importance à la tenue, je pense qu'il est inutile de vous singulariser, sauf si c'est votre nature qui vous y pousse et que vous saurez l'assumer. Des membres de jury peuvent individuellement penser que « costume et cravate » montrent du sérieux et du respect. Ce n'est pas aberrant et cela se rencontre encore dans nombre d'entreprises.

Comme des générations de préparationnaires, l'entretien sera pour vous l'occasion de demander à votre père de vous apprendre à faire un nœud de cravate. Je m'en souviens encore...

Évitez aussi le « costume noir, chemise blanche », pas vraiment naturel et trop fréquent en entretien.

Je n'ai pas de consignes particulières pour les filles qui ne soient des évidences : tailleur-pantalon, jupe-pantalon, jupe et chemisier ou blouse. Pas de décolleté « exagéré » ni de jupe ou de robe trop courte qui pourraient déranger. Il y a généralement une longue nappe sur la table devant laquelle vous serez assise. Si ce n'est pas le cas, vous serez gênée durant tout l'entretien avec une jupe ou une robe courte.

Évitez les accessoires trop visibles, les bracelets trop bruyants, les couleurs ternes. Mais une touche de couleur n'est pas interdite.

Dans tous les cas, le « bon sens » et les conseils de vos parents et de vos professeurs vous guideront utilement.

Prévoyez plusieurs tenues et habituez-vous à les porter.

Vous allez nécessairement salir, froisser, oublier de nettoyer votre tenue. Une de vos cravates restera dans une cafétéria d'École ou dans un TGV après un entretien. Il vous faut au moins deux tenues complètes.

! Une tenue qui ne vous va pas vous mettra mal à l'aise.

Imaginez passer un entretien avec une grosse tache de graisse bien visible sur vos vêtements : vous vous sentiriez en mauvaise posture et vous ne pourriez pas vous concentrer. Cela vous fera le même effet si vous n'êtes pas à l'aise dans votre tenue.

Le jury perçoit la gêne d'un candidat ou d'une candidate mal à l'aise dans sa tenue d'entretien. Votre inconfort le dérangera également.

Jouez le jeu avec votre Prépa et participez aux simulations « en grande tenue ».

Portez-la chez vous aussi pour être à l'aise, et portez vos chaussures aussi. Des chaussures achetées la veille des Oraux et qui vont vous souffrir, ce n'est pas une bonne idée.

Enfin, veillez à ôter toutes les étiquettes… J'ai déjà rencontré des candidats qui ne l'avaient pas fait. Inutile de faire sourire à vos dépens.

14

Commencez votre préparation avant les Écrits

I VOUS ÊTES BIZUTH

Vous pouvez, bien entendu, suivre mes conseils et commencer à vous entraîner dès votre première année de Prépa mais, à mon avis, ce n'est pas votre priorité.

Au mois de juin, je vous conseille de faire le voyage jusqu'à Jouy-en-Josas pour assister aux Oraux de HEC, et notamment au Triptyque.

En fonction de vos résultats en première année et de vos besoins de révision ou de renforcement, vous pouvez envisager de chercher un CDD ou un job pendant l'été ou de participer à une action sociale ou humanitaire.

Cela vous sera d'abord enrichissant à titre personnel ainsi qu'à ceux que vous aiderez, le cas échéant.

Cela vous fournira aussi un thème exploitable pour l'entretien.

Ce que j'écris peut vous paraître « calculateur » mais vous avez un Concours à réussir et cette pratique est très courante et encouragée par des Prépas. Je pense aussi que s'il faut que vous démarriez votre deuxième année en pleine forme, vous ne pouvez pas considérer ce dernier été avant les Concours comme un été de vacances habituel.

II VOUS ÊTES CARRÉ OU KHÛBE

Le début de votre année scolaire doit être consacré à reprendre le rythme de travail et à le suivre car, généralement, il s'accélère par rapport à l'année précédente.

A. Avant les Écrits

Pour travailler sereinement, l'idéal est de se consacrer aux entretiens en novembre. C'est d'ailleurs généralement à cette époque que les Prépas organisent les premières simulations le week-end. Les vacances de la Toussaint sont un bon moment pour démarrer et formaliser votre préparation.

Si vous démarrez plus tard, en début d'année civile, le principe sera le même mais votre préparation sera trop raccourcie et sans sérénité.

J'ai travaillé avec des élèves qui étaient très stressés par leur projet professionnel. Ils ont été beaucoup plus détendus pour les écrits car leur idée de projet professionnel était devenue claire et ils savaient comment, plus tard, la crédibiliser et la consolider.

! Si vous démarrez votre préparation et sa formalisation après les écrits, vous prenez un gros risque.

Passons en revue « les passages obligés des entretiens » dont vous pouvez anticiper la préparation.

Pour le détail de la préparation, je vous renvoie aux chapitres concernés.

Vos thèmes personnels

Votre projet professionnel

L'École et vous

Réfléchir à votre présentation / introduction

Vous devez commencer à réfléchir à vos thèmes personnels et à votre projet professionnel.

Ces deux points ne doivent pas vous obséder mais vous ne devez pas les « enterrer » au fond de votre conscience.

Si vous n'avez pas d'idée de projet professionnel, il vous faudra du temps, n'attendez surtout pas le mois de mai pour bénéficier d'un contact utile avec un professionnel.

En suivant l'actualité pour les Écrits, pensez à vos entretiens mais sans en faire votre priorité.

Un œil sur des sujets « qui vous intéressent » et que vous pourrez développer, un œil sur les sujets de débat qui vous semblent suffisamment durables. Gardez les articles, vous les lirez plus tard.

Intéressez-vous à une École pour vous entraîner pendant vos simulations.

Vous travaillerez en détail chaque École après les Écrits et quand votre projet professionnel aura mûri.

B. Après les Écrits, avant les résultats d'admissibilité

Cette période est cruciale pour la préparation de vos entretiens.

Vous prendrez vraisemblablement quelques jours de repos et de détente utiles et bien mérités après les Écrits.

Après quoi, les entretiens seront votre priorité au vu de leur coefficient et de leur caractère inédit.

Commencez par relire « *Majorez vos entretiens* ».

Vous finaliserez le travail sur vos thèmes personnels avec la Méthode CAREL, vous consoliderez votre projet professionnel et votre « Présentation ».

Vous approfondirez votre connaissance de chaque École qui vous intéresse et vous en suivrez l'actualité.

Vous lirez chaque jour la presse pour maîtriser l'actualité générale et celle de votre projet professionnel.

Vous testerez et affinerez votre stratégie et votre *storytelling* pendant les séances de simulation.

Attention à ne pas multiplier ces séances, qui peuvent devenir routinières. Attention à ne pas « écouter tous les avis et conseils », notamment de la part de ceux qui ne sont pas des spécialistes des entretiens (parents, Anciens…).

Suivez plutôt la stratégie que je vous propose et gardez votre cap !

Vous vous entraînerez autant que possible aux modalités spécifiques de chaque entretien.

Vous anticiperez la rédaction des questionnaires, CV…

N'espérez pas terminer votre préparation après vos résultats d'admissibilité ! Vous n'aurez aucune disponibilité mentale pour un nouvel apprentissage ou une recherche.

Cette période est une période frénétique marquée par l'accueil échelonné de vos résultats. Déceptions, confirmation ou bonnes surprises sont le lot des préparationnaires et « pèsent » nécessairement.

Par ailleurs, les Oraux commencent presque immédiatement après les résultats. Immédiatement, vous devrez vous préoccuper de vos réservations de dates d'Oraux et de transport.

Croyez-en mon expérience : il n'est plus temps de réfléchir, par exemple, à vos thèmes ou à votre projet professionnel.

Jusqu'à la fin de vos Oraux, vous devez continuer à suivre l'actualité et retourner sur le site de chaque École avant chaque entretien.

C. En guise de conclusion

Je me suis donné pour mission de vous aider à majorer vos entretiens.
Je vous ai donné mes conseils qui sont le fruit de mon expérience de la préparation aux entretiens et de membre de jury.

Je me suis engagé personnellement sur certains sujets qui peuvent prêter à discussion ; je vous ai donné beaucoup d'exemples pour comprendre et mettre en œuvre mes conseils à votre manière.

Je vous ai apporté le maximum que je puisse faire à distance *via* un livre, un site et des vidéos.

J'espère que vous garderez, comme beaucoup d'intégrés, un excellent souvenir de vos entretiens et de la période des oraux.

Et je vous souhaite de « *Majorer vos entretiens* ».

N° de projet : 10241753 - Dépôt légal : Mars 2018
Imprimé en France par la **N**ouvelle **I**mprimerie **L**aballery - 58500 Clamecy
Numéro d'impression : 712356

La Nouvelle Imprimerie Laballery est titulaire de la marque Imprim'Vert®